QUINZE ANS

DU RÈGNE DE

LOUIS XIV

Paris.—Imprimé chez Bonaventure et Ducessois, 55, quai des Grands-Augustins.

QUINZE ANS

DU REGNE DE

LOUIS XIV

(1700-1715)

PAR ERNEST MORET

TOME PREMIER

PARIS
A LA LIBRAIRIE ACADÉMIQUE
DIDIER ET Ce, LIBRAIRES-ÉDITEURS,
35, QUAI DES GRANDS-AUGUSTINS.

1859

Tous droits réservés.

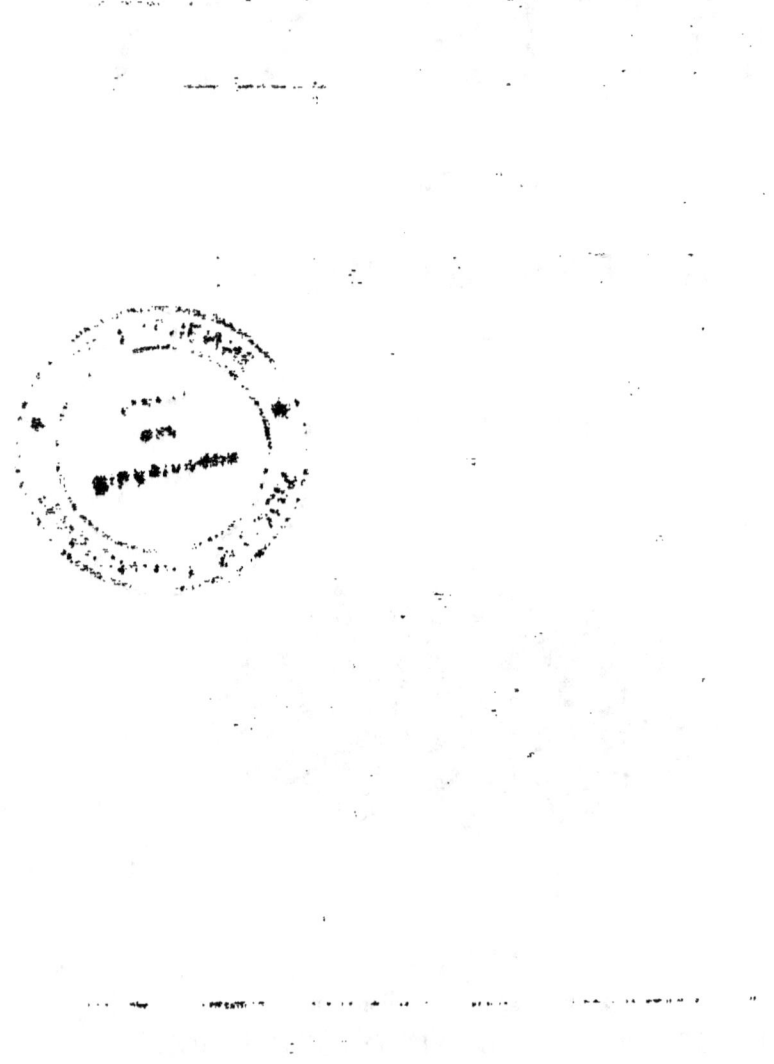

AVANT-PROPOS.

Le dix-huitième siècle, qui nous touche de si près, dont les derniers représentants viennent de s'éteindre, dont nous avons, pour ainsi dire, recueilli les derniers soupirs, est peut-être de tous les siècles de notre histoire celui qui a été l'objet de moins d'études générales et de moins de travaux synthétiques. Après avoir mentionné l'Histoire de M. de Lacretelle, l'*Histoire de la Régence* de Lemontey, le *Précis d'Histoire moderne* de M. Michelet, les Histoires générales de MM. Sismondi, Capefigue, Henri Martin, Théophile Lavallée, Ragon, nous ne rencontrons plus de noms contemporains français à citer. Les autres ouvrages ont été faits par des écrivains an-

glais, allemands, italiens, hollandais. La période de
la Révolution française est évidemment exceptée :
car si la chronologie la rattache au xviiie siècle,
par les faits, les idées, elle appartient incontestable-
ment au xixe.

Mais si les histoires générales sont rares, ou
faites par des écrivains étrangers, il n'en est pas
de même de ce que l'on pourrait appeler les œuvres
spéciales, les œuvres analytiques : ici, les travaux,
les noms abondent. Peu d'époques peut-être offrent
une aussi riche collection de publications de ce genre :
histoires diplomatiques, militaires, maritimes, religieuses, philosophiques, financières, économiques,
études biographiques, publications de toute nature.
Depuis un siècle et demi, que la génération de
Louis XIV a disparu, une immense quantité d'écrits,
de papiers de famille, de souvenirs, de lettres officielles, de lettres domestiques, concernant l'époque du grand roi, ont vu le jour. Nous possé-
dons aujourd'hui les *Mémoires* de Louis XIV, de
madame de Maintenon, des dames de la cour, des
ministres, des généraux, des diplomates, des écrivains, des administrateurs, des courtisans, de tous
les hommes, enfin, qui ont alors paru, de tous ceux
qui ont joué un rôle sur la scène du monde. Peu de

faits restent dans l'ombre. Chaque année quelque publication apparaît, qui apporte, avec une appréciation nouvelle, le témoignage d'un contemporain qui semble sortir de sa tombe pour déposer à son tour dans ce grand procès. Pendant les vingt années qui viennent de s'écouler (1830-1850), de nombreux travaux ont mis au jour des documents authentiques et inédits, de précieux matériaux jusque-là cachés et enfouis dans l'oubli. Deux grands ouvrages, publiés par ordre du gouvernement, les *Négociations relatives à la Succession d'Espagne sous Louis XIV*, par M. Mignet[1], les *Mémoires militaires relatifs à la Succession d'Espagne sous Louis XIV*, par M. le général Pelet[2], ont jeté surtout une vive lumière sur

---

[1] Paris, Imprimerie royale, 1835-1842, 4 vol. in-4°. — M. Mignet a placé en tête de cet ouvrage une magnifique Introduction que tous les lecteurs de nos jours connaissent. Ces quatre volumes renferment, liés par un récit, les documents les plus secrets des Archives des affaires étrangères touchant la grande affaire de la Succession d'Espagne. Malheureusement, ce beau travail n'est pas fini : il s'arrête à la paix de Nimègue, en 1679; mais M. Mignet le continue en ce moment.

[2] Paris, Imprimerie royale, 8 vol. in-4°. — Cet ouvrage contient, comme le précédent, les documents officiels les plus importants et les plus authentiques. Il renferme les extraits des principales lettres du roi, des ministres et des généraux qui commandaient les armées françaises, pendant la guerre de la Succession d'Espagne. Ces lettres ont été extraites des Archives de la Guerre, et publiées par M. le général Pelet. Cet ouvrage n'est malheureusement pas non plus terminé : le dernier volume s'arrête à la fin de 1708.

cette époque. Ils renferment les documents officiels les plus rares; ils sont l'expression de la plus complète vérité. On vit en les lisant de la vie des hommes d'autrefois; on assiste aux délibérations les plus secrètes du Conseil du roi; on connaît ses dépêches les plus intimes; on écoute les instructions les plus confidentielles des ministres; on entend les rapports les plus opposés des agents du gouvernement, des généraux, des ambassadeurs, des intendants; on suit les rivalités des hommes; on comprend les difficultés des circonstances, les petits intérêts qui arrêtent les grands; on est assis dans les salons de Versailles, à côté du roi et de madame de Maintenon; ou bien on accompagne les maréchaux dans leurs campagnes; on assiste aux marches, aux combats; on entend les fusils, les canons; on voit tomber les blessés, les morts; on sent la poudre; on suit le général pendant toute l'action; on rentre avec lui sous sa tente; et là on lit le rapport de la bataille, écrit sous l'impression de la journée. Pour la diplomatie et la guerre, ces deux ouvrages sont d'un prix inestimable. Nous pourrions en citer un grand nombre sur les autres parties du récit, mais ils trouveront naturellement leur place dans les notes et à la fin des chapitres, à mesure que notre travail s'avancera.

Nous voulons seulement mentionner ici l'abondance des documents anciens, et surtout des documents modernes publiés sur l'époque que nous allons traiter.

A cette richesse de sources s'ajoute la beauté du sujet. L'historien, comme le peintre, se plaît à retracer de grandes scènes, et les grandes scènes abondent à la fin du règne de Louis XIV. L'histoire diplomatique, qui domine toute cette période, est d'abord d'un rare intérêt et d'une immense portée. L'histoire des traités de partage de la Succession d'Espagne (1668-1700), le testament de Charles II (1700), l'acceptation de ce testament, les difficiles négociations de La Haye (1709), les humiliantes conférences de Gertruydemberg (1710), la paix d'Utrecht enfin, la grande charte diplomatique du xviiie siècle (1713), sont des événements dignes de l'attention de tous les hommes qui pensent, de tous ceux qui étudient l'histoire, de tous ceux qui recherchent dans le passé les traditions et les intérêts de leur pays. Les faits militaires, qui viennent ensuite, sont plus vivants, plus dramatiques encore : là se trouvent, il est vrai, les tristes commandements de Villeroy, de Tallard, de Marsin, mais aussi les belles campagnes de Vendôme, de Berwick, de Villars ; et à côté des tristes journées de Blenheim (1704), de Ramillies (1706), de

Turin (1706), d'Oudenarde (1708), de Malplaquet (1709), les belles victoires de Friedlingen (1702), d'Hœchstedt (1703), d'Almanza (1707), de Villa-Viciosa (1710) et de Denain (1712). Pendant une longue période, pendant treize ans (1701-1713), les armées de Louis XIV luttent à la fois en Flandre, en Allemagne, en Italie, en Espagne et en Amérique. Pendant treize ans, la France, déjà épuisée par de longues guerres, soutient les efforts de l'Europe coalisée et les soutient avec énergie, avec vigueur, sans être entamée. Les succès furent mêlés de revers. Les soldats, les généraux traversèrent de cruelles épreuves, la misère, la famine, le terrible hiver de 1709 ; mais ils les supportèrent sans se plaindre, comme les héroïques volontaires de Dumouriez, comme les glorieux déguenillés de l'armée d'Italie. Dans cette lutte acharnée, Louis XIV se montra plus grand que dans les plus beaux jours de son règne. Il y déploya une vertu nouvelle, grande et rare, le courage froid et opiniâtre. Nous le verrons, à soixante-quatorze ans, tirer l'épée pour marcher à la frontière, sauver la France ou mourir sur un champ de bataille.

L'histoire financière, maritime, religieuse, philosophique, l'histoire intérieure, présentent aussi des événements dignes de l'étude et du souvenir.

Nous aurons à raconter :

Les administrations des contrôleurs généraux Chamillart et Desmarest ; la faiblesse de Chamillart (1699-1708) ; le mérite, l'énergie de Desmarest (1708-1715), le digne neveu de Colbert, au milieu des effrayantes difficultés de la guerre, de la famine, de la banqueroute ;

La bataille de Malaga (1704), la dernière grande bataille navale livrée par les flottes françaises jusqu'à Louis XVI, le dernier éclat de la période maritime ; les courses nombreuses de nos chefs d'escadre, et parmi elles surtout la prise de Rio-Janeiro, par Duguay-Trouin (1711) ;

La double lutte religieuse de Louis XIV contre les Protestants et les Jansénistes ; la guerre sanglante des Camisards dans les Cévennes (1702-1710) ; la renaissance de l'opposition Jansénienne à Port-Royal, la condamnation et la démolition de la célèbre abbaye (1702-1711) ;

A côté, les commencements du parti philosophique, les précurseurs de Voltaire, encore adolescent (né en 1694), qui passent inaperçus, les *Libertins*, comme on disait alors, qui rient déjà tout haut des Catholiques, des Huguenots, des Jansénistes ;

Enfin les grandes scènes de l'histoire intérieure,

la vie de Versailles dans les dernières années de Louis XIV, la vieillesse du roi et de madame de Maintenon, la tristesse des revers, la disette, la pauvreté au milieu de ce palais de marbre et d'or, les malheurs de la famille royale, se joignant aux malheurs de la France, la mort rapide du Dauphin, du duc, de la duchesse de Bourgogne, et en même temps les soupçons d'un crime horrible, les accusations d'empoisonnement lancées contre le duc d'Orléans, le futur Régent de France; puis les derniers moments de Louis XIV, son testament, sa maladie, le grand spectacle du Roi couché sur son lit de mort, bénissant d'une main ferme son arrière-petit-fils, l'enfant destiné à porter sa lourde couronne, et descendant ensuite dans la tombe en s'abaissant peu à peu, en disparaissant lentement, avec la royale majesté de toute sa vie, avec la froide et impassible grandeur de ce soleil dont il avait pris l'emblème (1er septembre 1715).

Tels sont les événements compris dans ces quinze années; tels sont les faits que nous allons raconter. C'est encouragé par l'abandon des écrivains, par la richesse des sources, par la grandeur du sujet, que nous avons étudié le xviiie siècle, et publié ce volume que deux autres suivront bientôt. Nous donnons aujourd'hui la première partie de notre travail, qui comprend la fin du règne de Louis XIV, depuis l'ouverture de la Succession d'Espagne jusqu'à la mort du grand roi (1700-1715). Nous publierons ensuite l'histoire de la Régence (1715-1723), et peut-être aussi, si le temps ne nous fait pas défaut, le commencement du règne de Louis XV (1723 à 1750), de manière à embrasser toute la première moitié du xviiie siècle, de 1700 à 1750.

Mais, avant de commencer le récit, nous devons encore au public quelques explications.

Lorsqu'un auteur jeune et inconnu signe son premier ouvrage, il doit au lecteur une sorte de confession sur la manière dont il a travaillé, sur la méthode qu'il a suivie, sur les sources qu'il a consultées ; cette confession, nous allons la faire.

Nous dirons d'abord que nous avons apporté le plus grand soin à la chronologie. Nous avons appris par nos propres recherches toute l'importance de cette branche de l'histoire. Aussi, à côté du nom de chaque homme célèbre nous avons mis en note l'époque de sa naissance et de sa mort ; à côté de chaque fait important nous avons placé la date. Ces dates, enfermées dans des parenthèses, n'arrêtent pas le lecteur qui lit, et elles servent celui qui recherche. La chronologie est, en effet, la base de la science : elle règle, elle classe les événements ; elle sert à appuyer et à expliquer les faits. Les dates sont les choses certaines, les chiffres de l'histoire. Un historien qui les négligerait serait comme un mathématicien qui dédaignerait les calculs. Pour peindre, pour expliquer, pour raisonner, il faut nécessairement connaître l'époque précise à laquelle se sont accomplis les événements que l'on raconte. Autrement, l'écrivain se trompe ; il fait fausse route, il s'égare, il trébuche à chaque pas ; ses narrations sont semées d'erreurs, ses jugements sont faux, ses tableaux infidèles, et le motif en est facile à saisir : il marche dans la nuit et raisonne à tâtons. Ignorant l'ordre des faits, la succession des hommes, l'époque de leur naissance, de leur mort, la date des négociations, des combats, des batailles, des royautés, des révolutions, il intervertit toute chose. Il culbute les événements, il raconte cette paix avant cette guerre, il impute à ce ministre les actions de cet autre, il tire la conséquence d'un fait postérieur à un fait antérieur, il fait vivre ensemble les hommes des âges opposés, il embrouille les époques, il confond les siècles, il raconte comme un aveugle, sans avoir vu, il enterre les vivants et ressuscite les morts.

Nous nous sommes donc efforcé d'éviter ces dangereux écueils; nous avons étudié avec soin les dates, nous les avons placées au milieu des événements, et nous les avons en outre répétées à la fin du volume, dans une table détaillée. Nous ferons ainsi à la fin de chaque tome une sorte de résumé chronologique.

A l'égard des citations, nous avons, conformément à la tradition historique, et à l'exemple des grands maîtres, mentionné au bas des pages le nom des sources consultées, françaises ou étrangères, imprimées ou manuscrites. On nous reprochera peut-être d'avoir donné à des citations un trop grand développement, et ce reproche sera mérité. Nous l'avons cependant fait à dessein, afin d'éviter au lecteur l'ennui de quitter le récit pour aller chercher à la fin du volume les pièces justificatives, ce que l'on fait en général peu volontiers. On laisse le plus souvent, en lisant, le document à l'appui, se promettant d'y revenir, et on l'oublie. Nous avons donc préféré rapporter moins de documents, fondre dans la narration les plus importants, et mentionner au bas des pages les seuls passages curieux et décisifs. A la fin du dernier chapitre de cette histoire, nous publierons une petite bibliographie alphabétique de toutes les sources citées dans les trois volumes.

Si nous parlons maintenant de la composition même, nous dirons que nous avons appliqué à notre travail la méthode philosophique de Descartes. Nous avons oublié pour apprendre. Nous avons dépouillé le vieil homme, repoussé les notions préconçues que reçoit chaque personne sur les événements accomplis, laissé de côté les jugements faits, rejeté ce que l'on pourrait appeler les *idées innées historiques.* Nous avons brûlé ce demi-bagage que chacun traîne à sa suite après les souvenirs du collége et les lectures de chaque jour, et ayant ainsi tout oublié, tout rejeté, fait table rase, nous nous sommes mis alors, ne sachant rien, à tout apprendre, à étudier nous-même les pièces, les documents, les livres, et à rechercher la vérité.

Pour cela, nous avons tâché d'abord de connaître les hommes qui jouèrent un rôle dans cette histoire. Nous les avons étudiés dans leurs mémoires, dans leurs lettres, dans leurs actions, dans leurs paroles, dans leurs pensées, dans leur silence même. Nous avons examiné leurs portraits et considéré leur écriture. Nous avons voulu les voir, les écouter, oublier pour un moment le bruit de la rue, causer avec eux, faire abstraction du xviiie siècle et vivre au xixe, afin qu'ayant à les peindre nous puissions les peindre ressemblants. Nous avons cherché à bien comprendre leur caractère, et à expliquer par là leurs actions. Avec les hommes nous avons étudié les faits.

Ici surtout se présente l'immense difficulté de l'histoire : la vérité. Nous avons tâché de la saisir ; nous l'avons cherchée partout, dans les papiers officiels, les lettres du roi, des ministres, des ambassadeurs, des généraux, des intendants, dans les mémoires du temps, dans les histoires contemporaines, dans les histoires modernes. Nous pouvons dire par avance à ce propos, que sur deux points principalement, la guerre des Cévennes, la guerre de Ragoczi, nous apportons des documents entièrement inédits, entièrement inconnus aux lecteurs français, Nous avons puisé les premiers aux Archives du dépôt de la Guerre, et les seconds dans des ouvrages allemands ou latins non encore traduits dans notre langue. Relativement à l'histoire diplomatique, de même, nous révélons un secret de la plus haute importance qui jette un jour tout nouveau sur la grande question de la Succession espagnole. Nous avons feuilleté tous les documents épars, toutes les nombreuses publications de ces derniers temps, ramassé toutes les pierres qui jonchent le sol, pour essayer d'en former notre œuvre, une, synthétique, et recomposer la grande mosaïque du passé. D'après toutes ces sources françaises, nous avons tâché de saisir et de fixer le point de vue national; immédiatement ensuite nous avons fait le même travail pour les documents étrangers les plus importants, histoires ou mémoires. Ayant ainsi étudié les hommes, les faits, le point de vue français, le point de vue étranger, nous avons écrit.

C'est après ce double travail que nous avons émis nos jugements et nos critiques. Nous avons, en général, évité de faire de l'histoire dogmatique, et de substituer une appréciation systématique au simple récit. Quelquefois, tout en émettant notre avis, nous avons présenté les deux opinions diverses. Du reste, la plupart des critiques contenues dans ce volume ne sont pas seulement les nôtres, nous ne les aurions émises qu'en tremblant; ce sont en même temps celles d'hommes éminents, vivants ou morts, français ou étrangers. Nous nous sommes imposé cette règle, et nous l'avons suivie. Cela est vrai d'une manière absolue pour les événements militaires. Pas une seule critique n'a été émise qui ne soit celle d'un homme de guerre, qui n'ait été empruntée à ses rapports, à ses dépêches ou à ses écrits. On en comprendra facilement la raison. Nous acceptons donc l'entière responsabilité de ces jugements, et nous sommes prêts à les appuyer de témoignages compétents et authentiques. Enfin, dans les portraits, dans les récits, dans les critiques, nous avons tâché d'être impartial. Dans cette œuvre si difficile, si délicate, nous ne nous flattons pas d'avoir réussi ; mais nous avons du moins consciencieusement essayé.

Ces explications données, l'auteur ne forme plus qu'un vœu, c'est que son livre, le compagnon de sa vie, le confident de ses ennuis, de ses joies, de ses pensées depuis plusieurs années, soit accueilli comme une œuvre sérieuse. La forme choquera certaines personnes, le fond certaines autres. Qu'y faire ? L'auteur ne souhaite du moins qu'une chose, c'est qu'en blâmant l'écrivain, en critiquant l'historien, on veuille reconnaître cependant l'homme de travail. Il laisse assurément derrière lui de grandes richesses ; il ne croit pas avoir ramassé toutes les perles, ni remué les trésors. Les forces d'un seul homme sont trop bornées pour embrasser ainsi à la fois tous les documents imprimés en France, tous les documents imprimés à l'étranger, tous les manuscrits français, tous les manuscrits étrangers, toutes les précieuses collections publiques ou privées de lettres, de mémoires, de papiers de famille, toutes les archives du monde, où dorment encore, sans doute, sous une épaisse couche de poussière, bien des aveux, bien des secrets. Il n'a pu, lui, que montrer un chemin, gratter le sol et poser quelques jalons; d'autres viendront qui, plus nombreux, plus habiles, plus robustes, déblaieront la terre et ouvriront la route. Ceux-là prendront la vérité, déjà à demi sortie du passé, et l'arracheront tout entière, comme ces marbres antiques longtemps enfouis, longtemps ignorés, exhumés enfin à force de patience et de travail. C'est là notre plus chère espérance.

Un dernier mot.

L'auteur a voulu peindre une grande époque, et il l'a peinte avec orgueil; il a travaillé avec un but, il a voulu réparer une injustice. S'il a décroché les vieux tableaux noircis par le temps, essuyé la poussière des années et contemplé ces solennelles figures, toutes glacées par la mort; s'il a considéré tous ces visages immortels: Villars, Vendôme, Catinat, Vauban, Fénelon, Torcy, Berwick, et, au milieu d'eux, la tête royale de Louis XIV, il l'a fait à dessein. Absorbés par le présent ou préoccupés de l'avenir, les hommes de notre génération oublient trop peut-être les leçons et les conseils du passé. Il y aurait cependant, dans les grandes questions extérieures surtout, plus d'un grave enseignement à tirer de l'expérience des morts. L'histoire du commencement de ce siècle, l'histoire de l'Empire français, semble calquée sur la fin du règne de Louis XIV, sur les dernières années que nous allons raconter. Comme Louis XIV, Napoléon veut faire un roi d'Espagne, un roi de Naples, un duc de Milan ; sur tous ces trônes il veut placer un Bonaparte, comme le petit-fils de Henri IV veut y mettre un Bourbon ; comme lui, il cherche à substituer en Allemagne, à la prépondérance autrichienne, la prépondérance française ; comme lui, il combat la coalition de toute l'Europe, la *Grande-Alliance*, c'est le mot du temps. Un siècle plus tard, on dira la *Sainte-Alliance*. Mais Louis XIV résiste à la lutte ; il garde et sa couronne et ses conquêtes ; il ne perd pas une province, et il laisse à Louis XV toutes les acquisitions de Richelieu et de Mazarin : l'Alsace, l'Artois, le Roussillon, la Flandre, la Franche-Comté, cinq provinces de plus que sous Louis XIII.

Certes ce sont là de grandes choses, et les hommes qui ont alors servi la France, soit par leur épée, soit par leurs conseils, ces hommes-là méritent bien au moins une place dans nos souvenirs. Il ne faut pas ainsi oublier de glorieuses années et rejeter de généreuses traditions. On est trop porté aujourd'hui à croire que l'histoire de France commence avec 1789 ; notre histoire est plus vieille de mille ans, et elle renferme par de là 89 bien des dévouements, bien des gloires, bien des trophées. Si les hommes de la République et de l'Empire ont rempli le monde de leur nom, les hommes du siècle de Louis XIV ont aussi noblement rempli leur tâche, et payé de tout leur sang la dette à la patrie. Il ne faut rien oublier, rien rejeter. Nos grands-pères valaient nos pères. Nous devons être aussi fiers des lauriers de Villars que des lauriers de Napoléon, des victoires de Hœchstedt et de Denain que des journées de Jemmapes et d'Austerlitz ; car là aussi triomphait la France, et la France n'a pas de drapeau. Enfin, au milieu des luttes passionnées de notre époque, c'est peut-être aussi servir le pays que d'essayer de lier la vieille France à la nouvelle par le côté national et glorieux, et, ne fut-ce qu'un moment, de réunir les partis sur un terrain commun, celui de la patrie.

CHAPITRE PREMIER.

(1700.)

Charles II, roi d'Espagne.—Ses mariages.—Son défaut de postérité.—Extinction prochaine de la branche autrichienne-espagnole.— Trois prétendants à sa succession : le Dauphin, l'archiduc Charles, le prince électoral de Bavière.—Premier traité entre la Hollande, la France, l'Angleterre, partageant la monarchie d'Espagne entre les trois prétendants.—Mort du prince électoral de Bavière.—Deux prétendants seuls en présence : le Dauphin, l'Archiduc.—Conséquences de l'avénement d'un prince français à toutes les couronnes espagnoles. — Conséquences de l'avénement d'un prince autrichien.— Second traité entre la Hollande, la France, l'Angleterre, partageant la succession d'Espagne entre le Dauphin et l'archiduc.—Irritation des Espagnols contre ces traités qui démembrent leur monarchie.—En haine du partage, les grands du royaume conseillent à Charles II d'appeler au trône un Bourbon. — Testament du roi d'Espagne, qui institue pour son héritier unique le duc d'Anjou, petit-fils de Louis XIV.— Mort de Charles II.—Le roi de France accepte son testament.—Jugement sur cette acceptation. — État de l'Europe en 1700. — Les puissances du Nord occupées par la guerre.—La Prusse, l'Allemagne, la Hollande, l'Angleterre, l'Autriche, intéressées dans la succession d'Espagne.—Grands ménagements imposés à Louis XIV.— Fausse ligne de conduite suivie par le roi de France.

Au moment où s'ouvre ce récit (novembre 1700), le XVIIᵉ siècle, le plus long siècle de gloire de notre histoire, le siècle des grands ministres, des grands généraux, des grands penseurs, le siècle de Sully et de Colbert, de Richelieu et de Mazarin, de Condé et de Turenne, de Luxembourg et de Catinat, de Corneille et de Bossuet, de Molière et de La Fontaine, de Malebranche et de Fénelon, de Pascal et de La Bruyère, le xviie siècle venait de finir, et depuis trois ans, depuis la paix de Ryswyk (septembre 1697), la France était en paix avec le monde.

Toutefois cette paix n'était ni sincère ni durable. Elle cachait mal les intérêts opposés des puissances, leurs espérances, leurs désirs; elle dissimulait à peine la guerre. Malgré les efforts des cabinets de La Haye, de Londres, de Paris, pour décider par la voie diplomatique les difficultés qui allaient surgir, la paix n'était ni dans les pensées, ni dans les cœurs. Chacun prévoyait la guerre, chacun l'attendait. L'étincelle qui devait rallumer ce grand incendie à peine éteint était d'ailleurs flagrante : c'était la succession d'Espagne.

L'Europe se demandait en silence et avec anxiété quel serait l'héritier du patrimoine de Charles-Quint; qui ramasserait les couronnes espagnoles;

Qui prendrait la Péninsule et les îles Baléares;

Les Pays-Bas, le riche domaine des ducs de Bourgogne;

Le Milanais, le plus beau duché du monde;

La Sicile, l'ancien grenier de la Rome impériale;

Le royaume de Naples, magnifique fleuron de la couronne de Charles-Quint;

Et par delà les mers, les anciennes et les nouvelles Indes, le Mexique, le Pérou, le Chili, la Colombie, le Paraguay, Cuba, la reine des Antilles, un continent tout entier;

Et à l'autre extrémité, les Philippines, les îles de l'archipel de Coromandel, toutes ces régions bénies de

Dieu, patries de l'or, de l'argent, des perles, des plus riches produits du globe, tous ces immenses domaines sur lesquels le soleil ne se couchait pas.

Tel était l'enjeu [1].

Le maître de toutes ces contrées, le roi de tous ces royaumes, l'héritier de Charles le Téméraire, de Philippe le Beau, de Ferdinand le Catholique, le roi d'Espagne et des Indes, Charles II [2] se mourait. Ses jours étaient comptés ; quelques heures encore, et ses yeux se fermaient pour jamais. Vieillard caduc à trente-neuf ans, héritier décrépit de si rudes jouteurs, qui n'auraient pas reconnu leur pâle rejeton, Charles II descendait dans les caveaux de l'Escurial sans avoir régné, à peine vécu. La vie n'avait été chez lui qu'une longue, stérile et maladive enfance. C'était comme une flamme prête à s'éteindre ; elle tremblait dans ce corps mourant. La pensée était comme endormie. A cinq ans, il ne pouvait se tenir seul. A huit ans, le croyant mort, l'Autriche et la France, par un traité longtemps demeuré secret, avaient partagé ses royaumes (19 janvier 1668) [3]. Mais Charles II avait déjoué leurs espérances, il avait vécu; il s'était même marié. Il avait épousé en premières

---

[1] Malte-Brun, *Précis de la Géographie universelle*, nouvelle édition, publiée par M. Huot (Paris, 1831-1837, 12 vol. in-8°), tome VII. — M. Capefigue, *Louis XIV et son Gouvernement* (Paris, 1837), tome IV.— *Précis de Géographie universelle*, par MM. Barberet et Magin (Paris, 1841), tome II.

[2] Fils de Philippe IV, né en 1661, roi d'Espagne en 1665, mort en 1700.

[3] M. Mignet, *Négociations relatives à la Succession d'Espagne*, tome Ier, Introduction, p. LXVI.

noces une nièce de Louis XIV, Marie-Louise d'Orléans ; en secondes noces la princesse Palatine Marie-Anne ; et, comme il ne laissait ni enfants ni collatéraux, la branche autrichienne-espagnole s'éteignait avec lui. Sentant la mort qui venait, il avait fait ouvrir les tombeaux de l'Escurial, et, dans une exaltation pieuse, baisé leurs os secs et flétris [1]. Mais un souci terrible troublait son agonie. Ainsi qu'on le murmurait à son chevet, n'attendait-on que son dernier soupir pour partager ses domaines ? La France, l'Autriche, la Bavière allaient-elles démembrer cette monarchie, qu'il avait reçue si belle encore de son père ? La grande royauté d'Espagne, la royauté de Philippe II, allait-elle disparaître avec lui ?

Cette terreur de Charles II était fondée : tandis qu'il se mourait, deux traités signés par l'Angleterre, la Hollande et la France démembraient ses États. Trois prétendants, le Dauphin, l'archiduc Charles, le prince électoral de Bavière, réclamaient sa succession ; pour les satisfaire et conserver la paix de l'Europe, les puissances partagèrent entre eux trois la monarchie espagnole. Elles donnèrent au Dauphin le royaume des Deux-Siciles, les places que les Espagnols possédaient dans la Toscane [2], le marquisat de Finale et le Guipuscoa ; à l'archiduc Charles[3] le duché de Milan ; au prince

---

[1] M. Michelet, *Précis d'Histoire moderne*.

[2] Outre Naples et le Milanais, et le marquisat de Finale, les Espagnols possédaient encore en Italie San-Stefano, Porto-Ercole, Orbitello, Telamone, Porto-Longone et Piombino.

[3] Second fils de l'empereur d'Allemagne, Léopold Ier, plus tard empereur lui-même sous le nom de Charles VI, né en 1685, mort en 1740.

électoral de Bavière [1], Joseph-Ferdinand, enfant de six ans, le reste des possessions castillanes, la Sardaigne, les Pays-Bas, l'Espagne et les Indes. Ce fut l'objet d'un premier traité de partage (11 octobre 1698). La mort ayant enlevé le prince de Bavière (1699), la Hollande, l'Angleterre et la France, par un second traité signé à Londres, partagèrent de nouveau la succession entre les deux compétiteurs qui restaient, le Dauphin et l'archiduc (25 mars 1700). Le Dauphin reçut, comme dans le premier traité, le royaume des Deux-Siciles, les places de la Toscane, le marquisat de Finale, le Guipuscoa, et, en outre, la Navarre ou la Lorraine, ou la Savoie avec le comté de Nice. Le duc de Lorraine, ou s'il refusait, le duc de Savoie, devait recevoir en échange le Milanais. L'archiduc gardait le reste, et devait régner à la fois sur les Indes, sur l'Espagne, sur la Sardaigne et les Pays-Bas [2].

Ces deux traités soulevèrent en Espagne la plus violente opposition : la cour, les grands, le peuple maudirent à l'envi les puissances copartageantes. Le duc d'Harcourt, ambassadeur de France, fut re-

---

[1] Fils de l'électeur de Bavière, Maximilien, alors régnant.

[2] Don Antonio de Ubllla y Medina, marquès de Rivas. *Sucesion de el rey don Felipe V, nuestro senor, en la corona de Espana* (Madrid, 1704, 1 vol. in-folio), livre Ier, chap. 1er, p. 11. — *Historia civil de Espana, sucesos de la Guerra, y tratados de paz*, 1700-1733. pol el padre fray Nicolas de Jésus Belando (Madrid, 1740, 2 vol. in-4º), tome I, p. 7. — *Mémoires du marquis de San-Felipe*, traduit de l'espagnol, 1756 (Amsterdam, 4 vol. in-12), tome I. — La Torre, *Mémoires et Négociations secrètes des diverses cours de l'Europe* (La Haye, 1721, 4 vol. in-12), tome I. — Ortiz, *Compiendo de la Historia de Espagna, desde los tiempos mas remotos hasta nuestros dias* (Madrid, 1795-1803), 7 vol. in-8º, tome IV.

gardé à Madrid d'un œil farouche ; sa position devint tellement fausse qu'il demanda et obtint de revenir en France[1]. Dans tout le royaume ce fut un cri de désespoir et d'horreur contre cette injuste mutilation de la monarchie. Charles II lui-même s'irrita : l'indignation lui rendit la vie. Cette figure pâle et jaunie s'anima, ses bras maigris se levèrent avec force, il éclata en menaces et en colères, le cadavre ressuscita : « Tout traité est nul, dit-il en apprenant le premier traité de partage, tant que Dieu ne l'a pas signé[2]. » Pauvre roi sans force et sans vengeur, il souffrait de voir, autour de son lit de mort, s'agiter ambitieuses la Bavière, l'Autriche, la France, dévorant des yeux son héritage, coupant son linceul avant le dernier râle. Aussi, en haine du premier partage, dont l'idée seule le faisait frémir, il établit pour son héritier unique l'un des prétendants, le jeune prince électoral de Bavière. Quand la mort l'eut emporté, Charles II institua un autre héritier universel : au premier traité de partage il avait opposé un premier testament, qui appelait le prince de Bavière ; au second traité il opposa un second testament, qui appelait un prince de la maison de Bourbon. Le roi d'Espagne n'aimait pas la France : il haïssait sa langue, ses usages, tout ce qui était français ; il haïssait Louis XIV, qui lui avait longtemps fait la guerre, qui

---

[1] Il était à Bayonne quand Charles II fit son testament, et il n'y avait alors à la cour d'Espagne que M. de Blécourt, officier d'infanterie, et médiocre diplomate. Le duc d'Harcourt fut donc totalement étranger à la confection du testament de Charles II.

[2] Cerisier, *Tableau de l'Histoire générale des Provinces-Unies*,

lui avait enlevé plusieurs provinces, qui en ce moment encore démembrait ses États; mais, poussé par les grands, indignés de voir ainsi déchirer leur pays, Charles II céda. Pensant trouver dans ce choix la plus forte garantie contre le partage, après de longues tergiversations, après avoir consulté le pape, les théologiens, les jurisconsultes les plus illustres, qui tous rassurèrent sa conscience alarmée, il obéit au vœu général de la nation, et il laissa tous ses royaumes à un petit-fils de Louis XIV, Philippe de France, duc d'Anjou, fils du grand Dauphin, frère du duc de Bourgogne, et alors âgé de quinze ans (2 octobre 1700).

Ce testament ne fut pas, comme l'ont écrit jusqu'à présent tous les historiens, le fruit des intrigues de la diplomatie française à Madrid. Rien n'est plus erroné. Il est temps maintenant de rejeter cette injuste accusation, de déchirer les voiles et de rendre à chacun la gloire de ses actes. Le testament de Charles II fut une œuvre nationale, une œuvre espagnole, et aucunement une œuvre française [1]. Ce furent, non les ambassadeurs de Louis XIV, mais les grands du royaume qui l'inspirèrent au fils mourant de Philippe IV. Ces seigneurs, dont le nom mérite d'être attaché à cette glorieuse page de leur histoire, étaient

---

[1] Cette vérité ressortira avec éclat de la curieuse publication des *Négociations relatives à la Succession de l'Espagne*, que donne, en ce moment, M. Mignet. Ce qui prouve du reste d'une manière irréfutable que Louis XIV fut totalement étranger à la confection du testament de Charles II, c'est qu'il voulut d'abord le refuser. — Voir la note de la page 32.

le duc de Medina-Sidonia, les marquis de Villagarcia et de Villena, le comte de San-Estevan, le cardinal Porto-Carrero, et le secrétaire d'État Ubilla. Pour sauver l'unité de leur pays, ils conseillèrent à Charles II d'appeler au trône le petit-fils du plus puissant prince de la chrétienté, du seul roi capable de défendre l'unité, et ce fut dans l'intérêt de l'Espagne qu'ils dictèrent le testament. Les gentilshommes castillans avaient calculé juste. C'était là un beau dessin, une grande pensée ; et, sans les armes de l'Europe, sans surtout les fautes de Louis XIV, son petit-fils conservait l'unité de la monarchie, et gardait sur sa tête toutes les couronnes de Philippe II.

Ce testament signé, Charles II mourut (1ᵉʳ novembre 1700).

Mais non sans s'être repenti. Cette haine de la France lui était remontée au cœur. D'un autre côté, les plaintes, les reproches amers de l'Autriche, sa parente, pour laquelle il avait une vive affection, troublaient son cœur : il songeait même à refaire son testament, mais la mort ne lui en laissa pas le temps [1].

---

[1] Mémoires de Torcy, collection Petitot, tome LXVII, p. 95. — Mémoires de Tessé (Paris, 1806, 2 vol. in-8º), tome II. — Mémoires de Saint-Simon, édition complète de 1829, tome III, p. 19 et suiv. — Mémoires secrets sur l'établissement de la maison de Bourbon en Espagne, extraits de la correspondance de marquis de Louville (Paris, 1818, 2 vol. in-8º), tome I, p. 19. — William Coxe, *l'Espagne sous les rois de la maison de Bourbon*, traduit et annoté par don André Muriel (Paris, 1827, 6 vol. in-8º), t. I.—Désormeaux, *Abrégé chronologique de l'Histoire d'Espagne* (Paris, 1758, 5 vol. in-12), tome V.— Targe, *Histoire de l'Avénement de la maison de Bourbon au trône d'Espagne* (Paris, 1772, 6 vol. in-12), tome II.

Ce problème difficile de la succession d'Espagne, qui depuis quarante ans préoccupait l'Europe, paraissait donc résolu.

Mais restaient deux questions bien graves :

Le roi de France accepterait-il pour son petit-fils l'offre des Espagnols, la succession de Charles II et ses dangers incalculables ?

L'Europe, qui déjà accusait hautement Louis XIV de rêver la monarchie universelle, resterait-elle l'arme au bras tandis que le roi de France, au mépris du traité de Londres [1], ajouterait à ses domaines de si vastes territoires ?

Ce testament de Charles II, qui paraissait tout décider, laissait donc tout en suspens. Il tranchait, mais il ne dénouait pas la difficulté ; et cependant de cette question dépendait l'avenir du monde, car à Madrid allaient se jouer les destinées de l'Europe, dont la face pouvait changer.

Si, en effet, la France héritait de toutes les couronnes espagnoles, François Ier et Henri II, Henri IV et Louis XIII, les Valois et les Bourbons étaient vengés. L'antique devise de la maison de Habsbourg [2] devenait une lettre morte. Ce n'était plus l'Autriche, c'était la France qui gouvernait la terre. Si la France une et forte de Mazarin et de Louis XIV prenait par la main un des fils de saint Louis et l'asseyait sur le

---

[1] C'est-à-dire le second traité de partage, signé à Londres et à La Haye.

[2] *Austriæ est imperare orbi universo.* C'était la devise de l'empereur Frédéric III, de la maison d'Autriche. On l'écrivait ainsi : A. E. I. O. U. —William Coxe, *Histoire de la maison d'Autriche.*

trône de Charles-Quint, cette idée chérie de Henri IV et de Richelieu, ce but si longtemps poursuivi de l'abaissement de la maison d'Autriche était atteint et même dépassé. Louis XIV enlevait aux descendants de Rodolphe de Habsbourg la moitié de leur héritage ; il régnait à Madrid, à Naples, à Milan, à Bruxelles comme à Versailles. L'Espagne, la France, les Pays-Bas, l'Italie péninsulaire, étaient ses provinces, et l'Allemagne sa vassale, demain peut-être sa sujette. Car cet enfant pouvait être empereur, comme l'avait été Charles-Quint ; où François Ier et Louis XIV avaient échoué, Philippe V pouvait réussir. Et alors où était la résistance ? Louis XIV était à la fois roi de France, roi d'Espagne, empereur d'Allemagne, plus que Charles-Quint, roi du continent, roi de la terre, comme devait l'être plus tard Napoléon. L'Autriche, son ancienne rivale, était réduite au rôle de puissance inférieure. Dépossédée de l'empire, elle était reléguée en Bohême, en Hongrie, en l'archiduché, dans le Tyrol, refoulée sur les bords du Danube et de la Theiss, et dans les gorges des Alpes. Elle devenait une puissance asiatique, slave ou magyare, à peine allemande, comme la Pologne, dont la décadence allait commencer, comme la Russie, qui déjà levait dans le Nord sa triple tête, grecque, slave et tartare. L'Autriche perdait, avec l'empire, la plus grande portion de son influence en Europe.

Seules pourtant deux puissances protestaient et restaient debout : l'Angleterre assise sur ses roches éternelles, la Hollande cachée derrière ses digues ;

toutes deux ayant pour éléments communs de résistance la liberté, la religion, la richesse, et comme une autre patrie, comme une mine d'or inépuisable, la mer. Ce fut aussi de là que partit plus tard la résistance.

Si, au contraire, l'Autriche héritait de l'Espagne, sa parente, de nouvelles et splendides destinées lui étaient offertes. Les jours glorieux de Charles-Quint, moins Luther, moins les guerres religieuses, moins l'électeur de Saxe, allaient luire de nouveau. Comme sous Charles-Quint, la maison d'Autriche allait régner à la fois sur les États héréditaires, sur l'Empire, l'Espagne, l'Italie, sur les Flandres et sur les Indes. Ce sang généreux, versé à flots par la France, l'Allemagne et la Suède, dans leurs luttes contre l'Autriche, ce sang des Gaston de Foix (1512), des Bayard (1524), des la Palisse (1525), des Turenne (1675), des Gustave-Adolphe (1633), tous morts sur les champs de bataille, avait coulé en vain. Ces efforts tendus pendant deux siècles (1477-1700); ces armées dont les os jonchaient les plaines de Flandre, d'Allemagne et d'Italie; ces trésors jetés à pleines mains dans toute l'Europe; ces veilles de nos plus grands rois et de nos plus grands ministres, tout demeurait inutile. Le travail de deux siècles était perdu en un instant. L'œuvre de Louis XI, de François I", de Henri II, de Henri IV, de Richelieu, de Mazarin, était défaite, jetée à terre, brisée comme un jouet d'enfant. Depuis Lille jusqu'à Bayonne, l'Autriche enserrait, étouffait de nouveau la France, par elle ou par ses alliés :

Par les Pays-Bas espagnols ;
Par l'évêché de Liége, terre d'empire ;
Par la Lorraine, plus autrichienne que française ;
Par l'Allemagne ennemie ;
Par la Savoie, alliée politique et douteuse ;
Par la mer, couvertes de galères castillanes ;
Par les Pyrénées espagnoles enfin.

La France reculait jusqu'au règne de François Ier. Elle redevenait l'alliée de la Hollande, des princes protestants de l'empire, de la Prusse peut-être contre l'Autriche. Le monde était changé ; les jours de Philippe II recommençaient. Mais Charles II avait tranché la question en faisant un testament, et Louis XIV l'acceptait.

Ce fut une scène solennelle que cette délibération de quelques hommes, décidant les destinées de tant de peuples. Lorsque le courrier d'Espagne, porteur de cette grande nouvelle, arriva en France, la cour était à Fontainebleau [1]. Le roi rassembla son conseil et lui soumit ses embarras. A ce conseil, dont la décision a eu tant de retentissement, assistaient, avec le roi, le Dauphin [2], le marquis de Torcy, ministre des affaires étrangères, le duc de Beauvilliers, gouver-

---

[1] On montre encore à Fontainebleau la salle où se tint ce conseil.
[2] On l'appelait le grand Dauphin ou Monseigneur. Il était fils de Louis XIV et père du duc d'Anjou. Né en 1661, il mourut en 1711, sans avoir régné. C'est de lui dont on a dit : « Fils de roi (Louis XIV), père de roi (Philippe V), jamais roi. »

neur des enfants de France, et le chancelier, le comte Louis de Pontchartrain.

La délibération s'ouvrit.

Le Dauphin parla le premier. Il se prononça sans hésiter pour l'acceptation qui mettait une couronne sur la tête d'un de ses fils, le duc d'Anjou. M. de Torcy partagea cette opinion, et la développa avec une éloquence parfaitement nette et fortement motivée : au contraire, le duc de Beauvilliers se prononça pour le refus. M. de Pontchartrain, homme prudent et rusé, se borna à indiquer les avantages de l'un et de l'autre parti, puis biaisa. Il finit par conclure que le roi serait le meilleur juge. Louis XIV se prononça le dernier. Ce fut pour l'acceptation. Il prit la parole après un long silence, presque avec émotion, comme s'il eût senti qu'il allait soulever le monde. Le roi, en lui, semblait combattre le père. Comme le Dauphin, comme M. de Torcy, il conclut à l'acceptation du testament ; et, chose remarquable, cette décisive résolution resta deux jours secrète, sans que personne en eût même un soupçon. Le troisième jour seulement, la cour étant revenue à Versailles, le roi l'annonça aux envoyés espagnols et aux nombreux gentilshommes qui se pressaient sur ses pas, avec la solennelle gravité qu'il mettait à toutes ses actions[1] : « Messieurs, dit-il, en leur présentant un jeune

---

[1] Belando « La Respueta fuè decir con un semblante mezclado de jubilo y gravelad, » tome I, p. 18.—M. Mignet, *Négociations relatives à la Succession d'Espagne*, tome I, Introduction. — Saint-Simon, tome III, p. 39.—*Mémoires* de Torcy.

homme aux yeux bleus, aux cheveux blonds, d'une apparence délicate et frêle, qu'il tenait par la main, voilà le roi d'Espagne ! » (Novembre 1700[1].)

Ce roi enfant était le duc d'Anjou, qui allait devenir Philippe V. Quinze jours après, il faisait son entrée à Madrid, au milieu des cris de joie (24 novembre 1700).

L'Espagne avait un roi, et n'était pas démembrée ; elle le croyait, du moins, et la France aussi. L'acceptation devait tout couvrir[2].

Cette acceptation, comment la qualifier aujourd'hui ? Quel jugement porter sur cet acte, alors applaudi par la France, béni par l'Espagne, qui faisait des deux nations deux sœurs ?

Nous qui venons après les événements, qui savons quelles cruelles catastrophes ont suivi cette grave détermination et marqué la guerre de la Succession, si nous ne suivons que la trace du sang versé, si nous oublions les circonstances au

---

[1] La peinture a conservé cette grande scène. (Voyez, au Musée de Versailles, le magnifique tableau de Gérard.) Il y a en tête de l'ouvrage de don Antonio Ubilla, cité plus haut, un beau portrait équestre de Philippe V.

[2] Hâtons-nous de le dire toutefois, cette délibération que nous venons de raconter fut précédée d'une première dans laquelle Louis XIV résolut de s'en tenir au traité de partage et de refuser le testament de Charles II. Ce fait important est resté pendant cent cinquante ans ignoré. Il résulte clairement de documents officiels déposés aux Archives des affaires étrangères. Nous en devons la connaissance à l'obligeance de M. Mignet, qui doit insérer ces documents dans les volumes suivants des *Négociations relatives à la Succession d'Espagne sous Louis XIV*, et nous l'affirmons avec toute certitude.

milieu desquelles intervint la décision de Louis XIV, nous nous sentirons portés à regretter que le roi ne se soit pas borné à l'exécution pure et simple du traité de Londres, qui attribuait au Dauphin les Deux-Siciles, les places de Toscane appartenant à l'Espagne, et le Milanais ou la Lorraine. Mais une telle solution, il ne faut pas l'oublier, n'était pas possible. A défaut de la France, Charles II avait appelé l'Autriche. Le courrier qui était arrivé de Madrid était là : il attendait. Si Louis XIV refusait la succession pour son petit-fils, il avait ordre d'aller à Vienne, où l'archiduc assurément ne refuserait pas. Il fallait donc combattre l'Autriche, souveraine légitime, établie, des possessions espagnoles, pour lui arracher la part attribuée au Dauphin, ou la combattre pour garder toute la monarchie; faire la guerre pour la partie, ou la faire pour le tout; car la guerre était au fond de toute détermination, elle planait sur tout le débat. Il n'y avait pas, comme le dit très-bien M. de Torcy, à choisir entre la guerre et la paix, mais entre la guerre et la guerre; et puisqu'il fallait combattre, mieux valait le faire d'abord pour toute la monarchie; mieux valait le faire ensuite avec un petit-fils de Louis XIV, régnant à Madrid; avec les sympathies si énergiques des Espagnols, combattant dans nos rangs pour l'unité de leur pays; avec tous les avantages résultant d'un gouvernement établi, les troupes, les places fortes, les ports, les magasins, les administrations, les positions militaires, en Flandre et en Italie; mieux valait faire la guerre, enfin, avec l'Espagne que sans l'Espagne, et non-seulement sans elle, mais contre elle. Louis XIV, qui commit plus tard de si grandes fautes, prit donc en acceptant le testament de Charles II la seule détermination vraie, juste, la seule possible, et, chose rare dans l'histoire des peuples, une détermination à la fois conforme à l'intérêt de sa famille et à l'intérêt de son pays.

Mais, en présence d'une aussi grave résolution, quelle allait être l'attitude de l'Europe ?

L'Europe de cette époque, l'Europe de 1700, était bien différente de l'Europe que nous connaissons aujourd'hui. Cette rapidité des communications, cette communauté de principes politiques et de principes sociaux, cette solidarité d'intérêts industriels, cet enlacement des relations commerciales, cette constitution moderne, en un mot, qui fait que la moindre secousse du monde secoue, par contre-coup, le monde entier, était loin d'exister dans les premières années du xviii° siècle. Les mêmes puissances continentales n'avaient ni les mêmes espérances, ni les mêmes craintes, ni les mêmes intérêts. Cette succession d'Espagne, qui allait passionner l'Europe du centre et du midi, devait laisser indifférentes les puissances du nord. Bien que, dans le courant du xvii° siècle, la Suède et le Danemark fussent descendus avec éclat dans les affaires allemandes ; bien que nous ayons à raconter tout à l'heure la participation armée du Danemark à la guerre de la coalition contre la France; bien que le roi de Pologne, Sobiesky, eût tout récemment encore délivré Vienne de l'invasion turque

(1683), d'autres intérêts plus puissants, parce qu'ils étaient plus voisins, absorbaient la Suède, le Danemark, la Pologne et la Russie.

Le roi de Suède, Charles XI, venait de mourir (16 avril 1697), laissant la couronne à son fils Charles XII [1], alors âgé de quinze ans, et lui léguant à la fois un pouvoir absolu dans son royaume et une prépondérance marquée dans le Nord. Charles XII recevait la Suède de son père dans les mêmes conditions où Louis XIV avait reçu la France de Mazarin, une à l'intérieur, redoutée à l'étranger. Les annales du xviie siècle étaient remplies des grandes choses accomplies par les princes de la maison de Wasa. La Suède s'était tracé, à la pointe de l'épée, une magnifique position en Europe. On l'avait vue, d'abord seule, puis aidée des trésors et des soldats de la France, fouler pendant dix-huit ans (1631-1648) les terres allemandes, s'avancer au milieu de l'Empire, ramasser sur le champ de Lutzen son héros, le roi Gustave, et lutter glorieusement contre Wadstein et Tilly, les redoutables capitaines de Ferdinand II. A la paix de Westphalie (1648), elle avait imposé sa volonté à l'Allemagne, fait capituler la maison d'Autriche et conservé toutes ses conquêtes, la Poméranie et Stettin, l'île de Rugen et Wismar, les duchés de Brême et de Verden. Par le traité de Stolbova, conclu sous le grand Gustave (27 février 1617), elle avait enlevé à la Russie l'Ingrie et la Carélie; par celui

[1] Charles XII, né en 1682, roi de Suède en 1697, mort en 1719.

d'Oliva (1660), enlevé à la Pologne l'Esthonie et la Livonie ; par celui de Copenhague (27 mai 1660), la Scanie et la Blékingie au Danemark [1]. A la paix de Nimègue (1679), le roi de Suède, après avoir combattu seul avec la France contre l'Allemagne, l'Empire, l'Autriche, la Hollande et l'Espagne, se retirait glorieusement de la lutte sans perdre une province. Au traité de Ryswyk (1697) enfin, Charles XI avait été choisi comme médiateur de la paix entre la France d'un côté et l'Europe de l'autre. Victorieuse en Allemagne, victorieuse en Danemark, en Pologne, en Russie, la Suède était ainsi à la fois haïe pour sa grandeur, enviée pour sa puissance, quand la mort d'un roi redoutable laissa tomber la couronne sur le front d'un enfant de quinze ans. L'occasion était trop favorable pour n'en pas profiter. La Russie, la Pologne, le Danemark, s'unirent pour enlever en une campagne les conquêtes d'un siècle ; et tandis que la succession d'Espagne s'ouvrait dans le Midi, commençait dans le Nord une guerre terrible, dont le but était d'enlever à la Suède toutes ses conquêtes du continent.

Mais le sang de Wasa ne se démentit pas. Les puissances trouvèrent un héros dans le fils de Charles XI. Le roi de Danemark, Frédéric IV[2], vit avec effroi le jeune Charles, sautant l'épée à la main

---

[1] Kocw et Schœll, *Histoire abrégée des Traités de paix*, tome XIII, p. 82 (Stolbova); p. 287 (Copenhague); p. 339 (Oliva).

[2] Frédéric IV, né en 1671, roi de Danemark en 1699, mort en 1730.

dans la mer, à travers une pluie de balles, et menaçant sa capitale : il capitula (août 1700). Le roi de Pologne, Auguste II, eut un plus triste sort encore. Chassé de ses États électifs [1], poursuivi dans ses États héréditaires, il erra comme un proscrit, tandis qu'un rival consacré par la main victorieuse du roi de Suède régnait à Varsovie, et que Charles XII campait tour à tour au milieu de la Pologne ou au cœur de la Saxe (1702-1706) [2].

Le czar Pierre, lui aussi, subit le choc impétueux des armes suédoises. Charles XII battit les Russes à Narva (30 novembre 1700), et dissipa facilement ces nuées de barbares à peine enrégimentés, à peine armés. Mais le génie patient de Pierre le Grand [3] devait triompher un jour. Et en attendant que le roi de Suède, vainqueur des Danois, des Polonais et des Saxons, marchât droit au czar pour le saisir corps à corps, l'empereur continua sa magnifique tâche de création. Il utilisa la merveilleuse flexibilité de la race slave. Du pied, il fit sortir des légions comme Pompée, des cités comme Alexandre. Il continua à fonder et à

---

[1] Auguste II était à la fois roi de Pologne et électeur de Saxe ; né en 1670, mort en 1733.

[2] *Histoire de Charles XII*, de Voltaire. — *Histoire de Suède sous le règne de Charles XII*, par M. de Limiers (Amsterdam, 1721, 12 vol. in-12). — *Histoire de Suède*, par Samuel Puffendorf (Amsterdam, 1732, 3 vol. in-12, tome III. — *Histoire militaire de Charles XII*, par Gustave Adlerfeld, son chambellan (Paris, 1741), tomes I et II. — *Histoire de Suède*, par M. Eric-Gustave Geyer, professeur à l'Université d'Upsal, traduite par J.-J. de Lundblad (Paris, 1839, Parent-Desbarres), p. 303 et suivantes.

[3] Pierre le Grand, fils du czar Alexis Michaelowitz. né en 1672, empereur en 1682, mort en 1725.

combattre ; il fouilla les mines de la Sibérie ; il construisit des forts, des vaisseaux, fondit des canons, improvisa des officiers, des soldats : il creusa le tombeau du roi de Suède. Quand Charles XII, vainqueur de la Pologne et de la Saxe, entra en Russie, il vint se briser contre du granit. A Narva, il avait chassé des barbares ; à Pultava (1709), il allait rencontrer des soldats [1].

Ainsi occupées de pensées communes, liées par un même lien, combattant un même ennemi, les puissances du Nord oubliaient la succession d'Espagne pour la succession de Suède. Elles ne considéraient ni les Pays-Bas, ni l'Italie, ni l'Amérique, mais les duchés de Brême et de Verden, Stralsund et Wismar, la Livonie et la Finlande. Elles oubliaient Charles II pour Charles XII, Madrid pour Stockholm.

Seule pourtant une de ces puissances, par sa position géographique, par les droits de la famille régnante, par la vitalité d'un État jeune et fort, se trouvait à la fois mêlée aux intérêts du Nord et aux intérêts du Midi, à la succession d'Espagne et à celle de Suède ; nous voulons parler de la Prusse. Dans les premiers jours du xviiie siècle (janvier 1701), l'électorat de Brandebourg avait fait place au royaume de Prusse.

---

[1] Schœll, *Cours d'histoire des États européens* (Paris, 1832), XXXIIIe vol. — Voltaire, *Histoire de Pierre le Grand*. — Le même, *Histoire de Charles XII*. — Lévesque, *Histoire de Russie*, 4e édition, revue et augmentée, par MM. Malte-Brun et Depping, (Paris, 1812, 8 vol. in-8º), tome IV, p. 282 et suiv. — Le général de Ségur, *Histoire de Russie*, (Paris, 1829, 1 vol. in-8º), p. 568 et suiv. — Eric-Gustave Geyer, *Histoire de Suède*, p. 478.

Frédéric III[1], l'ancien électeur, était devenu Frédéric I*er*, le roi. Il avait pris à Kœnigsberg la couronne royale, et l'avait mise lui-même sur sa tête. Avide d'ajouter à son petit État les domaines voisins, le nouveau monarque enviait à la Suède la Poméranie, et réclamait à l'Espagne la province de Gueldre, comme héritier des anciens ducs de Clèves. Prudent et ambitieux en même temps, Frédéric I*er* ne voulut pas cependant prendre part à la guerre des puissances contre Charles XII. Il redouta la fougue guerrière du jeune prince, et attendit. Laissant de côté pour le moment la Poméranie, et ce terrible roi de Suède, il se tourna vers la Gueldre et vers l'Espagne. La Prusse joua dans la guerre de la Succession un rôle tout auxiliaire, tout militaire, mais brillant et avantageux. Elle y gagna la Gueldre, elle préluda à de grandes destinées et assura sa jeune royauté à coups de canon. A peine née, à peine formée, comptant à peine deux millions d'habitants, mais ayant une armée toute prête, des prétentions à faire valoir et contre l'Espagne et contre la Suède, la Prusse ne pouvait que gagner à une guerre générale : elle s'y jeta donc[2].

Les mêmes motifs n'existaient pas pour les autres

---

[1] Frédéric I*er*, né en 1657, électeur en 1688, roi en 1700, mort en 1713. Il était fils de Frédéric-Guillaume, le *grand électeur*.

[2] Schœll, *Cours d'histoire des États européens*, vol. XXXV, p. 35 et suiv. — Schloosser, *Histoire des Révolutions politiques et littéraires de l'Europe au* xviii*e* siècle, traduit en français par W. Suckau (Paris, 1825). — M. Michelet, *Précis de l'Histoire moderne.* — M. Ragon, *Histoire générale* du xviii*e* siècle (Paris, 1839, 2 vol. in-8°), p. 283. — Malte-Brun, *Précis de la Géographie universelle*, tome V.

États qui composaient l'empire d'Allemagne. Les intérêts de l'Empire n'étaient pas ceux de l'empereur. L'empereur Léopold Ier voulait avec raison la guerre pour enlever à Philippe V la succession Castillane et la donner à son fils l'archiduc Charles ; mais l'Allemagne n'avait rien à réclamer de l'Espagne, rien de la France. A moins d'ajouter foi au conte populaire de la monarchie universelle imputée à Louis XIV avec aussi peu de fondement qu'à Charles-Quint, il importait peu aux divers princes germaniques que ce fût un membre de la maison de Bavière, de France ou d'Autriche, qui ramassât le sceptre de Charles-Quint, à la condition que les deux couronnes de France et d'Espagne ne fussent pas réunies sur une même tête, conte aussi manifeste, chimère aussi ridicule que la prétendue monarchie universelle de Louis XIV. L'Allemagne n'avait avec l'Espagne que des relations éloignées ; elle en était séparée par la France, l'Italie et la mer. Aucun de ses intérêts politiques ou commerciaux ne pouvait être mêlé avec les intérêts espagnols, et elle ne pouvait donc s'effrayer de l'avénement de Philippe V, tant que les principes d'équilibre proclamés en 1648 restaient debout, ce qui avait lieu par la séparation absolue des deux couronnes de France et d'Espagne. Allant plus loin encore, cet avénement d'un prince de la maison de Bourbon ne pouvait que lui être avantageux, en excluant un prince de la maison de Habsbourg. Les Allemands, qui n'avaient pas oublié le règne de Charles-Quint, la constitution de l'Empire modifiée, l'autorité impériale devenue despotique, ne pouvaient que s'applaudir intérieurement d'un événement qui ne lésait en rien les intérêts de leur pays, sans inquiéter davantage leur indépendance. Tout récemment encore leurs droits avaient été foulés aux pieds par l'empereur. Malgré eux, Léopold Ier avait créé un neuvième électorat en faveur du duc de Hanovre (1692). Les électeurs, les princes de l'Empire avaient vainement protesté contre cette usurpation ; en dépit de leurs protestations, en dépit d'une ligue jurée pour le détruire, le nouvel électeur avait subsisté, l'empereur l'avait maintenu, et l'Allemagne avait été vaincue.

Placé aux portes de la France, l'Empire avait d'autant plus à redouter la guerre, et avec la guerre l'invasion, que sa constitution le rendait peu propre à repousser une attaque étrangère. Divisé en plus de trois cents États dont les intérêts étaient souvent opposés, partagés entre trois religions, soumis à plusieurs formes de gouvernement, l'élément fédératif, tout-puissant, amoindrissait singulièrement le pouvoir central. C'était à grand'peine, dans les guerres contre la France, que l'empereur obtenait des princes leur contingent ; et tandis que l'Autriche allait avoir à lutter en Flandre, en Italie, en Hongrie, qu'elle ne pourrait conséquemment déployer que peu de troupes sur le Rhin, l'Allemagne, abandonnée à elle-même, devait rester ouverte aux invasions françaises. Et cependent nul pays n'avait plus besoin de la paix. Depuis la guerre de Trente ans (1618-1648), depuis un demi-siècle, l'Empire était devenu le champ de bataille de l'Europe. C'était dans ses campagnes que les armées suédoises, françaises, autrichiennes, espagnoles, étaient venues se chercher et se combattre. Quelques années encore, et les Anglais, les Prussiens, les Russes allaient venir à leur tour. Dans la dernière coalition contre la France, la sanglante colère de Louvois avait rayé de la carte une province allemande tout entière, le Palatinat; Worms, Manheim, Spire avaient été brûlées et rasées. En revanche, à la paix de Ryswyk, comme une stérile compensation, Louis XIV avait seulement rendu ses conquêtes, rendu la rive allemande du Rhin. De toute la guerre de la Succession (1701-1713), de treize ans de combats, l'Allemagne ne devait retirer non plus aucun avantage. Elle n'en pouvait espérer que du mal; elle n'y gagna que du mal. Encore une fois, les armées françaises et autrichiennes entrèrent dans l'Empire, et encore une fois elles laissèrent derrière elles des forteresses démantelées, des villes détruites, des champs dévastés, des provinces appauvries et épuisées. Tel devait être, pour l'Allemagne, le sort de la guerre; tel il fut en effet, car cette cause n'était pas sienne. La voix des princes de l'Empire, qui prévoyaient ce sombre avenir, fut étouffée, et le sang allemand, versé sans raison, coula sans profit[2].

[1] Heiss, *Histoire de l'Empire* (Paris, Barbin, 1684, in-4°), tome II, liv. IV; de l'*Empire moderne*, p. 1 et suiv. — Samuel Puffendorf, *État de l'Empire d'Allemagne* (Strasbourg, 1728, in-4°), première partie,

Mais si l'Allemagne n'avait aucun motif, aucun intérêt à combattre, il n'en était pas de même de la Hollande.

Les États-Généraux étaient à cette époque les plus implacables ennemis de la France. Les Hollandais avaient d'abord contre Louis XIV un terrible grief : l'acceptation du testament de Charles II. Ils lui reprochaient, au lieu de se contenter de la part attribuée au Dauphin par le traité de Londres, d'avoir accepté pour le duc d'Anjou toutes les provinces de la couronne d'Espagne. Ignorant la non-coopération de Louis XIV au testament de Charles II, l'indécision du roi à la réception du testament, ils lui reprochaient non-seulement d'avoir déchiré le traité de partage, mais d'avoir dupé les parties contractantes, les États-Généraux et l'Angleterre, en préparant de longue main, à Madrid, le testament qui appelait son petit-fils, et en jouant à la face de l'Europe une indigne comédie, alors qu'il avait assemblé son conseil, alors qu'il avait feint de le consulter pour accepter une succession qu'il avait lui-même détournée.

Ce récent grief venait s'ajouter à des griefs anciens, mais non oubliés. Les Hollandais se rappelaient l'invasion de leur pays par les Français,

p. 33 et suiv. — Le P. Barre, *Histoire d'Allemagne* (Paris, 1748, 10 vol. in-4º), tome X.—Arnold Scheffer, *Résumé de l'Histoire de l'Empire germanique* (Paris, 1824, 1 vol.).—M. Kohlrausch, *Histoire d'Allemagne* traduite par M. Guinefolle (Paris, 1838), tome II. — *Histoire d'Allemagne depuis les temps les plus reculés jusqu'à nos jours*, par J.-C. Pfister, traduite par M. Pâquis (Paris, 1838), tome IX. — *Histoire du peuple allemand* de Luden, traduite et continuée jusqu'à nos jours par M. Savagnier (Paris, 1845, 5 vol. in-8º), tome V.

les duretés de Louvois, les hauteurs de Louis XIV (1672). Ils se souvenaient plus encore des récentes mesures prises par le roi de France contre leur commerce; de plusieurs édits qui augmentaient les droits d'entrée établis sur certaines marchandises néerlandaises, et qui causaient un grand tort aux exportations de la République [1]. Une ordonnance surtout, qui prohibait l'importation du hareng dans le royaume, avait fait jeter des cris de désespoir; soixante mille personnes, dans les Provinces-Unies, vivaient de la pêche du hareng. Mais nul acte de Louis XIV n'avait excité la fureur des Hollandais comme la révocation de l'édit de Nantes. Les persécutions du gouvernement français, non-seulement frappaient des protestants, des coreligionnaires, mais elles frappaient des concitoyens, des Hollandais. A la faveur de la tolérance religieuse accordée par Henri IV, un grand nombre de familles néerlandaises s'étaient établies en France et y vivaient; plusieurs même avaient obtenu des lettres de naturalisation. Aussi, lorsque les persécutions commencèrent, les magistrats d'Amsterdam, qui avaient toujours suivi le parti de la France, prièrent secrètement le comte d'Avaux, ambassadeur de Louis XIV à La Haye, d'intercéder à Versailles en faveur de leurs compatriotes, des Hollandais ou établis ou naturalisés dans le

---

[1] M. Babington-Macaulay, *History of England* (1849), tome II, p. 399. Ce récent et remarquable ouvrage d'un des premiers écrivains de l'Angleterre moderne contient les plus curieux détails sur l'histoire intérieure de la Hollande à cette époque.

royaume. Louis XIV fit une réponse dure et hautaine : « Aucun pouvoir sur terre, dit-il, ne doit s'interposer entre mes sujets et moi. » Et les persécutions continuèrent. Les magistrats demeurèrent justement irrités de cette ingratitude. Les ministres appelèrent du haut des chaires la malédiction de Dieu sur le nouveau tyran de l'Eglise réformée. Les négociants ruinés accusèrent les édits du roi de France. Tous les Hollandais maudirent en même temps Louis XIV. Les rares amis de l'alliance française restèrent muets et effrayés. Personne n'eût osé, à Amsterdam, avouer ses sympathies pour le roi. Le peuple eût jeté à l'eau ou déchiré en morceaux ces partisans d'un gouvernement ennemi, comme les frères de Witt, les illustres martyrs de la liberté néerlandaise [1].

Ainsi exaspérés contre Louis XIV, les Hollandais ne prirent plus la peine de dissimuler leurs rancunes. Les États-Généraux ouvrirent leurs bras à tous ses ennemis ; ils accueillirent avec joie et les jansénistes et les protestants. En Hollande se réfugièrent Nicole et Arnauld, les chefs des jansénistes ; en Hollande vécurent et écrivirent Jurieu et Basnage, les chefs des réformés. Avec eux accoururent en foule tous les calvinistes chassés de France par d'horribles persécutions (1685), apportant avec leurs richesses [2], leurs

---

[1] M. Babington-Macaulay, *History of England*, tome II, p. 401.
[2] Les calvinistes apportèrent tant d'argent à Amsterdam, que peu après leur arrivée l'intérêt de l'argent tomba à deux pour cent. (*Mémoires* du comte d'Avaux). Louis XIV empruntait alors à sept, à huit, et même à dix pour cent !

talents et leurs haines. A l'abri du gouvernement de Louis XIV, ces réfugiés se vengèrent des persécutions par des publications violentes, passionnées et calomnieuses. Leur fiel longtemps contenu coula par torrents. Des presses hollandaises sortirent tous les ouvrages de l'opposition française. Ce fut là que, pour la première fois, le *Télémaque* vit le jour (1698). Ce fut là que le célèbre protestant Bayle publia son journal et son *Dictonnaire,* si oublié maintenant. A Amsterdam, à La Haye, à Leyde, à Utrecht, parurent tous les pamphlets contre Louis XIV, tous les livres qui racontaient à l'Europe, en les empoisonnant, les secrets de sa famille, de son gouvernement et de ses plaisirs. La vente de ces ouvrages était à la fois pour les Provinces-Unies et un commerce et une vengeance.

Les Hollandais ne haïssaient pas seulement Louis XIV, ils le craignaient. Depuis l'invasion soudaine de 1672, ces cent mille hommes, avec Condé et Turenne, tombant tout à coup dans les plaines de la Hollande, et s'avançant jusqu'à quatre lieues d'Amsterdam, la politique de la République tendait à rendre une seconde irruption impossible. Pour arrêter le torrent des armées françaises, les États-Généraux avaient obtenu, à la paix de Ryswyk, de garder eux-mêmes les Pays-Bas espagnols contre la France. Charles II leur avait concédé le droit de garnison dans sept de ses places, qui bordaient la frontière du royaume : Luxembourg, Namur, Charleroi, Mons, Ath, Oudenarde, Nieuport. La Hollande appelait ces places sa *Barrière*. C'était en effet une barrière contre les armées de Louis XIV, et la République avait quinze mille hommes de vieilles troupes. A tort ou à raison, la Hollande croyait que sa sécurité était assurée par la possession de ces sept villes. Elle y attachait une importance extrême. Tous les efforts du cabinet de La Haye tendaient à la conservation, puis à l'extension de cette *Barrière*. Les rusés marchands souhaitaient d'augmenter le nombre de ces places, peut-être même de s'étendre un jour sur toute la Belgique. L'occasion alors était propice : les Pays-Bas perdaient leur maître. Avec la Belgique les Hollandais convoitaient le commerce de l'Amérique et les colonies espagnoles. C'était là surtout que la République jetait les yeux. Aux possessions hollandaises, déjà riches et florissantes, à Malacca, à Ceylan, à Curaçao, à la Guyane, elle aurait voulu ajouter quelque riche morceau de vice-royautés américaines, des ports pour ses vaisseaux, des comptoirs pour ses négociants, des marchés pour ses exportations, des priviléges de commerce enfin. De la succession de Charles II les Hollandais espéraient donc l'extension de leur *Barrière* et de leur puissance coloniale, et ce qui les effrayait surtout dans l'acceptation du testament, c'est que l'avénement de Philippe V au trône d'Espagne, outre qu'il mettait de côté le traité de Londres qu'ils avaient signé, outre qu'il semblait les prendre pour dupes, les menaçait à la fois et dans leur indépendance, et dans leur ambition, et dans leur *Barrière* en Europe, et dans leur commerce en Amérique.

La situation intérieure de la République était du reste assez florissante pour leur permettre de caresser sérieusement de si belles espérances. Les passions politiques qui avaient tué dans le courant du siècle Barnevelt et les de Witt étaient calmées depuis l'avénement de Guillaume III au stathoudérat et la paix intérieure assurée. A l'extérieur, malgré les guerres contre l'Angleterre et la France, le commerce maritime avait grandi. A la paix de Ryswyk, le gouvernement français avait consenti à lever le droit de cinquante sous par tonneau qui grevait leurs vaisseaux au profit des nôtres[1]. Leur marine marchande couvrait les mers. Leur marine de guerre, toute vivante encore du souvenir des Tromp et des Ruyter, était nombreuse et aguerrie; leurs marins, vieillis dans la manœuvre. Chargées sur les navires des Sept-Provinces, toutes les richesses du monde venaient s'entasser à Amsterdam. Proportionnellement, la Hollande était le pays le plus riche d'Europe. Les États-Généraux prêtaient de l'argent à tous les gouvernements, à l'Autriche, à la Suède, au Danemark, aux princes de l'Empire. Pendant toute la guerre de la Succession, ce petit pays entretint contre la France soixante-dix vaisseaux et cent mille soldats. Et si maintenant, à cette situation intérieure florissante, à cette richesse publique, on ajoute une opinion éner-

---

[1] M. Pierre Clément, *Histoire de la vie et de l'administration de Colbert* (Paris, 1846, 1 vol. in-8°), p. 338.—Jean Dumont, *Corps universel diplomatique* (Amsterdam, 1726-1731, 8 vol. in-fol.), tome VII, deuxième partie, p. 381.

giquement protestante, un amour considérable de la dignité nationale, un gouvernement d'hommes blanchis dans les affaires, le désir de faire de grandes choses inspiré par les grandes choses déjà faites; on comprendra facilement quel mal la Hollande pouvait causer à Louis XIV, et on verra dans la suite quels coups dangereux elle porta. La République était d'autant plus à redouter, que le roi d'Angleterre, Guillaume III, était en même temps stathouder de Hollande, que le même homme gouvernait les deux pays, que ces deux pays étaient enchaînés par des traités solennels; que les mêmes intérêts religieux, commerciaux et politiques, les réunissaient contre la France; que froisser l'un. c'était froisser l'autre, et que, pour faire la guerre à la Hollande, il fallait combattre aussi l'Angleterre[1].

L'Angleterre n'était pas encore montée à ce degré de puissance où nous la voyons aujourd'hui; elle sortait à peine d'une révolution. Les secousses s'y étaient succédé durant tout le xviie siècle. Le

---

[1] Basnage, *Annales des Provinces-Unies* (La Haye, 1726, 2 vol. in-fol.), t. II. — Négociations du comte d'Avaux en Hollande (Paris, 1752-1753, 6 vol. in-8º).—Baillet de la Neuville, *Histoire de Hollande* (Paris, 1702. 4 vol. in-12), t. IV.—Jennet, *Histoire de la République des Provinces-Unies* (La Haye, 1704, 4 vol. in-12) t. IV. — Leclerc, *Histoire des Provinces-Unies et des Pays-Bas* (Amsterdam, 1723, 2 vol. in-folio), t. II.— Kerroux, *Abrégé de l'Histoire de la Hollande et des Provinces-Unies* (Leyde), 1778, 2 vol. in-4º), tom. II.—Cerisier, *Tableau de l'Histoire générale des Provinces-Unies* Utrecht, 1777-1785, 10 vol. in-12), t. VIII.

Parlement avait détrôné et décapité Charles Ier (1649); Olivier Cromwel avait chassé le Parlement et s'était fait dictateur (1653); Richard Cromwel n'avait régné que quelques jours; le général Monk avait livré au roi Charles II la république d'Angleterre (1660). Le prince d'Orange enfin, Guillaume de Nassau[1], avait renversé Jacques II, frère et successeur de Charles II, et déjà stathouder de Hollande; il était devenu roi d'Angleterre, sous le nom de Guillaume III (1689). Le contre-coup de cette récente révolution se faisait vivement sentir dans la Grande-Bretagne. Mêlées aux passions religieuses, les passions politiques y fermentaient encore. Catholiques, anglicans, non conformistes, royalistes absolus, royalistes constitutionnels, républicains, s'y déchiraient à l'envi.

Deux grands partis principalement partageaient le pays. Les deux noms, qui étaient des injures, avaient fini par être acceptés comme signes de ralliement :

Les tories, les whigs;

Les tories, partisans de l'extension de la prérogative royale;

Les whigs, passionnés au contraire pour la restriction de cette prérogative;

Les tories surtout catholiques ou chauds défenseurs de l'épiscopat;

---

[1] Guillaume d'Orange, stathouder de Hollande et roi d'Angleterre, né en 1650, mort en 1702.

Les whigs surtout anglicans ou non conformistes;

Les tories, partisans de l'alliance française;

Les whigs, ennemis déclarés de Louis XIV;

Les tories, opposés à l'intervention de l'Angleterre dans les affaires du continent :

Les whigs, fortement prononcés pour cette intervention;

Les tories, amis des Stuarts;

Les whigs, amis des Nassau;

Les tories, vaincus avec Jacques II à la révolution de 1689;

Les whigs, vainqueurs avec Guillaume III, et partageant avec lui le gouvernement de l'Angleterre.

La majorité de la nation anglaise n'aimait pas personnellement Louis XIV. Tous les réformés de la Grande-Bretagne avaient vu avec horreur l'expulsion de France de leurs coreligionnaires. Comme les Hollandais, les Anglais s'étaient empressés d'accueillir les protestants, de leur donner un asile et du pain. D'abondantes souscriptions avaient été organisées, et pendant plusieurs mois, la ville de Londres avait nourri les fugitifs. Des rues entières s'étaient peuplées d'ouvriers français qui apportaient les secrets de notre industrie naissante, notamment la fabrication des chapeaux et des soieries de la France.

Avec la révocation de l'édit de Nantes, les Anglais reprochaient à Louis XIV d'avoir reçu et donné asile au roi Jacques II, d'avoir envoyé des armées et des flottes pour le rétablir, de le garder dans son royaume comme une vivante menace à la révolution de 1689. L'intervention qu'affichait le roi de France dans les affaires d'Angleterre leur était particulièrement odieuse. Ils n'oubliaient pas l'influence considérable exercée par Louis XIV sous les règnes de Charles II et de Jacques II, les voyages politiques de la belle duchesse d'Orléans, les intrigues de la cour de Versailles dans le Parlement, la corruption des membres influents, l'or français semé avec profusion jusque parmi les républicains de Cromwell, les vieilles têtes rondes du club de la Tête-de-Veau[1]. Quand Louis XIV, contrairement au traité de partage conclu avec Guillaume III, accepta le testament de Charles II, tous les Anglais jetèrent les hauts cris et proclamèrent la mauvaise foi du roi de France.

Comme le gouvernement hollandais, le gouvernement anglais craignait Louis XIV. La Grande-Bretagne avait vu avec défiance les agrandissements considérables de la France, son organisation militaire, son unité administrative et royale, ses armées nombreuses toujours sur pied. Elle avait vu avec effroi le gouvernement français à la tête de cent vaisseaux de ligne, de soixante mille marins, créant des compagnies de commerce, fondant des colonies, creusant des ports; et malgré la mort de Colbert (1683), malgré la mort de Seignelay (1690), malgré la san-

---

[1] M. Amédée Pichot, *Histoire de Charles-Édouard*, t. 1, p. 186. Jusque dans le commencement du XVIIIe siècle, les membres d'un club de Londres, composé de républicains, faisaient servir sur leur table, à l'anniversaire de l'exécution de Charles Ier, une tête de veau, emblème de la tête du roi. Parmi eux se trouvaient plusieurs anciens membres du Long-Parlement.

giante défaite de La Hogue (1692), si elle redoutait moins la marine de guerre, elle redoutait toujours les flottes marchandes, et elle craignait, après l'avénement de Philippe V, de voir passer à des mains françaises tout le commerce de l'Amérique espagnole.

Toutefois, malgré l'antipathie des Anglais pour Louis XIV, pour son gouvernement, pour sa religion, malgré les motifs de jalousie et de crainte qu'ils pouvaient avoir contre notre pays, les esprits étaient chez eux moins portés à la guerre qu'en Hollande. La guerre n'y était pas encore nationale. Les désastres éprouvés dans la dernière coalition contre la France, la perturbation des affaires, les ruines causées au commerce, deux mille bâtiments enlevés par nos corsaires; les faibles résultats obtenus d'autre part, les chances, les dangers, les dépenses considérables d'une guerre étrangère, mêlée peut-être d'une guerre civile, tenaient l'Angleterre en suspens. Défiante, mais non froissée comme elle le fut plus tard, elle était portée à combattre Louis XIV par antipathie, mais non par calcul. Elle prévoyait avec justesse tous les embarras qui pouvaient en résulter pour elle, et le bon sens public paraissait comprendre que l'intérêt du pays exigeait la paix. Un seul homme voulait la guerre et la voulait avec raison : le roi d'Angleterre, Guillaume III; les historiens le disent tous.

Guillaume III reprochait d'abord au roi de France d'avoir, en acceptant le testament de Charles II, mis de côté le traité de Londres, le second traité de partage. Le roi d'Angleterre avait été profondément indigné de cette conduite de Louis XIV, parce que ce traité était son ouvrage, parce qu'il espérait, en le signant, assurer la paix de l'Europe, parce qu'il avait surmonté, pour le conclure, la plus vive opposition de l'opinion britannique, parce que enfin son amour-propre de grand politique avait été cruellement blessé, en se voyant publiquement la dupe du roi de France[1]. Accoutumé ensuite à gouverner librement en Hollande, Guillaume, depuis son avènement au trône d'Angleterre, avait vite éprouvé la différence de la constitution de la Grande-Bretagne et de la constitution des Provinces-Unies. Lui qui dirigeait souverainement les conseils des Etats-Généraux, il se trouva arrêté, tenu en échec dès ses premiers pas. Dans plusieurs circonstances, le Parlement lui résista et lui imposa sa volonté. Le licenciement de sa garde hollandaise lui fut surtout singulièrement sensible. Guillaume eut beau lutter, prier, à deux reprises différentes les communes signifièrent qu'elles ne voulaient pas de troupes étrangères sur le sol britannique, et le roi dut renvoyer en Hollande ces vieux soldats, qui avaient jusque-là suivi sa fortune.

---

[1] Nous avons vu qu'il n'en était rien, que Louis XIV en signant le traité de partage était de bonne foi, que le testament n'était pas son œuvre, et qu'il voulait même le refuser. Mais Guillaume III ignorait tout cela, et se croyait cruellement mystifié. Voyez *Hardwick's state Papers*, Lettre à Heinsius, 16 novembre 1700 : « Nous devons l'avouer, dit Guillaume III avec dépit, nous sommes dupes; mais quand on ne garde ni sa parole ni sa foi, il est aisé de tromper tout le monde. — We must confess, we are dupes, but if one's word, and faith are not to be kept, it is easy to cheat any man. »

Le stathouder courba la tête, souffrit en silence, mais ne pardonna pas. Cette humiliation du Parlement lui laissa dans le fond du cœur une haine cachée pour les Anglais, pour leur gouvernement, et il la dissimulait à peine. Il voyait avec dépit, comme on l'a dit de lui plus tard, que, s'il était roi de Hollande, il n'était que stathouder d'Angleterre; et comme il aimait passionnément le pouvoir, il aspirait à jeter la Grande-Bretagne dans une guerre longue et difficile, afin de se venger et de Louis XIV et de son Parlement, espérant, à la faveur du danger qui pourrait survenir, faire à l'autorité royale une plus large part. Mais lui seul en ce moment souhaitait la guerre, l'Angleterre ne la voulait pas encore [1].

L'Autriche la désirait avec fureur, et la préparait

---

[1] Smolett, *Histoire d'Angleterre*, traduction de Campenon (Paris, 1819, in-8º), t. X. — Lingard, *Histoire d'Angleterre*, traduction de M. de Marlès (Paris, 1837), t. XV. — Burnet, *Histoire des dernières Révolutions de l'Angleterre*, collection des Mémoires relatifs à la Révolution d'Angleterre publiés par M. Guizot (Paris, 1824, 4 vol. in-8º). — M. Babington Macaulay, *History of England*, déjà cité (1849). — Barrow, *Histoire nouvelle et impartiale d'Angleterre*, traduite par une société de gens de lettres (Paris, 1773, 10 vol. in-12). — M. Amédée Pichot, *Histoire de Charles-Édouard* (Paris, 2 vol. in-8º, 1833), t. I, pag. 157 et suiv. — M. Mazure, *Histoire de la révolution de 1688 en Angleterre* (Paris, 1825, 3 vol. in-8º). — Armand Carrel, *Histoire de la contre-révolution en Angleterre, sous Charles II et Jacques II* (Paris, 1827, 1 vol. in-8º). — M. Félix Bodin, *Résumé de l'Histoire d'Angleterre* (Paris, 1835, 1 vol. in-18). — M. Guizot, *Histoire de la Révolution d'Angleterre*. — Henri Hallam, *Histoire constitutionnelle d'Angleterre*, revue et publiée par M. Guizot (Paris, 1829, 5 vol. in-8º), t. IV. — Boulay de la Meurthe, *Tableau politique des règnes de Charles II et de Jacques II* (Paris, 1822, 2 vol. in-8º). — M. Philarète Chasles, *Le XVIIIᵉ siècle en Angleterre* (Paris, 1846, 2 vol. in-12): *Guillaume III et la Révolution de 1688*.

déjà. La maison de Hapsbourg était remise des coups terribles que lui avaient portés la Suède et la France dans la guerre de Trente ans et des furieuses attaques des Turcs, dont elle avait fini par triompher. Léopold Ier, archiduc d'Autriche, empereur d'Allemagne, était un des princes les plus puissants de l'Europe; il régnait en maître sur l'archiduché d'Autriche, domaine de sa famille, sur la Moravie, la Bohême, le Tyrol, la Carinthie, la Croatie et la Hongrie, dont il avait rendu la couronne héréditaire (1687). L'Autriche n'avait pas encore gagné le Milanais sur l'Espagne, mais elle n'avait pas perdu la Silésie contre la Prusse. Elle s'étendait déjà de la Suisse à la Turquie, de la Pologne aux États Vénitiens. Outre ces vastes domaines, la maison de Hapsbourg comptait un autre élément de puissance dont il importe de tenir compte. Elle exerçait sur l'Empire une suzeraineté presque sans contrôle. Depuis quatre siècles, elle avait fourni à l'Allemagne presque tous ses empereurs. Les petits-fils de Rodolphe de Hapsbourg avaient rendu la dignité impériale héréditaire, sinon de droit, au moins de fait, l'élection étant toujours autrichienne; et en même temps, établissant le pouvoir impérial sur une base plus solide et plus large, ils avaient encore travaillé pour eux, faisant à la fois l'empire autrichien et absolu. Aussi, reine de l'Allemagne, souveraine des vastes États héréditaires, la maison d'Autriche avait grandi vite.

Érigée en archiduché sous Frédéric III (1452), elle

était devenue, avec Maximilien Ier, l'arbitre de l'Europe ; avec Charles-Quint, elle en avait été la terreur. Brisée ensuite en deux branches, la branche espagnole et la branche allemande, livrée aux effroyables tempêtes des guerres religieuses, à de sanglantes secousses intérieures, ravagée par les Turcs, exposée aux bras levés des Danois, des Bohêmes, des Hongrois, des Suédois et des Français, gouvernée par des princes ignorants ou incapables, elle s'était peu à peu relevée sous Ferdinand II, sous Ferdinand III, sous Léopold Ier, et aujourd'hui, revendiquant à main armée ses droits sur la Succession d'Espagne, elle allait la première attaquer la France, et seule jeter le gant à Louis XIV tout-puissant [1].

Ainsi, pour résumer ce trop rapide coup d'œil sur des temps déjà loin de nous, si les puissances du Nord étaient occupées par la guerre, il n'en était pas de même du reste de l'Europe. La Prusse n'attendait qu'un signal, le Danemark s'alliait contre nous, l'Autriche préparait des soldats, l'Angleterre était défiante, l'Empire partagé, la Hollande ennemie. En présence d'adversaires aussi nombreux, aussi redoutables, la position de la France était difficile, et la conduite que devait tenir Louis XIV délicate.

---

[1] *Mémoires historiques et politiques de la maison d'Autriche*, par Dubosc de Montandré (Paris, 2 vol. in-12), t. II. — *Essai sur l'Histoire de la maison d'Autriche*, par le comte de Girecour (Paris, 1778, 6 vol. in-12), t. III, IV et V.— *Histoire de la maison d'Autriche*, par William Coxe, traduite par P. Henry (Paris, 1810, 5 vol. in-8o), t. II et III. — *Histoire de l'empire d'Autriche*, par le chevalier Charles de Cœckelbergue de Dudzeele (Vienne, 1845, 6 vol. in-8o), t. V et VI.

Il n'eût peut-être pas été impossible cependant de calmer tant de craintes, de dissiper tant de rancunes, et de satisfaire tant d'intérêts. Pour cela, avant toute chose, Louis XIV devait rassurer l'Europe consternée de lui voir déchirer avec préméditation le traité de Londres pour y substituer sa volonté. Afin d'accomplir en pleine paix un acte aussi avantageux à son pays et à sa maison, le roi devait s'efforcer de faire oublier, par une conduite réservée, sa gloire passée et sa gloire présente. Pour avoir l'Espagne, il lui fallait ménager à la fois les petites et les grandes puissances; éviter ces interventions apparentes de la politique française dans les affaires intérieures des États européens; cesser de se faire Stuart en Angleterre, protestant en Allemagne, Français à Madrid; plus encore peut-être, répudier les traditions dures et despotiques de son cabinet depuis Louvois; fuir ces actes qui affichaient un orgueil asiatique, une suzeraineté européenne, alors qu'il affectait de couvrir le monde de son ombre, confondant dans sa superbe immense la grandeur avec son image. Il fallait éviter ces vains fantômes, redouter ces trompeuses apparences; souffler cette fumée dont Louis XIV était si gonflé; se rappeler les mots si vrais du vieux Louis XI : *Quand orgueil chemine devant, honte et dommage suivent derrière.*

Ayant ainsi rassuré l'Europe, le roi devait tâcher de la satisfaire, en l'associant au bénéfice de la succession de Charles II, en la rendant elle-même garante de l'avénement de Philippe V. Nous voulons dire par là que Louis XIV devait nécessairement; et par une juste compensation, accorder à ses ennemis des avantages, alors qu'il en remportait un si considérable, en plaçant son petit-fils sur le trône d'Espagne. Aucune transaction n'était possible avec l'Autriche, qui réclamait la succession tout entière. Mais le roi pouvait, au contraire, satisfaire la Hollande et l'Angleterre, afin de les détacher de la cour de Vienne, et s'assurer leur toute-puissante neutralité. Nous dirons plus tard comment. Il pouvait de même satisfaire la Prusse et l'Empire, et prévenir ainsi une seconde ligue d'Augsbourg. En reconnaissant la nouvelle royauté de l'électeur de Brandebourg, en lui faisant céder par Philippe V, qui eût volontiers consenti à ce léger sacrifice, la Gueldre espagnole, qu'il réclamait par droit d'héritage, il eût désarmé la Prusse; il eût également désarmé l'Empire en s'abstenant complétement de paraître dans les affaires de l'Allemagne. A l'égard de l'Espagne, il pouvait plus facilement encore, en dissimulant la main protectrice qui dirigeait les premiers pas de Philippe V, ménager une nation fière et ombrageuse. Malheureusement Louis XIV n'en fit rien. Il n'essaya même pas cette politique prudente qui eût évité à ses armées de si sanglants revers et à nos pères de si cruelles souffrances. Il pensa, et il écrivit plus tard, que la France et l'Espagne réunies étaient invincibles [1], et cette fatale croyance le mena

---

[1] « Vivez dans une grande union avec la France, rien n'étant si bon, pour nos deux puissances, que cette union *à laquelle rien ne pourra résister*. » Mémoire remis par Louis XIV à Philippe V, à son départ pour

à l'abîme. Il entassa fautes sur fautes; il blessa à la fois ses alliés et ses ennemis; il froissa l'Espagne, il offensa la Hollande, il outragea l'Angleterre; il provoqua l'Europe à plaisir. Elle se leva irritée, furieuse, implacable; elle faillit l'étouffer, et la France avec lui.

Madrid, le 3 décembre 1700. *OEuvres de Louis XIV* (Paris, 1806, 6 vol. in-8º), t. II, p. 460.

CHAPITRE II

(1701).

Fautes de Louis XIV à l'égard de l'Europe. — Fautes à l'égard de l'Espagne : lettres patentes conservant à Philippe V ses droits à la couronne de France ; ordre de Madrid prescrivant aux gouverneurs espagnols d'obéir au roi de France. — Faute à l'égard de la Hollande: Occupation des places de la barrière. — Mission du comte d'Avaux. — Conférences de La Haye. — Demande des Anglais et des Hollandais. — Refus de Louis XIV de rien céder. — Lettre des Hollandais à Guillaume III. — Agitation en Angleterre. — Les conférences de La Haye sans résultat. — Les alliés ne cherchent qu'à gagner du temps. — Indécision funeste du roi entre la paix et la guerre. — Rappel de M. d'Avaux. — La Hollande, l'Angleterre, l'Autriche signent le traité de La Haye. — Importance de la question commerciale. — Faute à l'égard de l'Angleterre : Reconnaissance du prétendant. — La guerre devient nationale en Angleterre.

Les premiers actes de Louis XIV, après l'acceptation du testament de Charles II, blessèrent à la fois l'Espagne, la Hollande, l'Angleterre, et alarmèrent l'Europe tout entière.

L'Europe craignait avant tout, avons-nous dit, la réunion des deux couronnes de France et d'Espagne sur la même tête. Ce n'était pas là une crainte sérieuse, mais Louis XIV devait la respecter; et il le pouvait facilement en évitant tout acte de nature à faire croire qu'il rêvait cette union chimérique, même dans un avenir éloigné. De cette façon il la présentait sous son véritable caractère, c'est-à-dire comme impossible, comme radicalement impraticable. Quelles pouvaient être en effet les conditions d'une pareille fusion, les stipulations d'une union complète? Les intérêts des deux peuples étaient trop nettement accusés pour être confondus. Il faudrait donc alors sacrifier l'un à l'autre, ou l'Espagne à la France, ou la France à l'Espagne. Mais Madrid souffrirait-il sans protester la tutelle de Paris? Assurément non. Aucune nation n'eût toléré, sans se battre, un semblable sacrifice. Après la lutte, une opposition sourde, une anarchie gouvernementale, une rivalité passionnée, une jalousie ardente, auraient encore pour toujours séparé les deux pays. On eût vu alors un tiraillement perpétuel, dans le sens français ou espagnol, ou une injustice flagrante dans le gouvernement, et cette injustice eût enfanté des guerres nouvelles. Dans l'un ou l'autre cas, en supposant que l'Europe n'y eût pas mis fin les armes à la main, cette union eût tout au plus duré ce qu'avait duré l'union de Calmar dans le Nord, l'union du Portugal et de l'Espagne dans le Midi, l'union de la Hollande et de la Belgique, de nos jours. C'était non une absorption, mais une alliance qu'il fallait.

Louis XIV ne le jugea pas ainsi. Croyant tout possible aux princes de sa maison depuis l'avénement de Philippe V, il fit enregistrer publiquement au Parlement de Paris un acte qui appelait au trône de France, à l'extinction de la branche aînée, la branche espagnole des Bourbons, Philippe V ou ses fils (décembre 1700) [1]. C'était méconnaître le principe de la séparation des deux couronnes, et en préparer un jour la réunion.

Louis XIV alla plus loin encore. Sur sa demande, la cour de Madrid prescrivit à tous les gouverneurs des possessions espagnoles d'obéir dorénavant aux ordres qu'ils recevraient du roi de France comme aux ordres de Philippe V [2]. Il usurpait ainsi une couronne. L'Espagne avait appelé sans nul doute le duc d'Anjou sur le trône, mais elle n'y avait en aucune façon associé Louis XIV. Il est vrai que l'inexpérience d'un jeune souverain de quinze ans avait besoin de conseillers, que personne n'était un conseiller meilleur et plus naturel que son aïeul; mais conseiller n'était pas régner, et Louis XIV, en prescrivant de tels ordres, faisait acte de roi, régnait. Quelles allaient être ensuite les conséquences d'un pareil état de choses? En cas d'ordres contraires, à qui obéir? Les gouverneurs obéiraient-ils au roi d'Espagne, ou au roi de France? Ne respecteraient-ils pas, au contraire, davantage la volonté du père que la volonté du fils, l'ordre du protecteur que l'ordre du protégé? De sorte que d'un trait de plume le chef de la maison de Bourbon se donnait la libre disposition des affaires, des ressources, des hommes de l'Espagne, blessant ainsi

---

[1] Schœll et Koch, *Histoire abrégée des Traités de Paix* (Paris, 1817, 15 vol. in-8°), t. II, pag. 24. — M. Mignet, *Négociations relatives à la Succession d'Espagne*, t. I, introduction, p. LXXXIII. — Dumont, *Corps diplomatique*, t. VII, deuxième partie, p. 494.

[2] Schœll et Koch, *Histoire abrégée des Traités de Paix*, t. II.

à la fois le gouvernement, la noblesse, l'armée, la nation entière.

Ces fautes à l'égard de l'Espagne étaient en même temps des fautes à l'égard de l'Europe ; mais, une fois le pied dans cette voie fatale, le roi de France ne s'arrêta plus.

A la première nouvelle de l'acceptation du testament de Charles II, les Hollandais, qui, avec les Anglais, avaient signé le traité de partage, furent profondément blessés de cette conduite de Louis XIV, et déclarèrent en propres termes leur mécontentement. Loin de reconnaître Philippe V, l'ambassadeur des Provinces-Unies à Versailles protesta contre l'acceptation de la Succession d'Espagne, et, d'après les ordres de son gouvernement, pria le roi de France de vouloir bien s'en tenir au traité de Londres (25 novembre 1700)[1]. En réponse à la protestation de l'ambassadeur néerlandais, le ministère français s'efforça de justifier la conduite de Louis XIV, et, pour manifester aux Provinces-Unies toutes ses bonnes intentions, le roi envoya à La Haye le comte d'Avaux en qualité d'ambassadeur extraordinaire, afin de traiter cette grave question de la substitution du testament au traité de partage, et de négocier en même temps les moyens de conserver la paix. Cet envoi d'un plénipotentiaire français à La Haye était une sage mesure ; il prévenait une rupture, et y substituait une négociation. L'ambassadeur chargé

---

[1] Lamberty, *Mémoires pour servir à l'Histoire du* xviiie *siècle* (La Haye, 1724, 14 vol. in-4°), t. I, p. 200.

de la conduire, le comte d'Avaux, portait dignement un nom déjà illustré dans nos annales diplomatiques[1]. Il avait résidé longtemps en Hollande et connaissait parfaitement le gouvernement avec lequel il allait avoir à conférer. Malheureusement, en même temps qu'il envoyait à La Haye un ambassadeur français, Louis XIV, par une faute impardonnable, offensa précisément le peuple avec lequel il voulait traiter, et entrava lui-même la négociation. Nous avons dit la richesse, l'influence, la prépondérance des Provinces-Unies dans les conseils européens; son union avec l'Angleterre, son antipathie contre la France, que cette récente protestation du gouvernement hollandais mettait encore en relief. Malgré toutes ces considérations, qui étaient de nature à faire réfléchir Louis XIV, le roi passa outre. Après l'Espagne, il offensa la Hollande.

Comme nous l'avons raconté plus haut, en vertu d'une convention conclue avec la cour de Madrid, les Hollandais tenaient garnison dans ses places de la frontière des Pays-Bas, et ils y attachaient un grand prix. Ces villes, que Louis XIV avait rendues aux Espagnols après la paix de Ryswick, formaient comme une barrière entre son royaume et les Pays-Bas, et de là le nom de *Barrière* que nous verrons si souvent reproduit dans les négociations. Le roi voulut, en cas de guerre, priver

---

[1] J. Antoine, comte d'Avaux, né en 1640, mort en 1709. C'est l'auteur des *Mémoires* cités dans le premier chapitre.

les Hollandais de ces positions militaires, et il résolut de les enlever. Le même jour, presque à la même heure, sept corps de troupes françaises entrèrent dans ces sept villes, désarmèrent les garnisons hollandaises, les retinrent prisonnières, et s'installèrent à leur place (6 février 1701)[1]. L'expédition, favorisée par le gouverneur espagnol des Pays-Bas, l'électeur de Bavière, notre allié secret, se fit sans coup férir; mais, par cette occupation violente, non motivée, le roi enlevait aux Provinces-Unies un droit qu'elles tenaient de la monarchie d'Espagne. Il menaçait en même temps leur territoire. Immédiatement les négociants de Londres coururent à la banque retirer leurs fonds. Les Anglais considérèrent cette entreprise de Louis XIV comme une déclaration de guerre.

Les Hollandais, que cette entreprise atteignait en pleine poitrine, demeurèrent irrités et stupéfaits. A la première nouvelle de l'occupation des places de la *Barrière*, le gouvernement des Provinces-Unies témoigna au comte d'Avaux, qui venait d'arriver à La Haye, toute la surprise que leur causait cet événement, et tout le déplaisir qu'éprouvait la République de voir ses troupes expulsées sans raison des places d'Espagne, et retenues ensuite par les ordres de Louis XIV[2]. Les États-Généraux, toutefois, se bornèrent à cette

---

[1] *Mémoires militaires relatifs à la Succession d'Espagne*, par le général Pelet, t. I. — *L'Art de la Guerre*, par le maréchal de Puységur (Paris, 1748, in-folio), p. 45. — *Mémoires de la Torre*, t. II, p. 339.

[2] Lamberty, *Mémoires pour servir à l'Histoire du* XVIIIe *siècle*, t. I.

représentation ; ils redoutèrent de s'avancer trop avant, et de provoquer en ce moment une rupture. Les garnisons des places de la *Barrière* étaient leurs meilleures troupes : ils avaient là quinze mille hommes de vieux soldats, et en les perdant ils perdaient l'élite de leur infanterie et le cœur de leur armée. L'intérêt du commerce extérieur de la République exigeait en même temps la conservation de relations amicales avec la France, et plus encore avec l'Espagne. Les négociants hollandais avaient à cette époque dans les ports de la Péninsule une énorme quantité de précieuses marchandises. En cas d'une guerre avec la France, qui entraînait la guerre avec l'Espagne, ils perdaient d'un seul coup et leurs soldats et leurs richesses. Le gouvernement des Provinces-Unies comprit tous les embarras et tous les dangers de cette situation.

Afin de ravoir ses troupes, il cacha ses craintes et dissimula son mécontentement[1]. Pour mieux tromper Louis XIV, il lui tendit la main. Jusque-là, depuis la mort de Charles II, depuis plusieurs mois, malgré les fréquentes demandes de la France, les États-Généraux avaient refusé de reconnaître Philippe V. Après l'occupation des places des Pays-Bas, ils déclarèrent au gouvernement français qu'ils reconnaissaient le duc d'Anjou pour roi d'Espagne (22 février 1701). En échange de ce témoignage de bonne amitié et comme

---

[1] Jannet, *Histoire de la République des Provinces-Unies*, t. IV, p. 614. — Leclerc, *Histoire des Provinces-Unies*, t. II, p. 431.

compensation de l'enlèvement de la *Barrière*, la République demanda seulement à M. d'Avaux la liberté de ses régiments et l'évacuation des Pays-Bas par les troupes de Louis XIV. Elle allégua que les garnisons néerlandaises avaient quitté les places espagnoles, que les Français n'avaient plus à redouter les conséquences de cette occupation étrangère, et puisqu'ils étaient entrés en Flandre pour en expulser les Hollandais, ils devaient maintenant laisser les places de la *Barrière* à leur souverain naturel, le roi d'Espagne, et repasser la frontière de France [1].

Pour traiter cette difficulté, pour traiter surtout la brûlante question de l'acceptation du testament de Charles II, qui mécontentait tellement les gouvernements d'Angleterre et de Hollande, des conférences s'ouvrirent à La Haye entre les députés des États-Généraux et le comte d'Avaux, ambassadeur de Louis XIV. Les députés hollandais demandèrent d'abord l'admission du ministre d'Angleterre, M. Alexandre Stanhope, envoyé extraordinaire de Guillaume III, comme représentant d'une des puissances signataires du traité de partage. Après quelques pourparlers, M. d'Avaux y consentit. Les négociateurs des deux puissances exposèrent alors leurs prétentions.

En raison de l'avénement de Philippe V au trône d'Espagne, et comme compensation de cet avantage, si contraire aux stipulations formelles du traité de

---

[1] Cerisier, *Tableau de l'Histoire générale des Provinces-Unies*, t. VIII, p. 466. — *Mémoires de la Torre*, t. II, p. 65. — Jennet, *Histoire de la République des Provinces-Unies*, t. IV, p. 614.

Londres, les Anglais et les Hollandais demandèrent ensemble :

La promesse d'une satisfaction raisonnable pour l'empereur, touchant ses droits à la couronne d'Espagne;

La séparation absolue des provinces espagnoles et des provinces françaises;

L'évacuation immédiate des Pays-Bas par les troupes de Louis XIV;

La conservation des priviléges de commerce des sujets anglais ou hollandais en Espagne;

Le partage des priviléges de commerce, actuels ou futurs, accordés aux Français dans les possessions espagnoles.

Les deux nations formulèrent ensuite leurs prétentions particulières.

Les Hollandais demandèrent l'augmentation de leur *Barrière*, dix places fortes dans les Pays-Bas espagnols au lieu de sept : Venloo, Ruremonde, Stewenswert, Luxembourg, Namur, Charleroy, Mons, Dendermonde, Damme et Saint-Donaas.

Les Anglais, qui jusque-là n'avaient jamais parlé de barrière, demandèrent pour eux deux ports de mer, Ostende et Nieuport (22 mars 1701)[1].

Parmi ces prétentions, les unes étaient sérieuses,

---

[1] *Mémoires de la Torre*, t. II, p. 90. — Smollett, *Histoire d'Angleterre*, t. XI, p. 430. — Lingard, *Histoire d'Angleterre*, t. XV, p. 403. — Cerisier, *Tableau de l'Histoire générale des Provinces-Unies*, t. VIII, p. 467. — Jennet, *Histoire de la République des Provinces-Unies*, t. IV. p. 638.

les autres inacceptables. Louis XIV devait obtenir de Philippe V les concessions possibles. L'intérêt de la France exigeait la satisfaction de la Hollande et de l'Angleterre, leur séparation de l'Autriche et leur neutralité. L'honneur du roi, qui était en même temps celui de la France, exigeait en outre la révélation complète des négociations diplomatiques du cabinet de Versailles avec la cour de Madrid, depuis les traités de partage jusqu'à l'acceptation du testament. Il fallait que l'Angleterre et la Hollande, que Guillaume III et Heinsius[1] sussent bien que l'arrivée d'un testament inattendu, la nécessité des circonstances, le danger d'un refus qui faisait l'archiduc roi d'Espagne, avaient pu seulement décider Louis XIV à oublier sa parole deux fois donnée, à accepter le testament de Charles II, à déchirer ainsi fatalement, involontairement, presque avec remords, le traité de Londres conclu avec eux. C'était là ce qu'il fallait dire. Un tel langage faisait complétement justice des reproches amers que lançaient à Louis XIV ses anciens alliés les Anglais et les Hollandais. Il lavait le roi de France de cette odieuse accusation de mauvaise foi que Guillaume III lui portait publiquement devant l'Europe, à la face de son ambassadeur lui-même[2].

Par cette explication tombaient les récriminations

---

[1] Antoine Heinsus, grand pensionnaire de Hollande, l'ami intime de Guillaume III et le personnage le plus influent de la République des Provinces-Unies. Il jouera un grand rôle plus tard. Né en 1641, mort en 1720.

[2] Comme M. de Tallard, ambassadeur de France à Londres, voulait expliquer au roi d'Angleterre que le choix fait par Charles II était le

du roi d'Angleterre d'avoir mené de front deux négociations si opposées, la confection du testament de Charles II et le partage de son royaume, et d'avoir joué l'Angleterre et la Hollande à Londres, tandis qu'il dictait le testament à Madrid. Ces reproches étaient faux, et Louis XIV ne pouvait que s'honorer en le disant. Cette explication était d'autant plus nécessaire que les apparences lui étaient entièrement défavorables, qu'aux yeux des autres puissances européennes la fourberie du roi de France paraissait manifeste. Il faut tout dire, en effet, et le respect de l'histoire l'exige, la Hollande et l'Angleterre avaient conclu de bonne foi les traités de partage. Heinsius et Guillaume III avaient pensé par là prévenir une guerre nouvelle quand la guerre finissait, et ils s'étaient prêtés loyalement, sans arrière-pensée, à un accommodement avec la France. Qu'avait fait, au contraire, Louis XIV ? Il avait parlé le premier de partager la succession d'Espagne ; il avait signé deux traités à ce sujet, puis il avait accepté un testament qui les annulait tous les deux. Sans doute, il n'avait accepté ce testament qu'après un refus, qu'après de longues hésitations; mais les puissances maritimes l'ignoraient. La justice, non moins que l'intérêt de la France, exigeaient donc qu'il accordât à la Hollande et à l'Angleterre une explication, d'abord, et une satisfaction en-

seul moyen de maintenir l'équilibre de l'Europe : « Monsieur, lui dit Guillaume, je vous prie de ne vous fatiguer pas tant pour justifier la conduite de votre maître; le roi Très-Chrétien ne pouvait pas se démentir, il a agi à son ordinaire. » *Mémoires de la Torre*, t. II, p. 250.

suite. Les négociations qui allaient s'ouvrir offraient une occasion précieuse au roi pour se justifier auprès de ses anciens alliés et pour tâcher par des concessions raisonnables de les satisfaire. Si les Anglais et les Hollandais désiraient sincèrement la paix, s'ils voulaient modérer ou ajourner certaines prétentions qui, justes plus tard, étaient alors inadmissibles, la guerre pouvait encore être écartée.

Relativement d'abord à la séparation absolue des deux royaumes de France et d'Espagne, à l'impossibilité absolue d'une réunion même partielle, Louis XIV pouvait et devait concéder aux puissances cette première satisfaction. Il le devait d'autant plus que la réserve des droits de Philippe V, consacrée par les lettres patentes enregistrées au Parlement de Paris, prêtait à équivoque, et pouvait, aux yeux d'ennemis blessés et mécontents, apparaître comme un acte perfide, réservant au duc d'Anjou, roi d'Espagne, tous ses droits à la couronne de France.

La question des priviléges commerciaux concernait évidemment le gouvernement et l'industrie de l'Espagne ; mais sur ce point surtout devaient porter les efforts de Louis XIV près du gouvernement de Philippe V. La Hollande et l'Angleterre redoutaient pour leur commerce l'avénement d'un Bourbon à Madrid. Ils craignaient que ce prince, régnant à la fois sur l'Espagne, la Sicile, la Sardaigne, l'Italie péninsulaire, ne nuisît à leurs relations importantes du Levant ; que la France, servie par le nouveau roi d'Espagne, n'obtînt pour le commerce des laines, si important déjà et si lucratif pour les deux puissances maritimes, des avantages tels que toute cette branche de commerce passât aux mains des sujets de Louis XIV[1]. Ils craignaient en outre de voir les négociants français accaparer la traite des nègres en Afrique, accaparer le commerce des Amériques, approvisionner seuls les marchés des Indes orientales et occidentales, et, pour arriver à cette fin, la révocation des priviléges actuels concédés à l'Angleterre et à la Hollande, et la concession de priviléges spéciaux, constituant un véritable monopole en faveur de la France.

Pour les Anglais et les Hollandais, peuples navigateurs et commerçants, une telle expectative était ruineuse. Si les Français accaparaient le commerce des deux Indes, du Levant, de l'Espagne, les chantiers des puissances maritimes devenaient déserts, les vaisseaux ne partaient plus, les manufactures cessaient de produire devant l'exportation qui se fermait, les capitaux dormaient, la vie s'arrêtait, l'Angleterre et la Hollande étaient frappées mortellement; et, pour empêcher une telle abdication, pour prévenir une telle ruine, ces deux pays, riches, influents, populeux, étaient fatalement obligés de faire à Louis XIV une guerre d'extermination, de lutter jusqu'à leur dernier écu, jusqu'à leur dernier homme, pour obtenir ou la liberté de leur com-

---

[1] Cerisier, *Histoire des Provinces-Unies*, t. VIII, p. 479.

merce, ou le renversement de Philippe V. Sous peine d'une guerre terrible, la France devait donc se montrer sur ce point extrêmement réservée. Là devaient se porter ses efforts pacifiques, et les alliés eux-mêmes paraissaient s'y prêter en présentant des propositions raisonnables. Que demandaient-ils, en effet, à Louis XIV? Le partage seulement des privilèges au lieu d'un monopole qui les ruinait, eux, leurs peuples, leurs pays. Ils prétendaient uniquement garder les franchises dont ils jouissaient dans les États espagnols, et partager les franchises françaises, si la France en obtenait. Le roi ne pouvait se refuser à l'acceptation de ces propositions justes, modérées, surtout faites par des alliés qu'il avait blessés. Il le devait d'autant moins que ces propositions étaient encore acceptables, que bientôt elles ne le seront plus. Quelques mois encore, et le langage des puissances maritimes changera : elles ne demanderont plus le partage des privilèges, mais l'accaparement, et elles réclameront, avec le monopole, l'exclusion formelle des Français. Sur cette question donc le roi pouvait céder.

La demande de l'évacuation des Pays-Bas par les troupes de Louis XIV, assurément légitime en des temps plus calmes, n'était pas fondée en ce moment. Le cabinet de Versailles avait fait entrer une armée en Flandre, dans la prévision d'une guerre possible, après le refus des Etats-Généraux de reconnaître Philippe V, et à la nouvelle des préparatifs militaires de la République. Les Hollandais ne pouvaient le nier; depuis la mort de Charles II, ils réparaient sans bruit leurs forteresses, ils équipaient des vaisseaux, ils doublaient leurs escadrons, ils levaient des régiments, ils ramassaient des vivres, des armes; ils avaient même poussé la précaution jusqu'à inonder leurs campagnes[1]. En présence de pareils préparatifs, tandis que, à quelques journées de la frontière espagnole, la Hollande rassemblait des troupes, la France de son côté était obligée, pour sa propre sûreté, de couvrir la Belgique, pays allié et voisin, non suffisamment gardé par les garnisons castillanes, menacé au contraire par les armées hollandaises; et demander en de semblables circonstances l'évacuation des Pays-Bas, c'était demander leur abandon. L'armement des Hollandais avait légitimé l'entrée des Français; le désarmement seul pouvait amener leur sortie.

La concession des places de la *Barrière* concernait plus spécialement encore Philippe V, et dans cette délicate matière la France ne pouvait guère intervenir; car ce n'était plus elle ici, mais l'Espagne qui cédait. Si toutefois le gouvernement espagnol, pour éviter une guerre dangereuse, consentait à rendre aux Hollandais leur barrière, à céder aux Anglais Ostende et Nieuport, de semblables concessions ne pouvaient être que conditionnelles. La remise de ces places, comme l'évacuation des Français,

---

[1] *Histoires de Hollande,* Leclerc, t. II. — Jennet, t. IV. — Cerisier, t. VIII.

devait être expressément subordonnée au désarmement complet et sincère de la Hollande et de l'Angleterre. Si, au contraire, ces deux nations restaient sur le pied de guerre, si elles ne licenciaient ni leurs soldats ni leurs matelots, devant ces armées, qui se rassemblaient en Hollande et sur le Rhin, Louis XIV ne pouvait, sans folie, non-seulement évacuer les Pays-Bas, non-seulement quitter ces places fortes, mais les remettre aux armées ennemies, les établir sur ses frontières et leur ouvrir les portes de la France.

Mais ni les concessions de Louis XIV, ni les concessions de Philippe V, n'étaient possibles, en ce moment, devant la première demande des envoyés de l'Angleterre et de la Hollande, *d'une satisfaction raisonnable* à accorder à l'Empereur *sur ses prétentions à la couronne d'Espagne*[1]. La question de la nouvelle royauté du petit-fils de Louis XIV se trouvait par cela même écartée, et avant de rien céder aux gouvernements de la Grande-Bretagne et des Provinces-Unies, la France devait d'abord obtenir de leurs représentants la reconnaissance expresse, formelle du duc d'Anjou[2]. Les cabinets de Versailles et de Madrid ne pouvaient traiter avec les puissances qu'une fois ce principe de la légitimité de Philippe V posé comme base de toute négociation. Alors seulement l'Espagne et la

---

[1] Demandes des Anglais et des Hollandais. (*Mémoire* du 22 mars 1701 cité plus haut.)

[2] La Hollande avait reconnu Philippe V, comme nous l'avons vu; mais le gouvernement anglais ne l'avait pas encore reconnu.

France pouvaient, si elles le jugeaient à propos, concéder à la Hollande et à l'Angleterre les priviléges de commerce, les *Barrières* des Pays-Bas, et la *satisfaction raisonnable* de l'empereur. Loin de là, les alliés, dans leurs demandes, évitaient avec soin de parler de Philippe V. Ils s'étaient gardés de mentionner ses droits, et cette précaution était bien significative. Si, en effet, d'une part, les puissances maritimes ne disaient rien de la reconnaissance du duc d'Anjou, elles avaient grand soin, au contraire, d'énoncer en commençant, dans l'article premier de leurs demandes, *les prétentions de l'Empereur à la succession d'Espagne*; et si, à côté de cette réserve des droits de l'Empereur, les ministres français plaçaient cette demande si vaste, si large, *d'une satisfaction raisonnable* stipulée en faveur de Léopold Ier, qu'en pouvaient-ils conclure? Comment satisfaire raisonnablement le chef de la maison d'Autriche? Fallait-il lui céder le duché de Milan? Fallait-il lui céder en outre le royaume de Naples et y ajouter encore les Pays-Bas, ou bien toute la part de l'archiduc dans le traité de Londres, l'Espagne et la Sardaigne, la Belqique et les Indes? ou bien enfin toute la succession de Charles II, puisqu'on ne parlait ni de Philippe V ni de ses droits, puisqu'on ne mentionnait que les droits de l'Emperenr et les satisfactions à lui accorder? Le gouvernement français était très-fondé à raisonner de la sorte, car une pareille réserve, une pareille demande, embrassaient tout, permettaient tout, justifiaient tout.

Le comte d'Avaux ne s'arrêta même pas à discuter ces propositions. Les pourparlers étaient inutiles ; le roi lui avait donné pour instructions de ne rien offrir et de ne rien céder[1]. L'ambassadeur français se borna à déclarer aux ministres des puissances maritimes, conformément aux ordres de Versailles, que Louis XIV était tout prêt à maintenir la paix de Ryswick, et même à la renouveler, si les cabinets de La Haye et de Saint-James y consentaient ; mais là se bornèrent les offres du roi de France (2 avril 1701). Les propositions des alliés parurent si monstrueuses à M. d'Avaux, qu'il ne put s'empêcher de leur dire que si Louis XIV était battu, ils ne lui feraient pas d'autres demandes. Le comte de Briord, ambassadeur ordinaire de France à La Haye, alla plus loin encore : il s'écria que l'affront que les Hollandais faisaient à son maître ne pouvait se laver que dans leur sang. L'ambassadeur d'Espagne, don Bernardo de Quiros, fut si irrité qu'il voulait quitter immédiatement les Provinces-Unies. M. d'Avaux eut grand'peine à le retenir[2]. Les rapports ne furent cependant pas rompus. Les conférences générales entre M. Stanhope, les Hollandais et M. d'Avaux cessèrent ; mais à plusieurs reprises l'ambassadeur de Louis XIV eut avec le grand pensionnaire Heinsius des entretiens sur les

---

[1] « Comme Sa Majesté ne leur fait (aux Etats-Généraux) aucune demande, il n'y a nulle offre aussi à leur faire de sa part. » *Archives des Affaires étrangères*, instructions du comte d'Avaux (2 février 1701).

[2] Lamberty, *Mémoires pour servir à l'Histoire du xviii° siècle*, t. I, p. 109.

difficultés présentes et sur les moyens de conserver la paix. Ce furent plutôt des visites que des conférences; et l'envoyé d'Angleterre n'y assista pas. Un mois se passa de la sorte. M. d'Avaux faisait ses préparatifs de départ, et ni lui ni les Hollandais n'essayaient des démarches pour reprendre les conférences générales. La négociation paraissait ainsi abandonnée, quand tout à coup les Etats-Généraux prirent une délibération dans laquelle, protestant de leur désir de conserver la paix et le repos public, ils déclaraient qu'à cet effet ils désiraient reprendre les conférences avec M. Alexandre Stanhope et M. d'Avaux, comme dans les premiers jours de la négociation (2 mai 1701)[1]. Un long entretien eut lieu à ce sujet entre l'ambassadeur de France et les députés hollandais, et ceux-ci exigèrent de nouveau l'admission du ministre d'Angleterre. Sans se prononcer sur cette admission, déjà précédemment acceptée, M. d'Avaux se borna à leur faire remarquer que cependant les intérêts des Provinces-Unies étaient bien séparés des intérêts de la Grande-Bretagne. Quelques jours après, toutefois, il adressa aux Etats-Généraux un Mémoire dans lequel il déclarait qu'il avait écrit à la cour au sujet de la légère difficulté survenue, et que le gouvernement français ne s'opposait nullement à la présence de M. Stanhope[2].

[1] Lamberty, *Mémoires pour servir à l'Histoire du xviiie siècle*, t. I, p. 472.
[2] « J'approuve le parti que vous avez pris d'admettre l'envoyé d'Angleterre aux conférences. » *Archives des Affaires étrangères*. Lettre du roi au comte d'Avaux (17 mars 1701).

« Sa Majesté, disait ce mémoire, à qui le soussigné ambassadeur a rendu compte de la réponse qu'il a faite à vos seigneuries [1], touchant l'admission du roi d'Angleterre, *l'a entièrement approuvé.* » (10 mai 1701). Louis XIV approuvait donc entièrement l'admission de M. Stanhope ; M. d'Avaux était tout prêt à s'entretenir avec lui et les députés hollandais, et les conférences générales paraissaient nécessairement devoir reprendre, quand les Hollandais avisèrent que la rédaction du Mémoire du 10 mai contenait des obscurités, que l'admission de M. Stanhope n'y était pas asssez clairement énoncée [2], que cette prétendue concession pourrait bien cacher un piége. Ils redemandèrent des explications à M. d'Avaux. M. d'Avaux se borna à leur dire ce qu'il avait déjà écrit dans son Mémoire, que le roi de France ne s'opposait nullement à l'admission de M. Stanhope, qu'il était tout prêt à conférer avec lui et avec eux ; mais les Hollandais persistèrent à soutenir qu'il y avait des ambiguïtés dans son Mémoire, et ils prétendirent que les Français le faisaient à dessein pour les brouiller avec Guillaume III, les séparer de l'Angleterre et traiter ensuite avec eux à de meilleures conditions [3].

Les États-Généraux furent heureux de rencon-

---

[1] C'était le titre que l'on donnait aux Etats-Généraux. Lamberty, *Mémoires pour servir à l'Histoire du* xviiie *siècle*, t. I, p. 474.

[2] Ils faisaient allusion, sans doute, à cette phrase : *l'a entièrement approuvé*, qui en effet prêtait un peu à une équivoque grammaticale.

[3] *Histoires de Hollande.*—Lamberty, *Mémoires pour servir à l'Histoire du* xviiie *siècle*, t. I.

trer ce prétexte, qui leur permit de se plaindre de la France, de son mauvais vouloir dans la négociation, d'exciter contre elle la Grande-Bretagne et de traîner en même temps les conférences en longueur. Ce n'était pas sans raison qu'ils avaient présenté à Louis XIV des demandes dont quelques-unes étaient assurément inacceptables. Ni eux, ni Guillaume III, ne voulaient plus alors négocier sérieusement avec le roi. Seulement, comme tous les préparatifs de la guerre n'étaient pas achevés, ils voulaient, prenant leur revanche de Madrid, tromper à leur tour le cabinet de Versailles, l'amuser par une négociation simulée; et il y réussirent en partie. Saisissant donc avec empressement ce prétendu refus de la France d'admettre M. Stanhope aux conférences, ils s'en servirent pour faire une démonstration habile et éclatante contre Louis XIV. Le gouvernement hollandais poussa vers l'Angleterre un cri de détresse et implora son secours. Dans une longue lettre adressée à Guillaume III, les États-Généraux énumérèrent tous leurs griefs.

Ils rappelèrent d'abord tout ce qu'ils avaient souffert de Louis XIV : l'invasion des Pays-Bas, l'enlèvement de leur *Barrière*, les lignes creusées par les Français depuis l'Escaut jusqu'à la Meuse, depuis Anvers jusqu'à Ostende; ils dirent les préparatifs amoncelés dans la Belgique, l'artillerie, les fourrages, les poudres, les farines, les forts bâtis par les troupes de Louis XIV jusque sous les canons de la République.

Ils racontèrent que, menacés par des forces si considérables, ils avaient dû couper leurs digues et inonder leur territoire; que cependant, malgré l'extrémité d'une pareille situation, ils avaient refusé de traiter séparément avec la France, de séparer leurs intérêts des intérêts anglais; que, respectant ainsi la foi jurée qui les unissait à l'Angleterre, ils venaient à leur tour invoquer les traités conclus entre la République et le roi de la Grande-Bretagne.

Ils rappelèrent la convention signée entre les États-Généraux et Charles II en 1677; ils exposèrent que le cas de trouble prévu par le traité était venu, qu'ils étaient dangereusement menacés par la France, et que, dans l'impossibilité où ils se trouvaient de résister seuls aux armées de Louis XIV, ils réclamaient l'envoi du contingent dû [1] par la Grande-Bretagne; ils adjuraient, en finissant, l'Angleterre de leur tendre la main et de les sauver d'une situation pire que la guerre, car la guerre, disaient-ils, permettait de combattre le mal, et la paix présente les obligeait de le souffrir (13 mai 1701) [2].

Guillaume III triompha en recevant cette adresse. Blessé jusqu'au fond du cœur de la conduite de

---

[1] Ce traité de 1677, signé entre les États-Généraux et le roi d'Angleterre Charles II, portait qu'en cas de trouble ou d'attaque de l'un des deux pays, le pays attaqué serait fondé à réclamer l'assistance de son allié. Les contingents étaient fixés d'avance : l'Angleterre devait fournir dix mille hommes à la Hollande; la Hollande six mille hommes et vingt vaisseaux de guerre à l'Angleterre.

[2] Jennet, *Histoire de la République des Provinces-Unies*, t. IV, p. 617. — Smollett, *Histoire d'Angleterre*, t. XII.

Louis XIV lors de l'acceptation du testament de Charles II, il souhaitait toujours ardemment la guerre, et pour se venger et pour s'affermir. Le roi d'Angleterre, il est vrai, avait reconnu Philippe V comme le gouvernement hollandais (19 avril 1701); mais il l'avait reconnu à regret, malgré lui, pressé par ses ministres, poussé par le Parlement et par l'opinion de son royaume [1]. Aussi, quand il reçut la lettre des Hollandais, il s'empressa de leur répondre qu'il les remerciait de n'avoir pas voulu séparer leurs intérêts des intérêts de l'Angleterre, et qu'il enverrait prochainement dans les Provinces-Unies le secours promis et dû par la Grande-Bretagne (27 mai 1701).

Le Parlement applaudit à ce langage. Une grande transformation s'était accomplie dans les Communes depuis l'ouverture des conférences de La Haye entre M. d'Avaux, M. Stanhope et les députés de la Hollande. Naguères indifférent ou hostile à Guillaume III, le Parlement, devant les difficultés extérieures qui s'amoncelaient sur le continent, s'était rangé de son côté. A l'ouverture des conférences de La Haye, les Communes avaient présenté au roi une adresse par laquelle elles le priaient de pousser avec vigueur ses négociations avec les États-Généraux et de prendre avec eux toutes les mesures convenables à la sûreté de la Hollande. Elles lui recommandaient de maintenir le traité de 1677. et l'assuraient que pour le

---

[1] Smollett, *Histoire d'Angleterre*, t. XII, p. 10. — Lingard, *Histoire d'Angleterre*, t. XV, p. 408.

soutenir les communes d'Angleterre voteraient tous les subsides nécessaires (13 avril 1701)[1]. De la Chambre l'agitation s'étendit peu à peu dans tout le royaume. La lettre des Hollandais, cette plainte publique et solennelle d'un peuple ami, menacé par la France, causa une vive sensation. Elle remua toute l'Angleterre. Le comté de Kent adressa au Parlement une pétition violente et impérative dirigée contre les papistes et Louis XIV (18 mai 1701)[2]. La Chambre, irritée non du fond, mais de la forme d'un tel langage, fit mettre quatre des pétitionnaires en prison. Malgré cette rigueur, le comté de Warwick dressa immédiatement une pétition semblable. Partout l'opinion publique se prononçait contre la France; partout on affichait les portraits des hommes de Kent, et on buvait à leur santé. L'agitation remonta bientôt dans le Parlement. Les Communes présentèrent au roi une adresse, dans laquelle elles lui déclarèrent qu'il pouvait compter sur leur assistance, qu'elles seraient toujours prêtes à le soutenir pour défendre les libertés de l'Europe, et pour réduire le pouvoir exorbitant de la maison de Bourbon (24 juin 1701)[3]. Guillaume III, qui n'attendait que ces manifestations, qui sous main les excitait

---

[1] Lamberty, *Mémoires pour servir à l'Histoire du dix-huitième siècle*, t. Ier, p. 464.

[2] Smollett, *Histoire d'Angleterre*, t. XII, p. 23. — Lingard, *Histoire d'Angleterre*, t. XV, p. 412.

[3] Jennet, *Histoire de la République des Provinces-Unies*, t. IV. — Smollett, *Histoire d'Angleterre*, t. XII, p. 25.

peut-être, se précipita dans cette route qui était la sienne, et où depuis longtemps il voulait jeter l'Angleterre. Il flatta le Parlement, en parlant comme lui. Lorsqu'il répondit à l'adresse de la Chambre des communes, il affecta de se montrer aussi zélé que les Communes elles-mêmes pour la défense de l'honneur et de l'intérêt de l'Angleterre. Voulant en même temps profiter des dispositions hostiles des Hollandais et réaliser un plan secrètement médité, il passa rapidement la mer et arriva à La Haye (14 juillet 1701).

A La Haye, depuis plusieurs mois, les députés hollandais et le ministre d'Angleterre avaient de secrètes et fréquentes entrevues avec le ministre de l'empereur, le comte de Gœz[1]. Tandis qu'ils négociaient publiquement avec M. d'Avaux, ils préparaient sourdement une grande chose. Les représentants des puissances alliées posaient les bases d'une triple et redoutable alliance contre la France, dans le but d'enlever à Philippe V la succession d'Espagne. Guillaume, qui suivait attentivement de Londres le mouvement de ces mystérieux pourparlers, arriva à La Haye pour mettre la dernière main au traité. Le roi d'Angleterre se proposait en même temps d'examiner avec soin l'état des préparatifs militaires que faisait toujours la République. Après avoir conféré avec les États-Généraux et demeuré quelques jours dans la capitale des Provinces-Unies, il commença son inspection générale. Il visita les

---

[1] Lamberty, *Mémoires pour servir à l'Histoire du dix-huitième siècle*, t. Ier.

magasins établis sur la frontière, les fortifications des places du Brabant et de la Gueldre, passa les troupes en revue et nomma les officiers généraux. Guillaume revint ensuite à son palais de Loo, près de La Haye (13 août 1701). C'était le Versailles du roi d'Angleterre, qui aimait beaucoup cette résidence et y faisait de longs séjours. Le stathouder passa à Loo le reste de l'été. Il surveillait de là les affaires de Hollande, les négociations des trois puissances; il avait de fréquents entretiens avec les ambassadeurs étrangers et recevait les visites des princes allemands, partisans de la maison d'Autriche [1].

Cependant le comte d'Avaux était toujours à La Haye. Il avait déclaré à Heinsius qu'il était tout prêt à admettre la présence de M. Stanhope, et les conférences se trouvaient reprises quand débarqua le roi d'Angleterre [2]. A la nouvelle de son arrivée, M. d'Avaux alla lui rendre visite, et Guillaume III l'assura qu'il ne souhaitait pas la guerre, et qu'il n'avait rien tant à cœur que de conserver des rapports de bonne amitié avec le roi son maître. Mais, malgré cette trompeuse assurance, les négociations n'avancèrent pas. Les puissances, qui en ce moment préparaient précisément un traité contre Louis XIV et Philippe V, n'étaient pas disposées, comme on le pense bien, à négocier sérieusement avec la France. Elles continuèrent les pourparlers; mais ce fut dans le même

---

[1] Histoires de Hollande.
[2] Jennet, *Histoire de la République des Provinces-Unies*, t. IV, p. 622.

but qu'auparavant, celui de gagner du temps et de le mettre à profit contre les Français, en préparant des alliances et des armées. Dans cette intention, elles élevèrent, à dessein, une nouvelle difficulté, pour embarrasser encore cette négociation, déjà si arrêtée. Depuis la reprise des conférences, M. Stanhope y assistait sans nulle opposition de la part de M. d'Avaux. Là, dans une conversation générale, comme on discutait les moyens de remplacer le traité de partage par une satisfaction commune des maisons d'Autriche et de Bourbon, l'envoyé d'Angleterre se mit à dire, à ce propos, qu'il n'y avait personne qui pût mieux savoir ce qui pouvait satisfaire l'empereur que le comte de Gœz, son ministre à La Haye; qu'ainsi il fallait l'admettre aux conférences. Les députés hollandais appuyèrent cette nouvelle demande (fin juin 1701)[1].

M. d'Avaux se récria aussitôt sur une semblable prétention. Il fit remarquer que les intérêts des puissances maritimes étaient bien complétement distincts des intérêts de la maison de Habsbourg; qu'ils pouvaient, par suite, être débattus et réglés séparément; que l'empereur était alors (fin juin 1701) en guerre ouverte avec la France en Italie[2]; et qu'il était impossible de négocier et de combattre en même temps. M. Stanhope insista, écrivit à son gouverne-

---

[1] Cerisier, *Tableau de l'Histoire générale des Provinces-Unies*, t. VIII, p. 472. — Lamberty, *Mémoires pour servir à l'Histoire du dix-huitième siècle*, t. Ier, p. 482.

[2] Voir chapitre III.

ment. Guillaume III, approuvant ce nouveau prétexte, ne manqua pas de répondre que l'Angleterre, en effet, ne pouvait négocier qu'à la condition d'admettre le comte de Gœz aux conférences, afin de convenir avec lui de la satisfaction à accorder à l'Empereur. Mais Louis XIV ouvrit enfin les yeux. M. d'Avaux déclara de la manière la plus nette que la France ne pouvait pas consentir à la présence du comte de Gœz aux conférences (juillet 1701); et bientôt, lassé de toutes ces tergiversations, de toutes ces difficultés, voyant que depuis plusieurs mois la négociation ne produisait aucun résultat, le roi, qui commençait à se douter du secret motif de ces lenteurs, rappela de La Haye son ambassadeur extraordinaire. Le comte d'Avaux revint en France (13 août 1701); il ne laissa en Hollande que son secrétaire, M. Barré, qui fut plus tard accrédité en qualité de résident.

Dans cette mission du comte d'Avaux, Louis XIV commit une double faute en lui confiant pour instruction de ne rien céder aux puissances maritimes, parce que, disait-il, il ne leur demandait rien [1]; il valait beaucoup mieux le faire rester à Paris. Il était inutile d'envoyer un ambassadeur, qui avait les bras liés, pour tenter une négociation avec les

---

[1] C'était là une opinion erronée : au contraire, Louis XIV leur demandait beaucoup, puisqu'il leur demandait toute la succession d'Espagne pour son petit-fils, tandis qu'il avait signé avec eux un traité qui n'attribuait au Dauphin qu'une faible portion de la monarchie de Charles II.

Hollandais et les Anglais. On a peine à comprendre comment le roi ait pu croire qu'il désarmerait des ennemis redoutables, méfiants et irrités, sans leur accorder la plus simple explication, la plus légère indemnité ; et c'est cependant avec cette pensée qu'il envoya à La Haye un ambassadeur extraordinaire. Louis XIV ne sut pas ensuite agir avec fermeté, prendre un parti et le suivre.

Après avoir lui-même déchiré le traité de Londres en acceptant le testament de Charles II, il fallait nécessairement ou satisfaire ou combattre ses anciens alliés, choisir ou la paix ou la guerre. Dans le premier cas, il devait accorder à la Hollande et à l'Angleterre les explications les plus franches sur la conduite du cabinet français à Madrid, prouver à ces gouvernements qu'il n'avait nullement cherché à les tromper, et, de concert avec Philippe V, leur concéder en même temps des satisfactions légitimes. C'était, suivant nous, le parti le plus loyal, le plus honorable, le plus honnête et le plus conforme, par conséquent, aux intérêts de la France. Ou bien, sur le refus des puissances maritimes de reconnaître Philippe V, leur déclarer immédiatement la guerre, commencer partout la lutte avec ses armées et ses flottes toutes prêtes, envahir les Pays-Bas avec cent mille hommes, enlever les places de la *Barrière*, retenir les garnisons prisonnières[1], et, poussant

---

[1] Durant les négociations de La Haye, Louis XIV laissa retourner dans leur pays toutes les garnisons hollandaises des places de la *Barrière*.

jusqu'à la République désarmée, envahir son territoire, escalader ses digues, et dicter à la Hollande la paix dans Amsterdam; faire enfin dans l'hiver de 1701 la campagne de Pichegru de 1795[1]. De cette façon, Louis XIV usait de ses avantages; il ne laissait pas à ses ennemis le temps de se préparer à combattre, et tombait sur eux quand ils étaient désunis et impuissants. Mais le roi n'embrassa ni l'un ni l'autre de ces deux partis; il hésita, et perdit dans cette fatale indécision un temps bien précieux. Mêlant les négociations aux armements, il crut longtemps que les alliés n'oseraient recommencer la lutte. Il avait trop fait pour conserver la paix; il ne fit rien pour assurer la guerre, pour assurer surtout la victoire. Il laissa sept mois un ambassadeur extraordinaire à La Haye, quand dès les premiers mots il eût dû facilement reconnaître que les puissances ne songeaient pas à négocier, mais à combattre. Louis XIV tomba là dans une piége grossier. Les alliés eux-mêmes s'étonnèrent de cette inaction, de ce sommeil de la France. Accoutumés dans les guerres précédentes à une rapide conception, à une exécution foudroyante, il se demandèrent où était l'ancienne vivacité française[2]; ils crurent que Louvois avait emporté dans la tombe le secret des promptes entreprises; ils accusèrent la vieillesse du roi, et, s'applaudissant de ce

---

[1] Voyez sur cette campagne M. Thiers, *Révolution française*, t. VII, p. 178 et suiv.

[2] Cerisier, *Tableau de l'Histoire générale des Provinces-Unies*, t. VIII, p. 471.

retard inespéré, heureux augure pour la guerre prochaine, ils l'employèrent sur terre et sur mer à des préparatifs formidables. Quand Louis XIV rappela enfin son ambassadeur, il était trop tard.

Le départ du comte d'Avaux ne fit, du reste, nulle impression sur les alliés. Bien décidés à faire la guerre, les ministres des puissances étrangères continuèrent leurs entrevues, leurs conférences, et terminèrent secrètement le grand traité qu'elles préparaient depuis plusieurs mois. Quelques jours après le départ de M. d'Avaux, le pacte décisif fut rédigé, et les mandataires de la Hollande, de l'Angleterre, de l'Autriche signèrent le traité de La Haye contre la France (7 septembre 1701)[1].

Cette alliance de La Haye, la *Grande-Alliance*, comme on l'appelait alors, était des plus explicites; elle éclairait les véritables intentions des puissances signataires. Elle portait d'abord que les alliés arracheraient par la force des armes au roi Philippe V les Pays-Bas espagnols, le duché de Milan, le royaume de Naples, les places de la Toscane, les îles de Sardaigne et de Sicile[2]. La Hollande réclamait les Pays-Bas espagnols pour lui servir de barrière contre la France; l'Autriche revendiquait le duché de Milan comme fief de l'Empire, et les autres possessions de Philippe V, la Sicile, la Sardaigne, le royaume de

---

[1] Jean Dumont, *Corps diplomatique*, t. VIII, Ire partie, p. 89. — Smollett, *Histoire d'Angleterre*, t. XII, p. 81. — Cerisier, *Tableau de l'Histoire générale des Provinces-Unies*, t. VIII, p. 483.

[2] Article 5.

Naples, comme barrière de ses États héréditaires [1] ; ensuite les Anglais et les Hollandais réclamaient les Indes espagnoles pour les indemniser des frais de la guerre : « *Pourront*, disait le traité [2], *le roi de la Grande-Bretagne et les seigneurs États-Généraux conquérir à force d'armes, selon qu'ils auront concerté entre eux, pour l'utilité et la commodité de la navigation et du commerce de leurs sujets, les pays et villes que les Espagnols ont dans les Indes ;* ET TOUT CE QU'ILS Y POURRONT PRENDRE SERA POUR EUX ET LEUR DEMEU- RERA. » En d'autres termes, les puissances déclaraient définitives et légitimes toutes les conquêtes futures faites sur l'Espagne par les flottes anglaises ou hollandaises, dans ce même but, but bien avantageux et bien large de l'utilité et de la commodité de leur commerce. Ainsi ce traité était la plus énergique, la plus absolue contre-partie du testament de Charles II. Le roi d'Espagne avait voulu conserver et sauver l'unité de la royauté castillane, en posant sur le front du duc d'Anjou toutes les couronnes de Philippe II ; la Grande-Alliance, au contraire, dépeçait la monarchie espagnole ; elle détachait et coupait à plaisir, donnant à la Hollande et à l'Autriche les possessions d'Europe, adjugeant aux premiers envahisseurs, anglais ou hollandais, les possessions d'Amérique.

Le même traité proclamait enfin des principes que

---

[1] C'était assurément là une amère ironie : conçoit-on, par exemple, Naples, la Sicile et la Sardaigne servant de barrière à l'Autriche contre la France ?

[2] Article 6.

nous verrons plus tard invoquer lors des négociations de La Haye et d'Utrecht, et qu'il est bon dès à présent de mettre en relief. Il déclarait que les puissances ne déposeraient pas les armes avant d'avoir obtenu :

La Barrière de la Hollande ;

L'indemnité de l'Autriche ;

La séparation éternelle des deux couronnes de France et d'Espagne ;

Et spécialement que jamais les Français *ne se rendissent maîtres des Indes espagnoles, et qu'ils ne pussent y envoyer des vaisseaux pour y exercer le commerce directement ou indirectement sous quelque prétexte que ce fût* [1].

Pour la Hollande et pour l'Angleterre, voilà où était le cœur de la question. Nous l'avons déjà dit, et nous le répétons encore, les deux pays, unis dans une même pensée et un même effroi, craignaient par-dessus tout de rencontrer la France, soutenue par l'Espagne, sur les principaux marchés du globe, dans la Catalogne, dans le Levant, dans l'Asie, dans l'Afrique, dans l'Amérique ; elles redoutaient de voir tomber dans ses mains tout le commerce castillan, de voir la marine marchande de France monopoliser les importations américaines, et elles s'effrayaient de subir par contre-coup une notable diminution dans leur commerce, dans leur marine, dans leur richesse, dans leur influence. C'était pour les puissances maritimes une question capitale, et elles le comprenaient à

---

[1] Article 8.

merveille. Aussi cet effroi exagéré de la concurrence française éclata alors au grand jour. Par le traité de La Haye, les puissances se promirent mutuellement de fermer à tout ballot de marchandises de France, à tout vaisseau de France, l'entrée des Indes espagnoles. Dans les négociations avec M. d'Avaux, les ministres de la Grande-Bretagne et des Provinces-Unies avaient seulement demandé l'association aux bénéfices, le partage des priviléges ; mais en quelques mois leurs alarmes[1], leurs prétentions se sont accrues, et ils jurent maintenant la proscription de tout bâtiment français des ports de l'Espagne, des possessions d'un royaume parent et allié ! Les Anglais et les Hollandais, qui tout à l'heure se plaignaient d'exclusion et s'effrayaient de concessions futures, de faveurs spéciales, demandent à leur profit le monopole. Après avoir chassé jusqu'au dernier bateau de France des colonies espagnoles, ils exigent la place entière et décrètent l'accaparement[2]. Terribles conséquences

---

[1] Philippe V venait d'accorder tout récemment (août 1701) à une Compagnie française le monopole de la traite des nègres (Dumont, *Corps diplomatique*, t. VIII, Ire partie, p. 83) par le traité dit de *l'asiento* (ou de la fourniture), ainsi nommé parce qu'il donnait aux sujets de Louis XIV le privilége de fournir de nègres les colonies espagnoles d'Amérique. Le monopole de la traite des noirs avait d'abord été accordé par Charles-Quint et Philippe II aux Flamands, puis aux Génois.

Ce privilége rapportait des sommes immenses, et la concession qui en fut faite aux Français donna sans doute l'éveil aux Hollandais et aux Anglais.

[2] Ces questions, du reste, se prolongeront pendant la première moitié du xviiie siècle, et finiront par amener la guerre entre l'Espagne et l'Angleterre.

de la jalousie commerciale et du besoin de vendre, qui dévore les peuples producteurs ! Remarquons-le, en effet, l'Angleterre et la Hollande voient avec peine la grandeur de la maison de Bourbon, l'occupation de la *Barrière*, l'avénement de Philippe V; mais la question qui les touche véritablement, c'est la question des exportations. Sur ce terrain, elles ne peuvent reculer sans perdre, sans décliner, sans souffrir. Ici, l'intérêt commercial domine complétement l'intérêt politique; la constitution même des peuples marchands l'exige ainsi. Chez eux, les questions de navigation, les abaissements, les élévations de tarifs, les droits d'entrée, de sortie, l'emportent toujours. Vainqueurs, ils écartent le monopole des rivaux, la concurrence des voisins, et dictent, l'épée à la main, des traités de commerce. Voilà leurs conquêtes, leurs trophées; et ce sont souvent des triomphes plus funestes aux vaincus que les sanglantes défaites des champs de bataille. Pour cela aussi, pour comprendre l'immense vitalité de ces intérêts, il faut, quand on touche à l'histoire des nations commerçantes, saisir avec soin le point de vue du négoce, l'état des affaires, embrasser les relations extérieures, pénétrer dans les comptoirs, s'arrêter dans les manufactures, écouter le murmure confus des ports de mer. Chez ces peuples, c'est dans les entrailles des questions commerciales qu'il faut lire l'explication du passé. Le traité de La Haye, pour cette époque, en est un exemple bien remarquable.

Quoi qu'il en soit, ce traité, en partie provoqué par les fautes de Louis XIV, rendait la guerre inévitable.

Par une faute nouvelle, le roi de France eut le malheur de donner à cette lutte qui allait s'engager un caractère national en Angleterre, la plus puissante des nations coalisées, et par ses ressources et par les hommes qui présidaient à ses destinées.

Jacques II, le dernier roi de la malheureuse race des Stuarts, venait de mourir à Saint-Germain (16 septembre 1701). La reine sa veuve, espérant engager plus tard la France à défendre son fils, le chevalier de Saint-Georges, désirait vivement que Louis XIV lui accordât les honneurs royaux dont Jacques II avait joui jusqu'à sa mort. Pour l'obtenir, elle s'adressa à madame de Maintenon, épouse secrète et toute-puissante du roi de France. Elle la gagna par d'insinuantes caresses, d'adroites flatteries; elle la traita en sœur, en reine ; elle l'enivra. Madame de Maintenon, séduite, séduisit à son tour Louis XIV, et ce prince, après avoir longtemps résisté [1], céda. Quelques jours après, il salua publiquement le prétendant du titre de roi d'Angleterre. Ses ministres voulaient en vain l'arrêter, il ne les écouta pas.

Une telle qualification violait d'abord le traité de Ryswick. Par ce traité (art. 4.), Louis XIV avait reconnu Guillaume pour roi d'Angleterre, et si Guil-

---

[1] « He had hesitated long ». *Macpherson's Original papers*, t. Ier, p. 589. — *Mémoires de Saint-Simon*, t. III, p. 225 et suiv. — Voltaire, *Siècle de Louis XIV*. — *Mémoires du duc de Berwick.*—Smollett, *Histoire d'Angleterre*, t. XII, p. 33. — Lingard, *Histoire d'Angleterre*, t. XV, p. 420. — Kerroux, *Abrégé de l'Histoire de la Hollande*, t. II, p. 555.

laume III était déjà roi, Jacques III ne pouvait plus l'être. Elle insultait en outre la révolution de 1689; elle souffletait tout le puissant parti whig, qui gouvernait, le roi en tête; le parti protestant, plus puissant encore; toute la nation britannique, en un mot. De quel droit, s'écrièrent les Anglais, Louis XIV entendait-il disposer de la couronne d'Angleterre? Depuis quand les souverains de la Grande-Bretagne étaient-ils sacrés dans les antichambres des rois de France? L'Angleterre protestante allait-elle recevoir, comme l'Espagne catholique, un roi catholique, fantôme du pape, créature de Louis XIV, appuyée par les baïonnettes étrangères? La fierté britannique s'irrita, et cette fois non sans raison. Le roi de France eut beau déclarer à Guillaume qu'il n'entendait nullement soutenir les prétentions du chevalier de Saint-Georges; qu'il avait voulu seulement lui assurer, par pure courtoisie, les honneurs dont avait joui le roi son père..... Guillaume III n'écouta rien [1]. Il rappela de Paris sans congé son ambassadeur [2]. Il chassa de Londres l'envoyé français Papin. La nation imita le roi. Elle riposta d'une façon plus énergique encore : elle rejeta ce roi de Versailles

---

[1] Guillaume III était toujours à Loo quand il apprit cette reconnaissance de Jacques III. Devant une nouvelle, bonne ou mauvaise, le roi d'Angleterre gardait toujours le silence; mais quand il fut informé de cette dernière faute de Louis XIV, elle lui parut si prodigieuse qu'il ne put s'empêcher de dire « qu'il n'y avait plus ni politique, ni bon sens à la cour de France, que l'on commençait à y radoter, et que tout y était sur le retour. » (Jennet, *Histoire des Provinces-Unies*. t. IV, p. 671.)

[2] Le comte de Manchester, ambassadeur d'Angleterre à Paris, sans

avec horreur. Les Communes, dissoutes puis réélues sous l'impression de cet événement, assurèrent au parti whig, au parti froissé, une majorité énorme. En ouvrant les chambres, Guillaume III s'écria qu'après la reconnaissance du prétendant par Louis XIV, il ne devait plus y avoir en Angleterre que deux partis, les protestants et les papistes, les Anglais et les Français; les députés entendirent ce langage. Le nouveau Parlement prit en main la cause du jeune Stuart et la jugea. Par un premier bill resté célèbre, et connu sous le nom d'*Acte d'abjuration*, tous les officiers de la couronne, civils ou militaires, tous les membres du Parlement, whigs ou tories, durent venir renier ce prétendu roi d'Angleterre (20 février 1702)[1]. Par un autre vote, le Parlement alla plus loin encore : il rendit contre le chevalier de Saint-Georges un bill d'*attainder*, c'est-à-dire qu'il le déclara coupable de haute trahison et qu'il le condamna à mort (janvier 1702).

Cette dernière faute de Louis XIV, la reconnais-

---

prendre congé du roi, annonça sa retraite à M. de Torcy par ce laconique billet :

« Monsieur,

« Le roi mon maître, étant informé que S. M. T. C. a reconnu un autre roi de la Grande-Bretagne, ne croit pas que sa gloire et son service lui permettent de tenir plus longtemps un ambassadeur auprès du roi votre maître, et m'a envoyé ordre de me retirer incessamment, dont je me donne l'honneur de vous donner avis par ce billet, et en même temps de vous assurer que je suis..., etc., etc. »

[1] Voici quel était le serment :
Je reconnais véritablement et sincèrement, atteste et déclare en con-

sance du prétendant, eut un long retentissement en Angleterre. Elle donna à la guerre un caractère national ; elle irrita encore les whigs contre les tories, elle irrita surtout les whigs contre la France. Ainsi provoqués par Louis XIV, les whigs le poursuivirent à outrance ; ils poussèrent contre lui toute la nation à la guerre, et ils entravèrent plus tard de toutes leurs forces les négociations de La Haye et d'Utrecht. Funeste à la France, la reconnaissance du chevalier de Saint-Georges fut plus funeste encore aux Stuarts. Ni Jacques III, consacré par Louis XIV, ni les fils de Jacques III, ni aucun des Stuarts, ne revit la Grande-Bretagne. Il semble que ce couronnement de l'étranger leur ait porté malheur. La proscription du Parlement fut une proscription éternelle. Ainsi, comme toutes les passions, les passions politiques s'exaltent par des défis. Louis XIV reconnaît le prétendant pour roi d'Angleterre ; le Parlement jette par terre sa couronne, brise son sceptre, déchire son manteau royal, le renie, lui crache au visage, le livre au bourreau. De même, dans des temps plus rapprochés, la Convention répond au manifeste du duc de Brunswick, au défi de l'Europe, par un défi sanglant : elle

science devant Dieu et devant le monde, que notre souverain seigneur, le roi Guillaume, est le légitime et véritable roi de ce royaume...

Que je crois en conscience que la personne prétendue qui était communément connue ou appelée du nom de prince de Galles durant la vie du feu roi Jacques II, et qui depuis sa mort prend le titre de roi d'Angleterre sous le nom de Jacques III, n'a aucun droit ni titre à la couronne de ce royaume. Je déclare solennellement *que je renonce, refuse et abjure* toute allégeance ou obéissance au susdit Jacques, etc., etc.

coupe la tête du roi de France et la lance à la frontière[1].

[1] De Flassan, *Histoire générale de la diplomatie française* (Paris, 1808-1809, 6 vol. in-8), t. IV, p. 207. — Henri Hallam, *Histoire constitutionnelle d'Angleterre*, t. IV, p. 393. — Smollett, *Histoire d'Angleterre*, t. XII, p. 42. — Lingard, *Histoire d'Angleterre*, t. XV, p. 433. — Jennet, *Histoire de la République des Provinces-Unies*, t. V, p. 644.

CHAPITRE III.

(1701-1702.)

Irritation de l'Autriche contre Louis XIV.— Descente du prince Eugène en Italie. — Son portrait. —Victor-Amédée. — Catinat. — Échec des Francais à Carpi. —Temporisations de Catinat. — Mécontentement du Roi. — Envoi du maréchal de Villeroy. — Défaite des Français à Chiari. — Perte de terrain par Villeroy. — Triste issue de cette campagne. — Traités des alliés contre la France (traité d'Odensée, de la Couronne; Grande-Alliance de La Haye; accessions à la Grande-Alliance). — Traités de la France contre les alliés (traités avec le Portugal, la Savoie, les électeurs de Cologne et les princes allemands). —Préparatifs militaires des alliés.—Préparatifs militaires de la France. — Le maréchal de Boufflers dans les Pays-Bas. — Le maréchal de Villeroy en Alsace. — L'Europe partagée en deux ligues armées. — Canonnade de Selzatte. — Mort de Guillaume III. — Regrets des Hollandais. — La situation de l'Europe reste la même. — Déclaration de la reine Anne. — Mémoire présenté à La Haye par le résident français Barré.—Réponse évasive des Hollandais.—Déclaration de guerre à la France. — Portrait de Guillaume III.

De tous les princes de l'Europe, l'empereur d'Allemagne, Léopold I[er][1], était celui que frappait le plus directement l'acceptation du testament de Charles II. Avant les traités de partage, le chef de la maison d'Autriche revendiquait toute la succession d'Espagne. Le premier de ces traités assurait le Milanais à son second fils l'archiduc Charles; le second, faisant la part plus belle et plus riche, lui donnait l'Espagne et

---

[1] Léopold Ier, fils de Ferdinand III, né en 1640, empereur en 1658, mort en 1705.

les Indes, la Sardaigne et les Pays-Bas. Le testament de Charles II, qui survenait ensuite, anéantissait tous ces droits, brisait toutes ces espérances. Le roi d'Espagne appelait, il est vrai, l'archiduc en cas de refus du Dauphin ; mais, le Dauphin acceptant, le testament ne lui attribuait ni une indemnité présente, ni une indemnité future. Il transférait au duc d'Anjou toutes les possessions de la couronne d'Espagne, et il ne laissait à la maison d'Autriche, parente comme la France, ni une province, ni une ville, ni un hameau, pas un pouce de terre.

Aussi, quand la nouvelle du testament arriva à Vienne, l'empereur, la cour, la noblesse frémirent d'indignation et de colère ; le peuple s'émut et gronda. Le roi des Romains s'oublia jusqu'à insulter le marquis de Villars, ambassadeur de France [1]. On le regarda comme complice de la prétendue trahison de Louis XIV, et, devant ce mécontentement général de toute la nation, la position de Villars devint très-difficile. Chacun l'abandonna : les personnes qui fréquentaient son hôtel le désertèrent. Le prince Eugène et le margrave de Bade seuls, que leur position mettait au-dessus des soupçons, continuèrent de le voir. Un jeune homme vint lui proposer un duel [2]. Une personne l'avertit avec beaucoup de

---

[1] William Coxe, *Histoire de la maison d'Autriche*, t. IV, p. 66. — *Mémoires de Villars*, collection Michaud, t. XXXI, p. 93. — Carlo Botta, *Storia d'Italia* (Paris, 1832, 10 vol. in-8), t. VII, p. 167.

[2] Lettre de Villars au marquis de Torcy, 18 mai 1701. (*Mémoires de Villars.*)

mystère qu'on allait l'arrêter comme complice des Hongrois[1], qu'il serait mené dans un château lointain, puis jugé et exécuté. Les ministres de l'Empereur lui offrirent noblement une garde. Villars refusa. Au milieu des menaces et des insultes, il conserva toujours le plus grand sang-froid, et ce sang-froid le sauva.

Le mécontentement de l'Empereur s'annonça bientôt par des actes. D'après ses ordres, le comte de Harrach, son ambassadeur à Madrid, déposa contre le testament de Charles II une double protestation. Tous les rois de l'Europe avaient reconnu Philippe V : Léopold Ier, seul, s'y refusa. Loin de le reconnaître, il se prépara à lui enlever ses provinces d'Italie. Il rassembla une armée et envoya dans le Milanais et dans le royaume de Naples des agents autrichiens chargés de soulever les garnisons et les peuples. Mais ces agents échouèrent partout. Les Milanais comme les Napolitains restèrent fidèles : à Naples, les gouverneurs espagnols leur firent trancher la tête. L'Empereur résolut alors de conquérir l'Italie les armes à la main. Revendiquant à la fois le Milanais, et comme fief de l'Empire et comme partie de la succession de Charles II, qu'il réclamait tout entière, il y envoya une armée. Cette armée autrichienne était commandée par un Français, le prince Eugène de Savoie.

C'est ici le moment d'esquisser cette grande figure.

---

[1] A cette époque, on venait d'arrêter Ragoczi. (Voir le second volume, chap. Ier.)

Le prince Eugène était petit-fils de Charles-Emmanuel, duc de Savoie[1]. Son père, le comte de Soissons, gouverneur de Champagne, avait à la fois dans les veines du sang royal de France et du sang ducal de Savoie. Sa mère, Olympia Mancini, nièce du cardinal Mazarin, était cette belle et spirituelle comtesse de Soissons, adorée par Louis XIV, puis disgraciée pour une satire contre mademoiselle de la Vallière, compromise ensuite dans l'affaire de madame de Brinvilliers, et exilée de France. Elevé à la cour où il était né par les soins du roi, qui veilla à son éducation, Eugène se destina d'abord à l'état ecclésiastique et prit avec le petit collet le nom d'abbé de Savoie. Mais bientôt la nature reprit ses droits et la vocation se décida. Le jeune prince venait d'atteindre ses vingt ans, son sang bouillait : il rêva les combats, les siéges, l'éclat des dignités militaires, et un jour il demanda à Louis XIV une compagnie.

Le roi, qui n'avait pas de compagnie à donner à des abbés, et qui lui destinait un bénéfice qu'avait autrefois possédé son père, refusa en alléguant la faiblesse de son tempérament, et les courtisans plaisantèrent ce petit abbé qui voulait porter l'épée. En ce moment l'Autriche soutenait contre les Turcs, qui venaient d'assiéger Vienne (1683), une guerre sérieuse : c'était comme une croisade. Plusieurs jeunes gentilshommes de France, amoureux de cette lutte lointaine et inconnue, étaient allés offrir leurs services

---

[1] François Eugène de Savoie, né en 1663, mort en 1736.

à l'Empereur catholique ; Eugène fit comme eux. Il quitta son roi et son pays, mais pour n'y plus rentrer. Quand Louvois rappela les officiers qui servaient en Autriche, Eugène laissa partir ses compagnons d'armes, et quand le ministre fit prononcer la peine de l'exil contre les Français qui servaient à l'étranger, il s'écria qu'il y rentrerait, mais malgré lui. L'Empereur, plus heureux ou plus adroit que Louis XIV, lui donna ces commandements militaires si enviés. Colonel à vingt ans, général à vingt-cinq, Eugène fit ses premières armes dans la rude guerre que l'Autriche soutenait contre la Turquie. Il apprit l'art militaire sous deux grands généraux du XVII_e siècle, le duc de Lorraine et Sobiesky ; il assista à leurs difficiles campagnes, et se fit bientôt connaître à l'Europe par la brillante victoire de Zenta, qu'il remporta sur les Ottomans (septembre 1699). En voyant pour la première fois ce petit homme, vêtu d'une simple redingote brune, les vieux soldats autrichiens se moquaient de leur nouveau général : « Ce petit capucin-là, disaient-ils, n'arrachera pas beaucoup de poils à la barbe des Turcs. » Mais après cette éclatante bataille, leur langage changea. Au moment où nous le voyons descendre en Italie, le prince venait d'accomplir sa trente-huitième année.

Eugène de Savoie était petit et sec, robuste et nerveux, actif et infatigable. Il avait un tempérament arabe, un corps de fer, des muscles d'acier. Sa figure longue, creusée, amaigrie, brunie par le soleil et le hâle, était éclairée par deux grands yeux noirs qui lançaient la flamme. Si vous l'eussiez rencontré enveloppé dans son manteau, se promenant la nuit dans les rues du camp, vous eussiez difficilement reconnu le héros qu'admirait le monde, à moins pourtant que son œil de feu n'eût brillé dans les ténèbres[1]. L'éclat de ce regard ôtait à sa physionomie l'expression vulgaire de ses joues longues, de sa bouche souvent entr'ouverte, surtout quand il écoutait, ce qu'il faisait volontiers. Il avait la parole vibrante, saccadée; le geste brusque, la démarche rapide et impérieuse. Tout en lui annonçait l'homme d'action, tout révélait l'homme de guerre.

Il était, en effet, surtout soldat. Il aimait son métier et le faisait avec passion. Les scènes de la vie militaire, les marches, les campements, les escarmouches, les surprises de l'ennemi, les fanfares éclatantes, les corps d'armée s'ébranlant comme un seul homme à la voix du général, les charges retentissantes de la cavalerie, tous ces grands tableaux impressionnaient vivement son âme guerrière. Quelquefois, quand les armées étaient mêlées, quand la terre tremblait sous les pieds des chevaux, quand les boulets passaient sur sa tête, quand les morts tombaient à ses côtés, il s'arrêtait comme ivre d'enthousiasme, et faisait contempler à ses officiers la magnifique horreur du spectacle. A un impassible sang-froid il unissait tout l'éclat de la bravoure française.

[1] M. Kolhrausch, *Histoire d'Allemagne*, t. II.

Son sang coula sur la plupart des champs de bataille. Il pouvait compter ses victoires par ses blessures, il en reçut treize, mais il n'en parlait jamais. Sa modestie égalait son courage.

Au retour de la guerre, le prince Eugène rapportait à Vienne toute la rudesse des camps. Le vainqueur de Zenta était mauvais courtisan et disait franchement à Léopold Ier la vérité sur les hommes et sur les choses. Il avait pour règle de conduite de ne louer que les mérites vrais, et cette droiture militaire lui fit à la cour beaucoup de rivaux, beaucoup d'envieux. Il aurait pu dire à l'Empereur ce qu'un jour disait Villars à Louis XIV, en partant pour la guerre : « Sire, je vais combattre les ennemis de Votre Majesté, je vous laisse au milieu des miens. » Mais s'il gardait à Vienne sa franchise de soldat, il perdait toutes ses habitudes militaires. Le guerrier se transformait et faisait place à l'homme d'étude, aux goûts simples et sévères. Le prince Eugène, pendant la paix, se plaisait à rassembler des livres, des manuscrits, à rechercher les éditions précieuses[1], à lire et à relire sans cesse, à écouter les récits des grands capitaines, à interroger les morts, à nourrir son esprit, tandis que son corps était en repos. Ses heures coulaient ainsi rapides dans l'étude du passé. Le temps qu'il ne consacrait pas à la lecture, il le donnait à la société, à la conversation. Il avait le goût si français de la causerie, des

---

[1] Sa bibliothèque était d'environ 30,000 volumes. Elle occupe aujourd'hui une place honorable dans la Bibliothèque impériale de Vienne.

entretiens libres, naturels et élevés. Ses amis étaient peu nombreux, mais choisis et sincères.

Après eux, ses livres, venaient ses jardins, son beau palais du Faubourg[1], à Vienne, tout rempli encore aujourd'hui de son souvenir. Le rival de Villars et Marlborough aimait à se promener dans ces belles allées, à faire planter des arbres, à élever des constructions, à diriger lui-même les ouvriers et les travaux. Quelquefois encore, il se plaisait à écouter les voix graves et pleines de la musique sacrée, vibrant sous les voûtes gothiques. Les chants religieux lui rappelaient les mâles accords des instruments militaires, et touchaient son cœur[2].

Le prince Eugène avait l'âme honnête et généreuse. Il était bon : il aimait ses amis, ses soldats, ses domestiques. Comme les grands capitaines, comme Turenne et Villars, il s'inquiétait des besoins, des souffrances, des joies de ses troupes. Il apportait tous ses soins à procurer aux soldats de bons campements, des vivres, du bois, du vin; plusieurs fois il les nourrit de son argent. Dans une famine qui désola Vienne, il employa les ouvriers qui manquaient de pain à travailler dans ses jardins. Eugène avait d'autant plus de mérite à agir de la sorte, que son caractère ne le portait pas à l'amour de l'humanité. Aigri par les souffrances de la vie, par les calomnies per-

---

[1] Le palais du Belvédère.
[2] Les soldats ont souvent l'âme poétique : on sait que Napoléon n'entendait jamais sans émotion sonner dans le lointain la cloche d'un village.

fides, les rivalités souterraines, implacables, il haïssait les hommes et les méprisait. Les jeunes gens seulement lui plaisaient, comme plus purs, disait-il, comme non viciés encore par le contact des passions humaines. Comme Guillaume III, avec lequel il a plusieurs traits de ressemblance, il causait peu. Comme le roi d'Angleterre, il était d'une discrétion impénétrable ; comme lui encore, il n'aimait pas les femmes. On ne lui connut pas dans sa vie de liaisons secrètes, encore moins de publiques. Il eut des amitiés sincères avec plusieurs dames de son temps, notamment avec la comtesse de Batthiany, chez laquelle il passait souvent ses soirées ; mais dans son cœur l'amour ne chassa pas l'amitié. Il ne voulut jamais se marier. Il disait que le mariage amollissait le cœur, et ne convenait pas à un soldat. Ses mœurs simples et sévères furent toujours pures.

Mais ni l'éclat de sa gloire militaire, ni la générosité de son âme, ni l'honnêteté de sa vie privée, n'effaceront jamais la large tache imprimée sur sa mémoire. Le prince Eugène a combattu à la fois la maison de Savoie, sa famille, la France, sa patrie, et les a combattues sans raison. Il ne pouvait pas, en passant à l'ennemi comme ces grands proscrits de l'antiquité, comme Thémistocle, Coriolan, comme Marius, lancer le reproche et l'anathème au pays qu'il abandonnait. Le seul grief qu'il pût alléguer contre la France était petit et mesquin. Si l'on se reporte au point de départ, au misérable refus d'une misérable compagnie, et que l'on considère ensuite quel mal a causé à notre pays cet acte si involontaire de Louis XIV, on s'indignera, pour une aussi mince offense, d'une aussi effroyable rancune. On se demandera si celui-là était bien un grand homme, dans la belle, dans la noble acception du mot, qui, pour se venger d'une injure douteuse, a excité contre un pays les haines et les soldats de l'Europe ; qui l'a envahi, les armes à la main, quand ce pays surtout était le sien, quand, au lieu de le ravager, il eût dû, à côté de Villars et de Vendôme, venir offrir sa poitrine pour le défendre. Jamais les trophées du prince Eugène ne cacheront cette triste page de sa vie. Toujours l'histoire dira qu'il a ouvert et déchiré sans pitié, avec son épée, le sein de la mère patrie, et qu'en cela il a été d'autant plus coupable qu'il ne haïssait pas la France, mais Louis XIV, et que, pour se venger du roi, il a froidement torturé tout le royaume. C'est que, dans ce furieux acharnement, il n'y avait pas seulement la soif de la vengeance et de la haine, mais la satisfaction de l'amour-propre blessé. Chacune de ses victoires sanglantes, où des milliers de Français restaient sur le carreau, chatouillait doucement son orgueil. Chaque désastre nouveau était comme un ironique reproche jeté au grand roi. Ses lauriers poussaient dans le sang, mais ils poussaient. Tous ces cadavres français lui faisaient un piédestal, du haut duquel il semblait crier à Louis XIV, par-dessus ses armées battues, qu'il était cet abbé de Savoie que le roi avait jugé indigne d'un brevet de capitaine, que c'était lui maintenant qui chassait ses soldats, et culbutait ses maréchaux de France. Avec le génie militaire de Bourbon, le prince Eugène avait la rancune et l'orgueil du connétable [1].

Tel était le général que nous avions à combattre. Louis XIV lui avait opposé Victor-Amédée, duc de Savoie et généralissime des armées françaises et espagnoles en Italie; le maréchal de Catinat, qui commandait l'armée française; le prince de Vaudemont, qui commandait l'armée espagnole.

Victor-Amédée [2] était un des princes les plus remarquables, les plus heureusement doués de la maison de Savoie. Il était bon général, habile politique, sage administrateur; adroit, souple et brave, il joignait la finesse italienne à la furie française, mais il était le plus dangereux des alliés. Sa vie n'avait été qu'une longue trahison. D'abord ami de l'Empereur, il avait quitté l'Empereur pour la France, avait marié sa fille

---

[1] Jean Dumont, *Histoire militaire du prince Eugène de Savoie, du prince et duc de Marlborough et du prince de Nassau* (La Haye, 1729-1747, 3 vol. grand in-folio). Le premier volume est relatif au prince Eugène. — *Histoire du prince François-Eugène de Savoie*, enrichie de plans de bataille et de médailles nécessaires pour l'intelligence de cette histoire (Amsterdam, 1740, 5 vol. in-12). — *Vie du prince Eugène de Savoie*, écrite par lui-même (Paris, 1810, 1 vol. in-8, composé par le prince de Ligne). — *Mémoires du comte de Mérode-Westerloo* (Bruxelles, 1840, 2 vol. in-8). Suivant l'auteur, qui était contemporain du prince Eugène, ce dernier, en diverses circonstances, aurait préféré les intérêts de son parent le duc de Savoie à ceux de la maison d'Autriche. (Voyez notamment t. II, chap. XVIII, p. 114.) — *Militærische Korrespondenz des prinzen Eugen von Savoyen, aus OEsterreichischen Original-Quellen*, von F. Heller (Vienne, 1848, 2 vol. in-8). — Schœll, t. XXVIII, p. 322. — Histoires d'Allemagne.

[2] Victor-Amédée II, né en 1665, duc de Savoie en 1675, mort en 1730.

au duc de Bourgogne et fait la paix avec Louis XIV (1696). Tout récemment encore, il avait resserré les liens qui l'unissaient à la France en mariant sa seconde fille à Philippe V, en signant avec le roi un traité qui le créait généralissime des armées françaises et espagnoles en Italie, et lui assurait cent cent cinquante mille francs par mois (6 avril 1701). Changeant bientôt de rôle, il allait trahir la France pour l'Empereur, ou plutôt, comme nous le verrons dans le cours de la campagne, il la trahissait déjà. Sa maxime favorite peint l'homme. Il avait coutume de dire qu'il fallait avoir le pied dans deux souliers. Ce fut l'histoire de sa vie : il prit en effet de la France et de l'Autriche, reçut des deux, et toutes deux les vendit. Victor-Amédée était ambitieux, il désirait avec passion arrondir ses États, prendre surtout le Montferrat, possession espagnole placée au milieu de ses domaines, et peut-être écorner le Milanais. Il voulait grandir sa maison, et pour arriver à ce résultat, tous les moyens lui semblaient honnêtes, toutes les voies légitimes [1].

Le maréchal de Catinat [2], qui commandait sous ses ordres, était l'homme du caractère le plus opposé. C'était un vivant symbole de fidélité et d'honneur. Issu d'une famille de robe, soldat de fortune, sans aïeux, Catinat avait franchi tous

---

[1] Carlo Botta, *Storia d'Italia*, t. VII, p. 191. — *Annali d'Italia, dal principio dell' era volgare sino a l'anno 1789, compilati da Lodovico Muratori* (Milano, 1820), vol. XVI, p. 298.

[2] Nicolas de Catinat, né en 1637, mort en 1712.

les rangs de la hiérarchie militaire, et rendu de grands et de glorieux services à la France et au roi. Sa carrière avait été illustrée par d'éclatants triomphes ; son nom, plusieurs fois couronné par la victoire. Ses plus belles batailles étaient celles de Staffarde (août 1690) et de Marsailles (octobre 1693), gagnées sur les Piémontais. Simple, modeste, d'une douceur de mœurs étrange chez un soldat, la vie du maréchal était d'une pureté antique. Il partageait son temps entre l'étude [1] et le devoir. A l'armée on le regardait comme un sage ; à Versailles, comme un janséniste. En le voyant méditer sans cesse, ses soldats, qui l'adoraient, lui avaient donné ce beau nom : *le père la Pensée*. Catinat, malheureusement, n'avait pas en Italie la direction suprême de la campagne. Le général en chef était le duc de Savoie. Ensuite le vieux maréchal n'avait plus ni la vigueur ni le coup d'œil des années précédentes. Il était infirme, cassé, usé par la guerre. C'est à peine s'il pouvait se tenir à cheval [2]. La mort récente d'un frère qu'il chérissait avait ajouté à ces souffrances physiques toute l'amertume des souffrances morales [3].

---

[1] Catinat était poëte : il employait une partie de ses loisirs à faire des vers. (*Mémoires de Catinat.*)

[2] Lettre de Catinat à Chamillart, 28 août 1701, *Archives de la guerre*, vol. 1515, n° 110. Général Pelet, t. Ier, p. 606. Cette lettre est d'une noble et touchante simplicité.

[3] *Mémoires de Catinat*, mis en ordre et publiés d'après les manuscrits autographes et inédits conservés jusqu'à ce jour dans sa famille, par M. Le Bouyer de Saint-Gervais (Paris, 1819, 3 vol. in-8.) — *Mémoires de Saint-Simon*, t. III.

Le prince de Vaudemont, gouverneur du Milanais, et commandant des forces espagnoles en Italie, était un général brave et dévoué, mais incapable de tenir tête au prince Eugène.

Sous la conduite de ces trois généraux, Victor-Amédée, Catinat, Vaudemont, les forces réunies du Piémont, de la France et de l'Espagne, devaient d'abord renforcer les garnisons castillanes du Milanais, puis repousser l'armée autrichienne du prince Eugène, qui arrivait, et conserver à Philippe V, notre allié, le beau duché de Milan, si envié de l'Empereur. La position des Français était forte.

Ils tenaient avec les Espagnols tout le Milanais.

En vertu d'un traité signé avec le duc régnant (mars 1701), ils occupaient Mantoue, la clef de l'Italie du Nord.

Ils occupaient au sud la Mirandole, place importante, qui tenait en respect les États situés derrière elle : Modène et Reggio, Parme et Plaisance.

Les Autrichiens, au contraire, n'avaient aucun poste en Italie; la Péninsule même leur était fermée, par les possessions vénitiennes d'un côté, par les Alpes de l'autre. Avant de combattre, il leur fallait franchir les défilés, escalader les rochers, dompter les montagnes, afin d'aller chercher le champ de bataille. La situation des Français était donc, au début de la campagne, préférable. Mais cette supériorité n'était guère qu'apparente. Si, à la rigueur, Catinat pouvait tenir tête au prince Eugène, il y avait entre eux une immense différence. Le général autrichien dirigeait véritablement la guerre : il agissait sans attendre les avis de la cour de Vienne. Catinat, au contraire, relevait directement de Versailles. C'était le roi ou le ministre qui dirigeait la campagne, ou tout au moins qui la surveillait : le général français n'avait pas d'initiative véritable.

Une autre cause d'infériorité était le défaut d'unité de l'armée franco-espagnole. Elle renfermait des soldats de trois nations différentes : des Piémontais, des Espagnols, des Français. Il y avait trois langues, trois éléments, et les soldats ne s'accordaient pas toujours entre eux. Les généraux ne s'accordaient guère mieux. Le duc de Savoie, Catinat, le prince de Vaudemont différaient souvent d'avis. Les intérêts des trois puissances n'étaient pas toujours les mêmes. Victor-Amédée ménageait sans pudeur ses soldats, et bien plus, lui, notre allié, notre généralissime en Italie, lui, le beau-père du duc de Bourgogne, le beau-père de Philippe V, il nous trahissait ouvertement. Le duc de Savoie envoyait aux Autrichiens les plans de toutes les manœuvres, et le prince Eugène agissait à coup sûr. Lorsqu'un corps de troupes françaises faisait une expédition, un corps autrichien plus fort arrivait toujours à temps et l'écrasait. En outre, les troupes espagnoles qui servaient dans nos rangs étaient en assez mauvais état. Parmi les officiers, plusieurs n'aimaient pas les Bourbons et préféraient la Maison d'Autriche: quelques gouverneurs de Philippe V partageaient cette opinion. Les habitants du Milanais eux-mêmes étaient hostiles à l'armée franco-espagnole, non par sympathie pour l'Autriche, mais par crainte de la France, par effroi de la toute-puissance de Louis XIV; de sorte que, faisant la guerre dans un pays allié, l'armée avait tous les désavantages d'un pays ennemi. Ce pays, du reste, offrait peu de ressources [1].

Aussi, malgré les avantages qui paraissaient devoir résulter d'un solide établissement en Italie, de la supériorité du nombre, les Autrichiens eurent le dessus. Eugène s'ouvrit d'abord un chemin. Il franchit les montagnes, les rochers du Tyrol, et entra en Italie. Catinat aurait pu l'arrêter facilement en fermant avec son armée les gorges du pays de Trente; mais le roi lui avait défendu d'attaquer le premier, et le général français dut regarder l'infanterie allemande descendre les Alpes sans même tâcher d'y mettre obstacle. Les Alpes franchies, Eugène longea l'Adige. Les Vénitiens voulaient l'empêcher de passer sur leurs terres et protestaient; il les laissa crier et passa. Traversant les États de la République, les montagnes du Vicentin, les Impériaux arrivent tranquillement près de Vérone. Là, ils jettent un pont sur l'Adige, garnissent la rive gauche du fleuve, et laissent leurs détachements inonder les États du pape. Les Français gardaient la rive droite de l'Adige; mais Catinat, qui ne connaissait pas bien ce pays, ayant trop séparé son armée pour couvrir la rivière

---

[1] *Mémoires militaires relatifs à la Succession d'Espagne*, général **Pelet**, t. 1er.

et le duché de Mantoue que nous occupions, Eugène profita de cette faute : il passa l'Adige, tomba sur un corps écarté que commandait M. de Tessé, et le défit à Carpi (14 juillet 1701)[1]. Après cette action, l'armée impériale continue à avancer, à gagner du terrain ; l'armée franco-espagnole à en perdre. Catinat bat en retraite, il abandonne la défense de l'Adige et se retire derrière l'Oglio. Le maréchal manœuvre sur les côtés du prince Eugène, et assiste à ses avantages sans tirer un coup de canon. C'est ainsi que les Autrichiens remontent, sans obstacle, à travers les États vénitiens, franchissent le Mincio sous Peschiera, prennent Castiglione et Castel-Goffredo dans le duché de Mantoue, passent la Chiese, puis reviennent dans les États vénitiens, et là campent, manœuvrent, s'établissent en toute liberté. Pendant ce temps leurs partis courent dans le Mantouan, dans le Crémonais et dans le duché de Milan lui-même.

Une telle conduite n'était pas faite pour plaire à Louis XIV, aux généraux, à l'armée. Les soldats étaient mécontents et humiliés : par suite de la trahison du duc de Savoie, toutes leurs expéditions échouaient. Les généraux murmuraient hautement ; seul le vieux Catinat poursuivait ses desseins. Il s'était tracé un plan, il le voulait suivre, quoi qu'il pût advenir. L'expérience de la guerre, la gloire d'un grand nom, la dignité de maréchal de France, le respect des cheveux blancs, tout paraissait concourir à mettre le

[1] *Mémoires du marquis de Feuquères* Paris, 1736. 1 vol. in-4. p. 158.

vainqueur de Marsailles à l'abri des critiques. Il laissait dire et continuait froidement ses manœuvres ; il reculait, avançait, campait, voyait devant lui le prince Eugène, laissait échapper les occasions de lui livrer bataille, feignant de ne rien voir et de ne rien entendre.

A la fin le roi se lassa et éclata. Ce rôle de temporisateur, cette lenteur habile, calculée, stratégique, l'irritèrent. A toutes ces marches et contre-marches de Catinat, Louis XIV ne comprit qu'une chose, qui était vraie, les progrès de l'ennemi. Dans sa royale impatience, il lui tarda d'y mettre un terme. Il écrivit au maréchal et lui reprocha sa négligence à combattre. Il lui rappela qu'à Desenzano, notamment, les Autrichiens en s'y dirigeant avaient prêté le flanc pendant toute une journée sans que Catinat, placé à deux milles italiens, s'en émût autrement et songeât à en profiter. Il finissait en lui ordonnant de marcher aux ennemis par le plus court chemin possible, de les joindre avec la plus grande rapidité, de s'attacher à leurs pas, de les harceler, de les forcer enfin à combattre (10 août 1701). L'armée franco-espagnole était plus forte que l'armée autrichienne et le roi pensait que la victoire ne pouvait manquer d'être du côté du nombre [1]. Deux jours après, comme impatient de faire exécuter plus vite encore sa volonté, Louis XIV

---

[1] Louis XIV ne savait pas que son armée renfermait beaucoup de recrues, et que celle du prince Eugène, au contraire, ne comptait que de vieux soldats. (Lettre du roi à Catinat, 10 août 1701 et 12 août 1701, *Archives de la guerre*, vol. 1528. Général Pelet, t. Ier, p. 599.)

adjoignit à Catinat le maréchal de Villeroy, pour partager avec lui le commandement. Le roi pensait sans doute que Villeroy[1], aussi bon courtisan qu'il était mauvais général, serait plus empressé d'exécuter son plan favori, de marcher sur-le-champ à l'ennemi, de l'écraser sous le nombre et de rejeter les débris au delà des Alpes, Villeroy arriva donc comme un messager de la victoire[2].

Catinat, à la nouvelle de l'adjonction de Villeroy, comprit que ce partage du commandement était une disgrâce déguisée et demanda son rappel à Versailles. Mais bientôt, désarmé par les égards que lui témoignait son collègue, qui se montrait pour lui plein de respect et de bienveillance, le vieux guerrier resta à son poste et continua de servir. Pour obéir aux ordres du roi, l'armée, à travers les rivières et les canaux qui coupent ce pays, marcha droit aux Autrichiens. Villeroy repassa triomphalement l'Oglio. Empressé d'obéir aux volontés de Louis XIV, il avait hâte de combattre. Arrivé à l'armée le 22 août, le 2 septembre il livrait bataille. Il est vrai qu'il la perdait. Toute l'armée autrichienne était retranchée dans la petite ville de Chiari, dans une position formidable. On vint dire au maréchal que les ennemis se retiraient. Le rap-

---

[1] François de Villeroy, duc et maréchal de France, né en 1643, mort en 1730. Nous n'aurons que trop souvent à parler de lui dans cette histoire. C'était le plus mauvais général de France. Il fut toujours battu.

[2] Lorsque Villeroy quitta Versailles, comme tous les courtisans l'accablaient de félicitations sur sa nomination, le duc de Duras le prit par le bras : « Monsieur le maréchal, lui dit-il, tout le monde vous fait des compliments d'aller en Italie, moi j'attends à votre retour pour vous faire les miens. »(*Mémoires de Saint-Simon*, t. III, p. 201.) La précaution était sage.

port était faux ; mais, sans rien vérifier, sans faire reconnaître l'armée du prince Eugène, sans consulter Catinat, Villeroy, qui redoute de voir fuir sa gloire, se jette sur les Impériaux. Malgré un feu terrible d'artillerie et de mousqueterie, les Français escaladent les retranchements ennemis, ils emportent le premier, le second ; mais au troisième, ils s'arrêtent. Les Autrichiens, qui tirent à couvert, redoublent le feu, visent les officiers ; tous leurs coups portent. Les Français, au contraire, ne touchent que les retranchements ; nos troupes reculent bientôt devant les effroyables ravages de l'artillerie, et après un combat long et sanglant, l'attaque échoue complétement (2 septembre 1701)[1].

Cette malheureuse affaire compliqua encore la situation : le roi, éclairé par la défaite de Chiari, retira l'ordre qu'il avait donné de marcher aux Autrichiens ; mais les difficultés augmentèrent. Le duc de Savoie vendit toujours les secrets de l'armée et l'extermination des partis français continua. Pour n'en

---

[1] Lettre de Villeroy au roi, *Archives de la guerre*, vol. 1515, n° 153. Général Pelet, t. 1er, p. 609. — « Ils (les Français) ne voyaient que des chapeaux et des retranchements inaccessibles. » M. de Quincy, *Histoire militaire du règne de Louis le Grand* (Paris, 1726, 4 vol. in-4), t. III, p. 479. — En racontant ce combat de Chiari, le marquis de Saint-Hilaire dit que Villeroy manqua d'y faire périr toute l'infanterie de l'armée. — *Militærische Korrespondenz des prinzen Eugen von Savoyen*, t. 1er, p. 201, Lettre du prince Eugène à l'Empereur, 4 septembre 1701 : « En comptant au minimum la perte des ennemis, en morts, blessés et prisonniers, elle s'élève à deux mille hommes, dont deux cents officiers. Nous avons perdu trente-six morts et quatre-vingts blessés. » On voit, par cette effrayante différence, combien les Impériaux étaient couverts par leurs retranchements.

citer qu'un exemple, quelque temps après la bataille de Chiari, un détachement français de trois cents hommes de pied et de trois cents chevaux, qui sortait dans la campagne, fut attaqué par trois mille cavaliers impériaux, qui le taillèrent en pièces. Aussi peu habile à lire dans le cœur humain qu'à diriger les armées, Villeroy, endormi par les mielleuses paroles de Victor-Amédée, vantait sans cesse dans ses dépêches la fidélité du duc de Savoie. A la fin de la campagne seulement il commença à ouvrir les yeux; mais quand ses doutes survinrent, Victor-Amédée n'en poursuivit pas moins ses trahisons. Comme l'automne était venu, le duc de Savoie allégua la nécessité de faire hivernerner ses troupes et les ramena dans ses États, abandonnant ainsi l'armée franco-espagnole.

Trahies par le duc de Savoie, délaissées par les Piémontais, les troupes françaises manquaient de vivres et de fourrages. Déjà décimées par les maladies et les combats, elles eurent bientôt à redouter la mauvaise saison qui était venue, la rigueur d'un automne inaccoutumé, la neige, la gelée sous ce ciel italien, dès les premiers jours de novembre. Pendant ce temps, le prince Eugène restait placé dans sa forte position de Chiari qu'il n'avait pas quittée depuis la bataille. Tandis que l'armée française s'affaiblissait, il avait reçu des renforts considérables et il attendait. Sans laisser percer ses desseins, de son camp de Chiari, il surveillait les mouvements de Villeroy et menaçait également les duchés de Modène et de la Mirandole, le Milanais, le Crémonais et le Mantouan, vides de troupes. Il fallait couvrir en même temps tous ces pays.

On sut à la fin les desseins du prince Eugène ; il voulait tomber sur Mantoue. Villeroy ayant repassé l'Oglio pour prendre ses quartiers d'hiver, le général autrichien, qui n'attendait que ce départ, quitta son camp de Chiari, et, après avoir manœuvré quelque temps dans le Mantouan et le Brescian, pris Caneto et Macaria, occupé la Mirandole et Guastella, manqué Goito que nous occupions, il s'approcha de Mantoue pour l'assiéger. Mais des pluies torrentielles, qui survinrent, rompirent les chemins et en rendirent l'approche impossible à son artillerie (décembre 1701). Ce fut la dernière action de la campagne [1]. Au moment où finisssait l'année 1701, Villeroy, après avoir quitté la ligne de l'Adige, la ligne de l'Oglio, ramenait ses troupes entre l'Oglio et le Pô. Le général de Louis XIV avait perdu le Mirandolais, et abandonné les duchés de Parme et de Plaisance, dont il avait retiré les garnisons. Il laissait ouvert le duché de Modène, et dans le duché de Mantoue, il ne tenait plus que Goito et Mantoue, toutes deux menacées par les Autrichiens. Telle était l'issue de cette triste campagne [2].

[1] *Mémoires militaires relatifs à la Succession d'Espagne*, général Pelet, t. Ier.

[2] *Mémoires relatifs à la Succession d'Espagne*, général Pelet, t. Ier, p. 383. — De Quincy, *Histoire militaire du règne de Louis le Grand*, t. III, p. 423 et suiv. — Mémoires manuscrits du marquis de Saint-Hilaire (Bibliothèque du Louvre, 4 vol. in-folio), t. Ier, p. 139 et suiv. — *Mémoires de Feuquières*. — Carlo Botta, *Storia d'Italia*, t. VII, p. 220 et suiv. — Muratori, *Annali d'Italia*, t. XVI, p. 300. — *Histoire*

Mais en Italie du moins la lutte était engagée. En Flandre, en Allemagne, la position était restée la même : la guerre menaçait seulement ; mais, pour être moins franche, moins accusée, la situation n'était pas meilleure. Dans la prévision d'une lutte que les communications diplomatiques rendaient de jour en jour plus probable, les puissances se disposaient ; tandis qu'elles se combattaient encore sur le terrain pacifique des négociations, elles préparaient des luttes plus sérieuses ; elles s'assuraient des alliés et des soldats.

Au moment où s'ouvrait la Succession d'Espagne, par un premier traité, signé à Odensee, le Danemark promit à la Hollande et à l'Angleterre de leur fournir douze mille hommes, en cas de guerre (20 janvier 1701). Le prix de ce contigent fut d'avance fixé. Dans la même prévision, Léopold Ier s'assura le concours armé de la Prusse : par le traité de la Couronne (16 novembre 1700), l'Empereur reconnut la nouvelle royauté de l'Électeur de Brandebourg [1], et en échange Frédéric Ier garantit dix mille hommes à l'Autriche. Outre ces deux traités de subsides, qui assuraient contre la France le secours des Danois à l'Angleterre, celui des Prussiens à l'Autriche, la guerre elle-même avait été prévue et décidée dans la

---

d'Italie, par le docteur Henri Léo, traduite de l'allemand par M. Dochez (Paris, 1839), t. III. — Jean Dumont, *Histoire militaire du prince Eugène*. — *Militærische Korrespondenz*, etc.

[1] Le prince Eugène dit, à ce propos, que l'Empereur aurait dû faire pendre celui de ses ministres qui lui avait donné le conseil de reconnaître le roi de Prusse.

triple alliance de la Haye, dont nous avons parlé dans le cours du second chapitre (7 septembre 1701)[1]. Cette triple alliance, signée par l'Angleterre, la Hollande et l'Autriche, réunit successivement toutes les puissances européennes, et les lia comme un faisceau. Tous les princes qui n'avaient pas signé le traité de La Haye s'empressèrent d'y accéder. Le roi de Prusse le premier : il avait promis dix mille hommes à l'Autriche ; il en promit cinq mille à la Grande-Alliance (30 décembre 1701)[2]. Après la Prusse, les cercles de Souabe, de Franconie, d'Autriche, les deux cercles du Rhin accédèrent, eux aussi, au traité de La Haye, et mirent sur pied quarante-cinq mille hommes. D'autres princes de l'Empire offrirent également des troupes à la coalition, à l'Autriche, à l'Angleterre, et surtout à la Hollande : le duc de Hanovre promit six mille hommes ; le duc de Lunebourg, huit mille ; l'Électeur palatin, douze mille ; le margrave d'Anspach, quatre mille ; le duc de Mecklembourg-Schwerin, deux mille ; l'évêque de Wurtzbourg, deux mille : en tout trente-quatre mille. Ainsi, en deux ans (1700-1702), l'Angleterre, la Hollande, la Prusse, l'Autriche, plus de la moitié de l'Allemagne, se trouvèrent réunies dans un même pacte contre la France : la Grande-Alliance de La Haye[3].

La France, de son côté, n'était pas restée inactive : l'avénement de Philippe V lui donnait déjà le con-

---

[1] Voyez p. 91.
[2] Koch et Schœll, *Histoire abrégée des traités de paix*, t. II, p. 33.
[3] Général Pelet, *Mémoires militaires*, t. 1er.

cours de l'Espagne; par des alliances elle s'assura de nouveaux appuis à l'extérieur. A l'Espagne elle joignit le Portugal et la Savoie, les princes allemands et italiens.

Un traité, conclu pour vingt ans entre les cabinets de Versailles, de Madrid et de Lisbonne garantit à Louis XIV le secours de toute la péninsule. Le roi de Portugal [1] reconnut le testament de Charles II, et s'engagea à le défendre (18 juin 1701) [1]. En Italie, l'avénement de Philippe V avait déjà donné à la cour de France le Milanais, les places de la Toscane, le royaume de Naples, les îles de Sicile et de Sardaigne; tous ces pays soumis au gouvernement espagnol devenaient alliés et amis, et l'occupation de ces provinces enlevait aux puissances ennemies les avantages qui pouvaient en résulter pour la cause franco-espagnole. Outre le bénéfice des possessions castillanes d'Italie, Louis XIV obtint, par un traité avec le duc de Savoie, le libre passage dans ses États, et avec la dangereuse alliance de Victor-Amédée, le secours dix mille Piémontais (6 avril 1701) [2].

Un autre traité assura au roi de France l'appui du duc de Mantoue, qui traita avec Louis XIV, et lui livra sa forte capitale, où sept mille Français entrèrent (mars 1701) [3].

Le duc de la Mirandole nous livra également ses États (1701).

[1] Pierre II, né en 1648, roi de Portugal en 1683, mort en 1706.
[2] Koch et Schœll, *Histoire abrégée des traités de paix*, t. II, p. 49.
[3] De Flassan, *Histoire de la diplomatie française*, t. IV, p. 214.

Les autres princes italiens, s'ils n'embrassèrent pas les intérêts de la Maison de Bourbon, ne prirent pas du moins les armes contre elle : ainsi, le grand-duc de Toscane, les républiques de Gênes et de Venise, le Pape Clément XI[1], qui venait de monter sur le trône, reconnurent Philippe V, et demeurèrent neutres[2]. La neutralité de la république de Venise fut, il est vrai, trompeuse ; mais celle du pape, en revanche, toute sympathique. Depuis plusieurs années, la cour de Rome était sincèrement alliée à la France. C'était par les conseils du prédécesseur de Clément XI, d'Innocent XII[3], que Charles II s'était décidé à tester en faveur du duc d'Anjou ; et si le nouveau pontife n'épousa pas à ciel ouvert les intérêts du cabinet de Versailles, ce fut par crainte des armées autrichiennes. Comme nous le verrons plus tard, cette crainte était fondée.

La France, enfin, avait encore cherché et trouvé des alliés en Allemagne. Louis XIV en avait rencontré de nombreux et de puissants, et parmi eux, au premier rang, deux frères, deux électeurs, l'Electeur de Bavière et l'Electeur de Cologne.

Maximilien-Emmanuel[4], électeur de Bavière, avait contre la maison d'Autriche de sérieux griefs. Dans la dernière guerre contre les Turcs, il avait fourni à l'Empereur, son beau-père, ses soldats pour combattre

---

[1] Clément XI régna de 1700 à 1721.
[2] Henri Léo, *Histoire d'Italie*, t. III, p. 300.
[3] Innocent XII régna de 1691 à 1700.
[4] Né en 1662, électeur en 1679, mort en 1726.

les Ottomans, et lui-même avait bravement payé de
sa personne. En échange, cependant, quand il fallut
compter à la Bavière les subsides qui lui étaient dus,
l'Autriche ajourna le payement : l'Electeur réclama,
avec insistance ; mais malgré ses demandes réitérées,
la cour de Vienne, dont les finances étaient fortement
dérangées, ne put effectuer aucun remboursement.
Maximilien aimait le faste [1], les tableaux, la chasse, le
jeu : il avait besoin d'argent ; il fut blessé de ce retard,
irrité de cet abandon de l'Empereur, son beau-père,
pour lequel il avait versé son sang, et il déserta sa
cause. Nommé gouverneur général des Pays-Bas espagnols par Charles II, l'Electeur se vengea d'abord en
laissant entrer des troupes de Louis XIV dans les
places de la *Barrière*. Il accéda ensuite complétement
à l'alliance française : par un traité secret, signé à
Versailles, il reconnut la légitimité de Philippe V,
s'engagea à défendre ses droits s'ils étaient attaqués,
et jura en cas de guerre de suivre le parti des Bourbons
(9 mars 1701) [2]. Le roi lui promit 40,000 écus par
mois ; en échange, l'Electeur dut fournir quinze mille
soldats, et quelques mois après, malgré les réclamations de l'Autriche, il commença à rassembler une
armée de vingt-quatre mille hommes sous les murs
de Munich (août 1701) [3].

---

[1] Il entretenait 1,200 chevaux, 4,000 chiens ; il avait le goût des arts et des spectacles, et dépensait des sommes considérables à l'achat de tableaux pour sa galerie de Munich Il fit faire aussi de grandes améliorations dans ses châteaux.

[2] Koch et Schœll, *Histoire abrégée des traités de paix*, t. II, p. 23.

[3] M. Ragon, *Histoire générale du* XVIIIe *siècle*. — Lamberty, *Manifeste de l'électeur de Bavière*, t. IV, p. 26. — *Mémoires de Villars*.

Son frère, Joseph-Clément[1], archevêque-électeur de Cologne, embrassa comme lui les intérêts de Louis XIV. Par un traité signé à Bruxelles, il reconnut Philippe V pour roi légitime d'Espagne, et s'engagea, si la guerre éclatait, à se ranger du côté des Bourbons (13 février 1701)[2]. Le roi lui assura 15,000 francs par mois. Comme ces deux électeurs, d'autres princes de l'Empire suivirent aussi le parti de la France : tels furent les ducs de Brunswick, de Wolfenbuttel, de Saxe-Gotha, et l'évêque de Munster.

Ainsi, si la coalition rassemblait dans un même pacte l'Angleterre, la Hollande, la Prusse, l'Allemagne et l'Autriche, l'alliance franco-espagnole réunissait, de son côté, le Portugal, la Savoie, le duc de Mantoue, les électeurs de Bavière et de Cologne, et plusieurs princes de l'Empire.

Des deux côtés, les préparatifs militaires marchaient de front avec les traités. Tandis que les alliés et les Français achetaient les soldats des diverses puissances européennes, ils faisaient chez eux avec activité, avec énergie, tous les préparatifs de la guerre.

En Angleterre, le Parlement vota quarante-cinq mille homme, trente-cinq mille matelots et 2,700,000 livres sterling (environ 68 millions de francs) : l'Amirauté équipa quatre-vingt-dix bâtiments. Ensemble la Grande-Bretagne et la Hollande durent mettre en ligne la masse énorme de deux cents vaisseaux. Les États-Généraux armèrent quatre-vingt-

---

[1] Né en 1671, électeur en 1688, mort en 1723.
[2] Koch et Schœll, *Histoire abrégée des traités de paix*, t. II, p. 23.

dix mille hommes. Dans cette grande croisade contre la France, la République, qui avait peu de soldats, les donna tous; ce qu'elle donna surtout aux alliés, ce fut son or, si laborieusement entassé. Une émulation nationale enflamma les Hollandais; les villes luttèrent à qui fournirait la plus forte offrande. Avec cet or, la République acheta des troupes allemandes. Elle prit à son service des régiments danois, palatins, prussiens, mecklembourgeois, et déjà les contingents de ces puissances commençaient à se rassembler.

A l'époque à laquelle nous sommes arrivés, les troupes de la coalition dans le Nord étaient établies dans trois camps, l'un à Breda, l'autre à Nimègue, le troisième à Mulheim sur le Rhin, menaçant les États de l'Electeur de Cologne, allié de la France. En même temps, une armée danoise, à la solde de l'Autriche, traversait l'Allemagne pour se rendre en Italie. Le long du Rhin, devant l'Alsace, Léopold Ier, déjà en guerre ouverte avec la France dans le Milanais, faisait des préparatifs considérables. Une armée impériale d'environ 20,000 hommes, commandée par un des plus illustres généraux de l'Empire, le margrave Louis de Bade [1], arrivait sur la rive allemande du fleuve; les Impériaux établissaient des redoutes, et fortifiaient des places : dans le Spirbach, ils creusaient des lignes; à Fribourg, à Vieux-Brisach, à Kehl, à Heilbronn, tout le long de la frontière, ils établissaient des magasins. Ils avaient

---

[1] Louis-Guillaume Ier, né en 1655, mort en 1707. Il était souverain du margraviat ou comté de Baden-Baden.

tracé un immense retranchement depuis Philippsbourg jusqu'au territoire suisse. Leur artillerie était arrivée [1], et ils étaient préparés à prendre de ce côté une vigoureuse offensive, ou, si la fortune des batailles leur était contraire, à soutenir une défensive formidable (juillet 1701). Les troupes de la coalition rassemblées dans les Pays-Bas, jointes à celles arrivées sur le Rhin, formaient environ 130,000 hommes, prêts à marcher au premier signal. En comprenant l'armée d'Italie, les puissances comptaient ouvrir la campagne l'année suivante, en 1702 avec 250,000 hommes.

Louis XIV opposait aux alliés des armées comme il leur avait opposé des traités : dans le Nord, il avait le premier pris les devants, en enlevant aux Hollandais les places de la *Barrière* et en y mettant des garnisons françaises. Non content de chasser les ennemis des possessions espagnoles, d'y placer ses troupes, le roi s'efforça de les couvrir du côté de la Hollande et de l'Allemagne. Pour garder d'abord ce pays, non suffisamment protégé par les garnisons espagnoles, Louis XIV y envoya une armée considérable, cent bataillons et cent dix-sept escadrons : elle était commandée par un officier de mérite, de courage, d'honneur surtout, un autre Catinat, le maréchal de Boufflers [2]. Le maréchal travailla à mettre les Pays-Bas en état de

---

[1] Général Pelet, *Mémoires militaires*, t. Ier.

[2] Louis-François de Boufflers, duc et maréchal de France, né en 1644, mort en 1711.

défense. La tâche était difficile : l'argent manquait dans les caisses du gouvernement; les régiments espagnols étaient mal payés, mal équipés, mal armés; les cadres incomplets; les magasins vides de munitions, d'armes ou de vivres; les forteresses démentelées et les frontières de ce pays de plaines entièrement ouvertes. Boufflers répara tout : il donna d'abord à l'administration financière du pays une direction meilleure, de façon à assurer la paye régulière des soldats de Philippe V. On fournit aux besoins les plus pressés avec l'argent de France. Secondé par M. de Bedmar, officier actif et intelligent, qui commandait dans les Pays-Bas les troupes espagnoles, il rétablit les régiments de cavalerie et d'infanterie sur un meilleur pied; il compléta les cadres, répara l'équipement et l'armement. Des officiers français visitèrent les forteresses, les places, et signalèrent les réparations nécessaires : immédiatement les ouvriers commencèrent les travaux. Pour couvrir à la fois toute la contrée, Boufflers fit creuser une ligne gigantesque d'Anvers à Huy, de l'Escaut à la Meuse. Cette ligne eut cinquante lieues de long, et enveloppa toute la Belgique [1]. Au nord-est des Pays-Bas, la province de Gueldre, dernière possession de Philippe V, enclavée dans les terres de la Hollande et de l'Empire, était vivement menacée : le maréchal de Boufflers y envoya un corps d'armée, qui la garda (mai 1701). Un autre corps de troupes

---

[1] Cerisier, *Tableau de l'Histoire générale des Provinces-Unies*, t. VIII.

françaises alla occuper l'évêché de Liége, terre d'Empire qui couvrait le flanc des Pays-Bas espagnols du côté du Rhin; le grand doyen du chapitre de Liége, qui s'était opposé à l'entrée des Français, fut emmené par les soldats du maréchal de Boufflers, et retenu prisonnier (novembre 1701)[1]. Les forces allemandes du camp de Mulheim menaçaient le territoire de l'électeur de Cologne, notre allié; M. de Montrevel alla mettre garnison française dans toutes les places de l'électorat (novembre 1701). Pendant ce temps, le maréchal de Boufflers faisait des Pays-Bas un vaste arsenal, et comme une immense citadelle. Il les remplissait de soldats, de chevaux, de munitions de guerre, de vivres, de caissons, de canons; il bâtissait des forteresses, creusait des lignes, braquait des pièces jusque sous le feu des places hollandaises. A la fin de l'année 1701, les Français étaient établis dans le Brabant, dans le Limbourg, dans le Luxembourg, à Liége, à Gueldre, à Cologne. Ils tenaient depuis la mer jusqu'au pays de Gueldre, depuis le pays de Gueldre jusqu'à la Meuse, prêts comme les alliés à entrer en campagne.

De même sur le Rhin, Louis XIV, pour ménager l'Empire qui n'était pas encore déclaré contre lui, n'avait rien entrepris sur son territoire; mais il prenait en Alsace comme en Flandre toutes ses précautions. Le maréchal de Villeroy, envoyé dans l'est

---

[1] Jennet, *Histoire de la République des Provinces-Unies*, t. IV, p. 644.

avec une armée et de l'artillerie, établit des magasins à Strasbourg, à Besançon, à Metz, à Thionville (mars 1701), comme les Impériaux en avaient établi sur la rive droite du Rhin. Il répara Landau[1], Neu-Brisach, Fort-Louis, Huningue, et fortifia les villes françaises comme les Impériaux avaient fortifié les villes allemandes. Le maréchal éleva des redoutes le long du Rhin, et le couvrit par divers ouvrages. Il rassembla ensuite des bateaux, dans le cas où l'armée devrait traverser le grand fleuve[2].

En Italie la guerre était depuis longtemps commencée.

Ainsi l'Europe se partageait en deux lignes, en deux camps, en deux armées; ainsi, au moment de se heurter, les deux redoutables ennemis agissaient de même, opposant traités à traités, coalition à coalition, soldats à soldats. Ils achetaient des régiments, réglaient les subsides, comptaient leurs troupes, les rangeaient en bataille; ils choisissaient les positions, les généraux; ils chargeaient les armes. D'un bout de l'Europe à l'autre, de l'Irlande à la Hongrie, de la Prusse au Tyrol, les puissances forgeaient des épées, fondaient des canons, fabriquaient des cartouches. C'était comme un immense bruit de chevaux, un retentissement d'armes, un cliquetis de fusils, un roulement sourd d'artillerie. C'était la guerre dans la paix, car la paix subsistait toujours, et elle couvrait encore de son manteau

---

[1] Landau appartenait alors à la France.
[2] Général Pelet, *Mémoires militaires*, t. Ier.

trompeur cette fausse situation, cet état de demi-hostilités, cette lutte sourde, dangereuse, mesquine, unique dans l'histoire, et indigne de grands peuples qui allaient se heurter noblement au grand soleil des batailles.

Des actes décisifs, des provocations directes vinrent encore irriter ces ennemis tout à l'heure aux prises.

En Allemagne, l'Electeur palatin, partisan déclaré de la coalition, fit arrêter à Dusseldorf, contre tout droit des gens, quarante-quatre bateaux chargés de grains et de poudre que Louis XIV envoyait à son allié, l'Électeur de Cologne.

En Angleterre, le gouvernement établit un droit considérable sur certaines marchandises françaises; immédiatement Louis XIV frappa d'un droit semblable les produits de la Grande-Bretagne : le commerce seul des deux nations en souffrit.

Dans les Pays-Bas, sur les frontières, avant toute déclaration de guerre, le sang coula. Les Hollandais, furieux de voir les Français travailler sous la gueule de leurs canons, aux redoutes de Selzatte et de Buschantz, firent feu sur les ouvriers. Quelques jours après, sur cette même redoute de Selzatte, tombèrent de nouveau des boulets hollandais; les canonniers français ripostèrent à leur tour, et cette fois encore on releva des blessés et des morts (décembre 1701)[1].

---

[1] Général Pelet, *Mémoires militaires relatifs à la succession d'Espagne*, t. 1er. — Lamberty, *Mémoires pour servir à l'histoire du xviiie siècle*, t. 1er.

On le voit, sans déclaration de guerre, la guerre commençait. Les fusils, les canons partaient tout seuls. Les hostilités étaient tellement décidées, tellement imminentes, tellement prêtes, que nul événement humain ne pouvait déjà plus les arrêter. La mort du chef de la coalition, l'Agamemnon de cette armée de princes qui allaient marcher contre la France, la mort de Guillaume III lui-même n'empêcha plus la guerre.

Cette mort, du reste, était depuis quelque temps prévue. Le roi d'Angleterre, d'une nature chétive et délicate, asthmatique et poitrinaire, descendait rapidement vers la tombe. Le mal faisait des progrès effrayants. A son dernier voyage de La Haye, Guillaume avait les jambes ouvertes, il ne marchait qu'appuyé sur deux écuyers; il fallait le monter sur son cheval et mettre ses pieds dans les étriers. La décomposition était visible[1] : son médecin lui avait même annoncé qu'il n'avait pas une année à vivre, et Guillaume avait confié ce terrible secret à son ami, lord Bentinck, en le priant de garder le silence, dans la crainte que la prévision de sa mort ne ralentît l'ardeur des alliés[2]. Un accident précipita sa fin : il chassait à Hampton-

---

[1] « Quand on ouvrit son corps, on y trouva la clavicule rompue et la peau en dedans et en dehors fort meurtrie, le poumon desséché et attaché au dos, et déchiré par la chute du cheval ; d'ailleurs, il n'avait presque pas de sang, et le peu qu'il avait était sans consistance, et d'une fluidité simplement séreuse et sans presque de couleur. » (Lamberty, t. II, p. 67.) — Jennet, *Histoire de la République des Provinces-Unies*, t. IV, p. 661.

[2] Smollett, *Histoire d'Angleterre*, t. XII, p. 35. — Lingard, *Histoire d'Angleterre*, t. XV, p. 426.

court ; son cheval fit un faux pas, tomba et l'entraîna avec lui. Cette chute lui brisa la clavicule et déchira son poumon. On espérait d'abord le sauver ; le ravage du mal n'était pas apparent. La fièvre le quitta même, et le roi put se promener tranquillement dans sa galerie de Kensington ; mais bientôt toute espérance disparut, la fièvre revint, la maladie empira, et elle l'emporta au bout de quelques jours. Guillaume vit venir sa fin avec le sang-froid de toute sa vie ; préoccupé jusqu'au dernier souffle des affaires publiques, il signa la veille encore des lois votées par le Parlement. Il quitta cette terre au milieu d'un calcul inachevé : la mort le prit creusant un plan politique ; jusqu'au moment du dernier soupir, sa pensée resta nette et limpide. Quelques heures auparavant, le roi d'Angleterre envoya chercher lord Bentinck, et quand il fut venu, comme la parole l'avait abandonné, le stathouder prit la main de son ami et la posa sur son cœur ; il s'assoupit bientôt après, et le dimanche, à huit heures du matin, il rendit l'âme (19 mars 1702)[1].

Cette mort de Guillaume III produisit en Europe des impressions bien diverses. En Angleterre, les whigs seuls le regrettèrent sincèrement[2] ; en France, en Espagne, le peuple fit des feux de

---

[1] Smollett, *Histoire d'Angleterre*, t. XII, p. 48. — Lingard, *Histoire d'Angleterre*, t. XV, p. 438. — Cerisier, *Tableau de l'Histoire générale des Provinces-Unies*, . VIII, p. 490. — Jennet, *Histoire de la République des Provinces-Unies*, t. IV, p. 653.

[2] On lui fit, dit l'évêque Burnet, un enterrement à peine décent.

joie ; en Hollande, il versa des larmes. Sous peine d'être insultés dans la rue, tous les citoyens d'Amsterdam durent porter des habits de deuil ; l'un d'eux, pour avoir résisté, fut massacré par les passants. Quand on apprit à La Haye la mort du stathouder, par un mouvement spontané[1] les États de Hollande s'assemblèrent immédiatement en désordre et là, se jetant dans les bras les uns des autres, jurèrent de rester unis pour défendre la patrie menacée. La République décida, pour honorer la mémoire du roi d'Angleterre, que tous les membres du gouvernement prendraient le deuil aux dépens de l'État : pendant six semaines les cloches durent sonner son glas trois fois par jour, une heure et demie chaque fois[2]. Bientôt la douleur fit place à l'action ; les Hollandais essuyèrent leurs larmes, et ne songèrent plus qu'aux affaires présentes. Les États-Généraux rédigèrent une déclaration dans laquelle ils publiaient que, nonobstant la mort de Guillaume III, ils tiendraient religieusement leurs traités, et qu'ils en exécuteraient sincèrement et rigoureusement la teneur (25 mars 1702). Ils envoyèrent cette résolution aux ambassadeurs hollandais près toutes les cours européennes et à toutes les provinces de la République. Les sept provinces renvoyèrent aux États-Généraux les adresses les plus énergiques : elles assurèrent le gouvernement central de leur complète adhésion

---

[1] Les États-Généraux et les États de Hollande délibérèrent jusqu'à dix heures du soir.

[2] Kerroux, *Abrégé de l'Histoire de Hollande*, t. II, p. 561.

pour la défense de la patrie, de la liberté et de la religion protestante[1]. Ainsi la mort du stathouder ne changeait rien aux projets de la République : les Hollandais restaient armés et debout. Guillaume était mort ; mais son esprit, sa politique, sa haine vivaient toujours ; son ombre habitait leurs conseils.

Les mêmes faits s'accomplirent en Angleterre : la princesse Anne Stuart[2], fille de Jacques II, belle-sœur de Guillaume III[3], arriva au trône sans coup férir ; mais le gouvernement demeura orangiste. La reine Anne déclara qu'elle continuerait les desseins et les engagements de son prédécesseur, et une lettre qu'elle adressa aux États-Généraux annonça ce grand événement à l'Europe et à la France. L'espérance même de la paix disparut.

Malgré ces solennelles déclarations, Louis XIV voulut cependant tenter un dernier effort : il ne craignait pas la guerre, il était prêt à la faire ; mais il essaya une dernière négociation. Le roi pensa sans doute que la mort du stathouder changerait les desseins hostiles des Hollandais ; il conçut peut-être une dernière espérance, et par un honorable scrupule il voulut laisser aux alliés toute la responsabilité de la rupture : il fit donc présenter par M. Barré, résident français à La Haye un Mémoire aux États-Généraux.

---

[1] Lamberty, *Mémoires pour servir à l'histoire du* xviii* siècle*, t. II, p. 69 et suiv.

[2] Née en 1664, morte en 1714. — Elle était sœur de la reine Marie, femme de Guillaume III, et fille de Jacques II.

[3] Lingard, *Histoire d'Angleterre*, t. XVI, p. 5. — Smollett, *Histoire d'Angleterre*, t. XII.

Dans ce Mémoire, habilement rédigé, M. Barré rappelait d'abord l'ancienne alliance de Henri IV et de Louis XIII avec les Provinces-Unies, les avantages accordés par la cour de Versailles au commerce hollandais, et l'état florissant de la République quand elle était l'alliée des rois de France ; il racontait ensuite la rupture des conférences de La Haye, les traités, les préparatifs faits contre Louis XIV, la canonnade de Selzatte ; et il faisait ressortir la modération du gouvernement français, qui, malgré tous ces griefs contre la Hollande, n'avait pas voulu employer ses forces à combattre encore une ancienne alliée. Il s'empressait d'ajouter que Louis XIV, d'ailleurs, n'avait jamais imputé ces actes d'hostilité à la République, mais au stathouder, à Guillaume III, qui opprimait la liberté de la Hollande. Il finissait en déclarant que si les Etats-Généraux, redevenus libres par la mort du roi d'Angleterre, voulaient maintenant reprendre les négociations interrompues, la France était toute prête à conférer avec eux, et qu'elle leur offrait, ou de recevoir un ambassadeur hollandais à Versailles, ou d'envoyer un ambassadeur français à La Haye (27 mars 1702)[1].

A ce Mémoire, le gouvernement des Provinces-Unies répondit que les Hollandais, eux aussi, se souvenaient des temps heureux où la République était l'alliée des rois de France ; qu'ils regrettaient la

---

[1] *Mémoires de Lamberty*, t. II, p. 90. — *Histoire du règne de Louis XIV*, par Ch. de Limiers (Amsterdam, 1720, 3 vol. in-4), t. III, p. 83.

froideur actuelle de leurs relations avec Louis XIV, mais qu'ils ne pouvaient se reprocher de l'avoir méritée ; qu'ils avaient, il est vrai, conclu des alliances et fait des préparatifs militaires, mais qu'ils y avaient été forcés par la France, qui prenait la *Barrière*, envahissait les Pays-Bas et menaçait leur territoire ; qu'en cela ils n'avaient fait qu'user d'un droit naturel, celui de légitime défense; que pour cette raison, puisqu'ils avaient seulement usé de leur droit, ils ne voyaient pas l'utilité d'envoyer un ambassadeur à Versailles ou d'en recevoir un à La Haye ; que leurs engagements avec leurs alliés les empêchaient de négocier séparément avec le roi, et qu'ils avaient pour habitude d'observer les traités[1] ; que, du reste, la République, sous le gouvernement de Guillaume III, avait toujours été libre comme elle l'était maintenant ; que le ministère français, faute de bien connaître la constitution de leur pays, avait pris à tort les conseils du stathouder pour des ordres, mais que lui mort, les Etats-Généraux n'en continueraient pas moins les traditions de sa politique et les obligations de ses alliances (8 avril 1702[2].

Cette réponse était dilatoire, évasive et humiliante. En résumé, Louis XIV demandait aux Hollandais une négociation, et les Hollandais refusaient.

---

[1] Ceci était une allusion mordante à Louis XIV, qui avait accepté le testament de Charles II après le traité de partage signé à Londres entre l'Angleterre et la Hollande.

[2] Cerisier, *Tableau de l'Histoire générale des Provinces-Unies*, t. IX, p. 8. — Leclerc. *Histoire des Provinces-Unies*. t. II, p. 136.

Cette fois encore la haine hollandaise, cette haine froide, religieuse, politique et commerciale, que Louis XIV s'obstinait à ne pas voir, se plaisait à humilier l'orgueil du grand Roi en rejetant ses propositions. Le temps des négociations alors était passé, l'heure de la guerre allait sonner. Quelques jours encore, et les hostilités commençaient sur le Rhin. Loin de s'être brisée sur la tombe de Guillaume III, la Grande-Alliance restait serrée et unie : huit peuples armés entouraient la France d'un cercle de baïonnettes, et la mort du roi d'Angleterre, loin d'arrêter les bataillons, sembla le signal de la lutte qu'il avait si habilement préparée. Son corps était à peine refroidi, quand parut un manifeste de la reine Anne, portant déclaration de guerre à la France et à l'Espagne (4 mai 1702). Presque en même temps la Hollande et l'Empereur publièrent une déclaration semblable (15 mai 1702)[1]. Comme celles d'Alexandre, les funérailles de Guillaume allaient coûter des flots de sang.

Le nom de Guillaume III occupe dans le XVIIe siècle une place aussi grande que celui de son aïeul le Taciturne, au XVIe siècle. Nous avons raconté l'émotion causée par sa mort : ces faits parlent. Celui-là n'est pas un prince vulgaire, dont la fin excite de tels regrets et de telles joies. Il est donné à peu de ceux qui traversent cette terre de provoquer de semblables frémissements sur leur

---

[1] Smollett, *Histoire d'Angleterre*, t. XII, p. 59. — Lingard, t. XVI, p. 10. — Leclerc, *Histoire des Provinces-Unies*, t. II, p. 437.

passage. Pour remuer ainsi les générations, pour agiter ainsi les hommes comme les roseaux battus par le vent d'automne, il faut un grand caractère, de grandes vertus, de grandes passions.

Guillaume n'en avait qu'une, une seule. Il n'aimait, comme Louis XIV, ni les femmes [1], ni la guerre, ni le luxe, ni les palais; toutes les forces de son âme se concentraient en une passion terrible : le gouvernement. Il avait une ambition implacable; l'ambition de César, d'Octave, de Cromwell; et à cette fureur il sacrifiait tout, ses veilles, son sang, son génie, son honneur même. On l'avait vu en Hollande, dans l'intérêt de sa politique, tendre la main aux mains sanglantes des assassins, aux meurtriers des frères de Witt, leur conserver leurs places, leur assurer des pensions [2]. En Angleterre, le stathouder avait de longue main tramé le renversement de son beau-père, le roi Jacques II, jeté le pauvre vieillard à bas du trône, condamné à un exil éternel, cette fois, la race de vingt rois, ajouté une sombre page à la sombre histoire des Stuarts. Guillaume avait pris cette couronne sans un remords, avec un sang-froid glacé, cachant dans son cœur sa joie immense. Qu'importaient les liens sacrés de la parenté? La Grande-Bretagne l'appelait, il cédait au vœu de la nation :

---

[1] Il eut cependant, dit-on, une maîtresse, madame de Villiers, comtesse d'Orkney.
[2] M. Mignet, *Négociations relatives à la succession d'Espagne*, t. IV. — Histoires de Hollande.

il était roi! Si Paris valait bien une messe, comme l'avait dit Henri IV, le trône d'Angleterre valait bien une trahison.

Mais au service de cette ambition sans frein, sans fond, sans limites, Guillaume III mettait, il faut le dire, de bien rares qualités. Il avait un sens droit, un coup d'œil d'aigle; il voyait le but, et quand il l'avait aperçu, il s'efforçait d'y atteindre. Il avait la première vertu des grands hommes, la volonté. Ce corps malade portait une âme de fer : il voulait. Il avait voulu gouverner la Hollande : à vingt-deux ans, il était stathouder; il avait voulu être roi d'Angleterre, il mourait la couronne d'Elisabeth sur la tête.

Voyant le but, voulant l'atteindre, Guillaume, pour y arriver, se servait de lui-même d'abord, puis des autres hommes, qu'il savait merveilleusement choisir. Son regard froid, mais étincelant comme celui d'Auguste, lisait dans le cœur humain comme dans un livre ouvert. Il perçait les masques, il jugeait de suite; en quelques instants, il appréciait un homme : il savait ce qu'il en pouvait tirer de dévouement, de courage, de mérite; ce qu'il en pouvait redouter de perfidie, de haine, de génie. Devançant la renommée, il avait bien vite deviné Marlborough et l'avait gagné. Comme Napoléon, comme tous ceux de cette forte race, il préférait les hommes qui exécutent aux hommes qui conçoivent; des instruments passifs, exacts, mathématiques, obéissant de suite : des chiffres.

Guillaume était à la fois orateur, négociateur,

homme d'État, homme de guerre. Sans être brillante, sa parole était originale et facile. Il parlait comme il agissait, froidement, simplement ; son éloquence était nourrie de faits et touchait. Il comprenait les principales langues de l'Europe, l'anglais, le français, l'allemand, l'italien, l'espagnol ; il les parlait sans élégance, mais avec facilité. Dès son enfance, il avait appris à feindre et à se taire. Surveillé par le parti aristocratique qui haïssait son nom, qui redoutait sa famille, qui lui avait enlevé à quinze ans ses domestiques, qui l'avait entouré d'ennemis et d'espions, il dut cacher ses douleurs, ses joies, dissimuler ses espérances, rentrer dans son cœur son ambition naissante. Devenu stathouder, il avait appris le maniement des affaires et des hommes, à les persuader, à les séduire. Obligé de lutter alors contre ses ennemis personnels, contre les institutions de la Hollande, pour arriver à faire ce qu'il croyait utile au bien de l'État, il en avait retiré l'habitude de conduire une négociation, de lier les mille fils d'une alliance politique. C'était lui qui avait serré contre Louis XIV deux formidables faisceaux, la Ligue d'Augsbourg et la Grande-Alliance. Il avait toutes les vertus du négociateur : la pénétration d'esprit, la finesse, la prudence. Le roi d'Angleterre possédait cette humble vertu, trop dédaignée et trop rare, indispensable aux hommes qui gouvernent : la discrétion. Il était impénétrable ; les bonnes et les mauvaises nouvelles le trouvaient impassible : jamais son visage ne trahissait une émotion. Comme son aïeul le Taciturne, il parlait peu ; chacune de ses paroles était pesée et calculée. Le silence augmentait l'expression grave et sévère de sa physionomie : rarement un sourire ouvrait ses lèvres fermées.

Cette figure si impassible pourtant s'animait le jour des batailles, ce grand jeu des royaumes, comme un joueur à la vue de l'or. On le voyait alors courir, examiner, parler, passer dans le feu comme un soldat. Général médiocre et malheureux, Guillaume apportait dans la direction d'une armée une vertu bien dangereuse, la grande vertu de son pays, l'opiniâtreté. Il ne voulait jamais céder le terrain, et tuait de sa main les fuyards. Battu sans cesse, le stathouder rassemblait ses soldats et revenait à la charge. Il excellait dans la guerre défensive. Ses défaites valaient des victoires, car il usait la victoire même, par son talent à réparer les revers.

Si nous ajoutons encore quelques traits, nous dirons qu'il aimait son pays, et qu'il eut, à vingt-six ans, la gloire de le délivrer d'une invasion étrangère. Nous dirons qu'il était ami sincère et dévoué, et qu'une ancienne affection l'unit à lord Bentinck, qui s'en montra digne [1]. Nous dirons qu'il ne voulut pas épouser la reine Marie Stuart, sa femme, sans la connaître [2]. qu'il l'aima toute sa vie, et qu'à sa mort on trouva attaché à son bras un bracelet des cheveux

---

[1] Voyez, dans l'ouvrage de M. Macaulay, les détails les plus intéressants sur l'amitié de Guillaume III pour Bentinck et sa famille. (*History of England*, t. II, p. 157.)

[2] Ce trait est caractéristique et honore Guillaume. (Voyez M. Mignet, *Négociations relatives à la succession d'Espagne*, t. IV, p. 508.)

de la fille de Jacques II. Nous dirons, enfin qu'il adorait la chasse, et, chose remarquable chez un prince aussi peu ami des lettres et des arts, qu'il était sensible à la musique.

Tel était Guillaume III : chéri en Hollande, populaire en Angleterre, il eut à la disposition de son génie les ressources des deux pays, et s'en servit contre Louis XIV. Peu d'hommes ont fait autant de mal à la France, et il allait lui en faire davantage quand il mourut. Son nom restera toujours écrit dans notre histoire entre Édouard III et Charles-Quint, entre Henri V et Philippe II [1].

---

[1] M. Babington-Macaulay, *History of England*, t. II, p. 149 et suiv.— Miss Agnès Strickland, *Lives of the Queens of England* (London, 1844, 12 vol. in-8), t. X et XI. — L'évêque Burnet, *Histoire des dernières révolutions d'Angleterre.* — Smollett, *Histoire d'Angleterre*, t. XII, p. 49 — Lingard, *Histoire d'Angleterre*, t. XV, p. 438.—Schœll, *Cours d'histoire des États européens*, t. XXVIII, XXIX et XXX. — Leclerc, *Histoire des Provinces-Unies*, t. II, p. 434. — Jennet, *Histoire de la République des Provinces-Unies*, t. IV, p. 654. — Cerisier, *Tableau de l'Histoire générale des Provinces-Unies*, t. VIII, p. 491. — Kerroux, *Abrégé de l'Histoire de la Hollande*, t. II, p. 557.—Voltaire, *Siècle de Louis XIV*, t. 1er, p. 158. — M. Mignet, *Négociations relatives à la succession d'Espagne*, t. IV. — M. Mazure, *Histoire de la révolution de 1688.* — Sismondi, *Histoire des Français* (Paris, 1841), XXVIe vol., p. 329. — *Encyclopédie des gens du monde*, v° Guillaume III, article très-substantiel. — *Journal des savants*, (mars 1838), article de M. Villemain.—M. Henri Martin, *Histoire de France* (Paris, 1850), XVIe vol., p. 505.

CHAPITRE IV.

(1702.)

Guerre générale de la succession d'Espagne.—Armées du Nord, d'Italie, d'Allemagne.— Position désavantageuse des Français dans le Nord.— Défaut d'ensemble dans les opérations des généraux de Louis XIV.— Siége et prise de Kayserwert par les alliés.—Marlborough; ses succès. — Prise par les ennemis de Venloo, Stewenswert, Ruremonde, Liége. —Surprise de Crémone par le prince Eugène. — Captivité du maréchal de Villeroy. — Envoi en Italie du duc de Vendôme. — Il délivre Mantoue et gagne les batailles de Santa Vittoria et de Luzzara. — Calomnies de ses ennemis. — Belle réponse de Louis XIV. — Catinat commande en Alsace. — Prise de Landau par les alliés. — Retraite de Catinat devant leurs forces supérieures. — Prise d'Ulm par les Bavarois. — Catinat détache Villars de son armée pour joindre l'électeur de Bavière. — Villars. — Sa victoire à Friedlingen. — Il est proclamé maréchal de France sur le champ de bataille. — Son retour à Versailles.—Physionomie commune des campagnes à cette époque.

Enfin, après cet état d'indécision, de fausses amitiés, d'alliances secrètes, de préparatifs réciproques, d'hostilités souterraines, la guerre commence. Elle s'allume à la fois dans les Pays-Bas et en Allemagne; en Italie elle continue.

Dans le Nord, les hostilités s'annoncèrent par un siége : avant toute déclaration de guerre, un corps d'armée hollandais et prussien vint mettre le siége devant Kayserwert, place de l'Électorat de Cologne, occupée comme les autres place de l'électeur par une garnison française (16 avril 1702). En présence de cette irruption violente, l'armée de Louis XIV, placée dans les Pays-Bas, dut agir et se mettre en marche pour sauver un territoire allié et ami.

La position des Français dans le Nord était difficile. Malgré tous les efforts de Boufflers et de M. de Bedmar, la situation était restée désavantageuse. Devant eux s'étendait une ligne de forteresses hollandaises, bien fortifiées, bien armées, garnies de troupes, de vivres et de munitions. Telles étaient : l'Ecluse, Hulst, dans la Flandre hollandaise, Berg-op-Zoom, Bréda, Bois-le-Duc, Grave, Nimègue, Maëstricht. Ces places, rangées en demi-cercle, étaient situées dans un pays facile à inonder et présentant peu de ressources à une armée, par la nature même de son sol, maigre et coupé de landes[1] ; elles fermaient aux Français les terres hollandaises, et les entouraient dans les Pays-Bas comme une ligne de bouches à feu.

Du côté des Espagnols, au contraire, pas d'obstacles naturels ; à peine quelques obstacles factices. Le pays n'offrait pas d'abord aussi généralement le formidable rempart de l'eau : il ne présentait ni chaînes de montagnes, ni fleuves larges et rapides, capables d'arrêter une armée. C'était une contrée de plaines, difficile à défendre, ouvertes de toutes parts, protégée seulement par la grande ligne creusée l'année précédente, qui s'étendait d'Anvers à la mer, et

---

[1] Mémoire de M. de Puységur, *Archives de la guerre*, vol. 1698, n° 6. — Général Pelet, t. II, p. 473.

par les troupes qui l'occupaient. Malgré les travaux des officiers des deux nations, les villes fortes de la Belgique se trouvaient encore en bien mauvais état : quelques-unes étaient démantelées, d'autres à peine fermées. C'est ainsi que Diest, Louvain, Lierre, Malines, étaient insultables ; que Bruxelles, la capitale des possessions espagnoles, n'avait d'un côté, du côté du Parc, qu'une simple muraille de peu d'épaisseur [1]. Comme le Milanais, les Flandres renfermaient de nombreux partisans de la maison d'Autriche ; comme dans le Milanais encore, l'armée n'était pas une : elle renfermait des Français, des Espagnols, des Allemands, soldats de l'électeur de Cologne. En outre, si les possessions hollandaises étaient réunies et formaient une masse compacte, facile à défendre, les possessions espagnoles ne présentaient pas le même avantage. Les généraux français avaient à garder une immense étendue de terrain, du Rhin à la mer, et ils devaient défendre, outre les Pays-Bas proprement dits, c'est-à-dire la Belgique actuelle, la Gueldre espagnole [2], au nord-est, petite langue de terre qui s'avançait entre la Hollande et l'Empire, et à côté, au sud-est, l'Électorat de Cologne, où les ennemis

---

[1] « C'est le malheur de la frontière de ce pays-ci de n'avoir que des bourgades à défendre de la part de l'Espagne, depuis le Rhin jusqu'à la mer, et de n'avoir, du côté de la Hollande, que des places bien fortifiées à attaquer, depuis l'Ecluse jusqu'à Nimègue et Maëstricht. » (Lettre du maréchal de Boufflers au roi, 1702, *Archives de la guerre*, vol. 1556, n° 35. — Général Pelet, t. II, p. 572.)

[2] C'était un démembrement de l'ancien duché de Gueldre ; cette province comprenait, outre Gueldre, sa capitale, les villes de Venloo, Ruremonde et Stewenswert.

assiégeaient alors Kayserwert. Il nous fallait donc dans le Nord trois armées : une pour garder la Belgique, une pour protéger la Gueldre, une enfin pour couvrir l'électorat envahi.

Les généraux de Louis XIV, le maréchal de Boufflers, MM. de Tallard et de Bedmar, qui avaient devant eux Cohorn, le Vauban hollandais, qui, tout à l'heure, allaient avoir à combattre le redoutable Marlborough, firent des fautes, ou plutôt en laissèrent faire. La direction imprimée de Versailles à la guerre fut mauvaise, elle manqua d'ensemble.

Avant toutes choses, tous les efforts de la France devaient porter sur l'Électorat entamé et sur Kayserwert assiégée [1]. Il fallait, ou marcher avec toute l'armée pour sauver cette place, et nettoyer l'électorat, ou bien, comme le pensait un des officiers les plus justement estimés de l'époque, M. de Puységur [2], placer un corps à Anvers pour couvrir la Flandre ; puis, avec le reste, avec l'armée principale, que devait commander le duc de Bourgogne, envahir le Brabant hollandais, et de là *faisant la navette* [3], pour

---

[1] C'est l'opinon de M. de Feuquières :
« On fit la faute, dit-il, de ne pas assez soutenir les places de l'Électorat de Cologne (p. 110). » Dans un autre passage (p. 473), il reproche encore à Boufflers d'avoir laissé prendre Kayserwert.

[2] Le marquis Jacques-François de Chastenet de Puységur, maréchal de France, né en 1655, mort en 1749. C'est l'auteur de l'*Art de la guerre*, cité plus haut.

[3] « J'eus l'honneur de vous mander... que, pourvu que la navette se jouât bien et que la proportion fût gardée en tous lieux, nous n'avions rien à craindre de nos ennemis; mais que du moment que cela se dérangeroit, ils pourroient prendre une supériorité sur nous. Notre navette s'est mal jouée, etc., etc. » (Lettre de M. de Puységur à M. de Chamil-

nous servir de l'expression pittoresque de M. de Puységur, se porter sur le point menacé, ou sur la Gueldre ou sur l'Électorat, et les arracher à l'ennemi.
Malheureusement les généraux français n'entre-
prirent ni l'un ni l'autre, du moins avec succès,
comme ils l'auraient pu faire. Ils agirent sur plusieurs
points : ils disséminèrent leurs forces et les neutrali-
sèrent, par conséquent; ils essayèrent tout et ne
firent rien.

Ainsi, dans l'Électorat, M. de Tallard, à la tête
d'un corps d'armée, arriva devant Kayserwert, se
plaça en face de la ville, de l'autre côté du Rhin, et
de là fit passer par le fleuve, demeuré libre, des
vivres, des armes et des munitions à la garnison. Son
artillerie, placée sur la rive opposée, canonna à son
tour les assiégeants, et leur causa d'assez grandes
pertes; mais tout à coup le maréchal reçut l'ordre
de se porter en avant, de couvrir Rhinberg menacé,
et il abandonna Kayserwert.

Loin de secourir Kayserwert, et de donner la
main à M. de Tallard, la grande armée française,
commandée par le duc de Bourgogne[1], ayant le maréchal de Boufflers sous ses ordres, s'avança tranquillement dans le Nord. Le duc de Bourgogne, après
avoir campé à Kassel, dans la Gueldre espagnole,
quitta la Gueldre, traversa l'impraticable forêt de

---

lart, *Archives de la guerre*, vol. 1554, n° 51. — Général Pelet, t. II,
p. 509.)

[1] Le fils du grand Dauphin et l'élève de Fénelon, né en 1682, mort
en 1712, trop tôt pour la France.

Clèves, dont les ennemis avaient fortifié et défendu les défilés, et campa à Ardenbourg, sur les terres hollandaises. L'armée ennemie recula devant lui. Il la poursuivit, l'épée dans les reins, jusque sur les glacis de Nimègue, la culbuta dans les fossés et le chemin couvert[1] sous le canon des remparts, et lui tua douze cents hommes (11 juin 1702). Ce fut une action étonnante de bonheur et de hardiesse, mais inutile, et inopportune surtout. Abandonnée par M. de Tallard, oubliée par le duc de Bourgogne, Kayserwert, quelques jours après, ouvrait ses portes (15 juin 1702). La garnison avait lutté jusqu'à la fin, tenu trois mois dans une petite et méchante place, tué huit mille hommes aux ennemis : elle succombait épuisée. Le commandant, M. de Blainville, ne laissa aux vainqueurs que des ruines. Ainsi cette marche du duc de Bourgogne n'amenait, malgré son éclat, que de tristes résultats : les progrès de l'ennemi.

La prise de Kayserwert entraîna bientôt d'autres revers : les alliés, qui jusque-là avaient reculé devant nous, revinrent et avancèrent. L'armée, qui venait de prendre Kayserwert, se réunit dans Nimègue à l'armée battue sous les murs de cette ville, et toutes deux ensemble se dirigèrent sur la grande armée française, que commandait le duc de Bourgogne. Les alliés prirent à leur tour l'offensive ; ils passèrent le Wahal, franchirent la Meuse à Grave, traversè-

---

[1] Rapport de M. de Boufflers au roi (*Archives de la guerre*, vol. 1551, n° 130. — Général Pelet, t. II, p. 532.)

rent le Brabant hollandais et arrivèrent dans l'évêché de Liége. Pour la première fois marchait à leur tête un célèbre général anglais dont nous aurons souvent à prononcer le nom, Jean Churchill, encore comte, tout à l'heure duc de Marlborough (juillet 1702). Devant lui, devant cette masse formidable, l'armée française du maréchal de Boufflers, inférieure en nombre[1], perdit du terrain : à leur tour, les Français battirent en retraite. En quelques jours, de Nimègue le duc de Bourgogne se replia jusque sur les frontières du Brabant, à Bevinghen[2]. Marlborough, profitant de cette retraite, se plaça à Asch, à la tête de l'évêché de Liége, de façon à couper toute communication entre la Gueldre et les troupes françaises rentrées en Brabant; et tandis qu'il tenait lui-même en échec la grande armée du duc de Bourgogne, il détacha de la sienne divers corps de troupes pour conquérir derrière lui Venloo, Ruremonde, Stewenswert, toutes les places de la Gueldre. Cette province se trouvait gardée par des forces insignifiantes, et ses villes mal fortifiées. Ainsi coupée de l'armée française, privée de secours, elle était perdue, si le duc de Bourgogne ne tentait un effort pour la sauver ; mais les officiers généraux décidèrent qu'il était impossible de la secourir, et la publicité de cette résolution fut plus funeste que la résolution même[3]. Les ennemis, avertis de ce

[1] Les alliés avaient quatre-vingt-douze bataillons, cent trente-deux escadrons; nous, soixante-dix bataillons, cent treize escadrons.

[2] Voyez l'excellente carte du Dépôt général de la guerre, dans l'Atlas de l'ouvrage du général Pelet.

[3] « Les avis de tous les officiers généraux furent pour la conservation

dessein, se hâtèrent d'en profiter. Malgré la résistance énergique des petites garnisons, ils enlevèrent les villes les unes après les autres : d'abord Venloo (25 septembre), puis Stewenswert (20 octobre), puis Ruremonde (25 octobre 1702).

La Gueldre prise, Marlborough réunit toutes les forces des alliés dans les Pays-Bas, marcha sur Liége et l'investit. La possession de cette place était importante : elle couvrait la Meuse ; elle donnait la main à l'Électeur de Cologne, et, avec Limbourg et Luxembourg, elle fermait la frontière de France du côté de la Champagne. C'était surtout pour la conserver que les officiers généraux avaient abandonné la Gueldre.

Liége cependant fut aussi perdue.

Un ordre de la cour enjoignit à M. de Tallard de se détacher de la grande armée française, commandée par le maréchal de Boufflers depuis le départ du duc de Bourgogne, retourné à Versailles, de se porter sur la Moselle, et là de tenter une diversion favorable à l'armée du Rhin. Avec ces troupes de Tallard, le maréchal de Boufflers pouvait secourir Liége ; mais, devant cet ordre du roi, il n'osa retenir son lieutenant. Tallard partit, et avec lui toute espérance de sauver Liége. Boufflers, resté seul, se trouva trop

du Brabant par préférence à la Gueldre. Cet avis, qui fût rendu public, ayant été aussitôt su par les ennemis que par Votre Majesté, ils se sont déterminés à attaquer toutes les places de la Gueldre, qui sont mauvaises par elles-mêmes, soutenues par de faibles garnisons, et assurées de n'être point secourues, après la déclaration publique qui en a été faite. » (Lettre de Chamillart au roi, *Archives de la guerre*, vol. 1557, n° 19. — Général Pelet, t. II, p. 591.)

inférieur en nombre pour essayer même une attaque :
il dut se borner à couvrir le Brabant, non encore
entamé ; et Liége, abandonnée comme Kayserwert,
sacrifiée comme la Gueldre, Liége capitula devant
toutes les forces de Marlborough (31 octobre 1702).
Pendant ce temps, exécutant les ordres qu'il avait
reçus, M. de Tallard faisait une course brillante sur
le Rhin : il prenait Trèves (octobre 1702); Trar-
bach levait des contributions dans les Électorats de
Mayence, de Trèves; dans le Palatinat, et revenait
triomphalement sur la Moselle. Ce fut encore une
belle expédition, mais encore une expédition inopportune. La diversion qu'il avait ordre d'essayer sur
le Rhin était devenue inutile depuis la victoire de
Friedlingen, que le roi ne connaissait pas quand il
lui avait ordonné de se porter en avant, et cette
marche inutile entraînait la perte de Liége. Ainsi finissait tristement cette campagne du Nord, dont l'histoire n'est qu'un récit de fautes, de malheurs et de
revers. Malgré la victoire du duc de Bourgogne à
Nimègue, la glorieuse défense de Kayserwert, l'héroïque conduite du marquis de Grammont, qui,
assiégé dans Rhinberg, força les alliés à lever le
siége, l'entreprise éclatante de M. de Tallard ;
malgré tous ces beaux faits d'armes, qui jetaient
de l'éclat sur les troupes françaises, les ennemis
avaient remporté de grands avantages. Ils avaient
conquis sur nous Liége, qu'ils occupaient; conquis
la province espagnole de Gueldre, sauf la capitale,
Gueldres, qui n'était pas encore perdue ; conquis

l'Électorat de Cologne, sauf Rhinberg et Bonn, toutes deux bloquées. De grands malheurs présents, de plus grands malheurs futurs, telle était l'issue de cette campagne[1]; elle était la contre-partie de celle d'Italie, que nous allons raconter. Le maréchal de Boufflers perdait devant Marlborough du terrain, des places fortes, des positions importantes, comme le prince Eugène devant le duc de Vendôme; car si nous étions vaincus dans le Nord, nous étions victorieux dans le Midi.

Le prince Eugène, qui commandait les Autrichiens en Italie, débuta, cette année, par une action hardie, une surprise. Confiant dans la faiblesse de Villeroy, qu'il avait déjà éprouvée plusieurs fois, il essaya, avant l'ouverture de la campagne, d'enlever en même temps une armée, un maréchal, une place forte, les Français, Villeroy, Crémone.

Pendant une nuit noire d'hiver (1er février 1702), les Impériaux se glissent par un égout dans Crémone. Ils s'avancent sans bruit, désarment les sentinelles et occupent les postes; ils s'établissent peu à peu sur toutes les places, prennent les prin-

---

[1] Général Pelet, *Mémoires militaires*, t. II. — *Mémoires de Saint-Hilaires*, t. III, p. 187 et suiv. — *Mémoires de Feuquières*. — De Quincy, *Histoire militaire de Louis le Grand*, t. III, p. 527. — Limiers, *Histoire de Louis XIV*, t. III. — Cerisier, *Tableau de l'Histoire générale des Provinces-Unies*, t. IX, p. 21. — Leclerc, *Histoire des Provinces-Unies*, t. II, p. 437. — Kerroux, *Abrégé de l'histoire de la Hollande*, t. II, p. 562. — Lingard, *Histoire d'Angleterre*, t. XVI, p. 19. — Smollett, *Histoire d'Angleterre*, t. XII, p. 67-72.

cipales rues, enlèvent l'hôtel de ville et gardent fortement la porte Sainte-Marguerite, afin de s'assurer une retraite. Les ennemis comptent de nombreuses intelligences dans la place. Le jour n'est pas venu, la garnison dort encore, et, sans que l'alarme soit donnée, sans qu'un coup de feu ait trahi leur présence, cinq mille hommes sont dans les murs. Tandis que le prince Eugène occupe silencieusement la ville, huit mille Autrichiens[1] arrivent du côté du Pô, pour traverser un pont de bateaux qui unissait Crémone à l'autre rive du fleuve, et amener aux ennemis entrés et établis ce renfort décisif. Déjà un détachement impérial court leur ouvrir la porte du Pô... Encore quelques instants et les Autrichiens tiennent la porte, prennent le pont, gardent le fleuve, et l'armée est perdue.

A défaut de son général, cette armée se sauva toute seule. Par un prodigieux hasard, un régiment français, le Royal des Vaisseaux, devait passer une revue ce matin même. Au moment où les soldats se rassemblent sur la place, ils aperçoivent un escadron de cavaliers impériaux rangé en bataille, et, le reconnaissant à la faible lueur du crépuscule d'hiver, ils déchargent leurs fusils sur les Autrichiens et s'élancent à la baïonnette. A ce bruit, au long retentissement de la fusillade, qui résonne dans la nuit, les Français s'éveillent. Les soldats sautent sur

[1] Ce corps d'armée était commandé par Thomas de Vaudemont, fils du prince de Vaudemont, gouverneur du Milanais pour Philippe V. Le père était au service de l'Espagne et le fils au service de l'Autriche.

les armes et courent dans la rue. Surpris dans leur sommeil, à demi vêtus, quelques-uns en chemise, ils se jettent dans le premier parti qui passe. Le jour ne fait que de poindre. Les deux nations se reconnaissent à leur cri de guerre : « Vive le roi ! Vive l'empereur ! » répété au loin par les postes français et autrichiens. Ces cris partagent la ville : les Impériaux occupent la moitié de Crémone ; les Français s'efforcent de la reprendre.

La lutte fut longue, acharnée, sanglante : qu'on se figure deux armées régulières se livrant bataille dans une ville ! On combat sur les places, sur les remparts, dans les rues, dans les maisons. Crémone entière est en feu. Des fenêtres, des caves, occupées par des soldats, pleuvent des balles : tous les coups portent et tuent. Les charges terribles des cuirassiers impériaux repoussent d'abord l'infanterie française ; mais les dragons se précipitent pour la remplacer, et à leur tour font reculer les Autrichiens. Aux mêlées furieuses, aux trépignements des chevaux, qui se cabrent sous les balles, qui ébranlent le pavé sous leurs pas, aux détonations sourdes de la mousqueterie, s'ajoute la grande voix du canon ; et tandis que les balles et les boulets sifflent, accoudées à leurs fenêtres, les dames de Crémone regardent curieusement le combat[1]. Pendant dix heures, pen-

---

[1] Relation de M. de Vaudray, *Archives de la guerre*, vol. 1588, n° 216. — Général Pelet. t. II, p. 666. « Tous les carrefours, remparts et places étoient remplis de corps morts ; les dames et les moines ne laissoient pas d'être aux fenêtres, pour voir à qui la ville resteroit. »

dant toute la journée, cette terrible bataille se prolongea : le soir seulement les Autrichiens commencèrent à se retirer. Les Français les avaient successivement repoussés de tous les postes qu'ils occupaient. La seule porte de Sainte-Marguerite, celle par laquelle ils s'étaient glissés dans Crémone, leur restait ; ils craignirent de la perdre, de voir la retraite coupée, de demeurer enfermés dans la place, et, à la nuit tombante, ils quittèrent la ville en silence et à la hâte, comme ils y étaient entrés [1].

Toutes leurs espérances avaient été trompées : le parti envoyé pour s'emparer de la porte du Pô fut repoussé par les soldats qui la gardaient ; le secours qu'ils attendaient du côté du fleuve ne put entrer ; le prince Charles de Vaudemont, avec ses huit mille hommes, arriva trois heures trop tard et trouva le pont de bateaux détruit par les ordres du marquis de Praslin. Il dut rester sur l'autre rive, tandis qu'on se battait dans la place. Les Crémonais, sollicités de trahir le roi d'Espagne, leur souverain, s'y refusèrent noblement ; les Irlandais, qui servaient dans nos rangs, loin de passer au service de l'Empereur, comme le leur offrait le prince Eugène, restèrent fidèles à Louis XIV, et contribuèrent puissamment au succès de la journée. Pour comble de malheur, les

---

[1] « Les ennemis, s'attendant à tout moment à voir enlever la porte Sainte-Marguerite, prirent, à l'entrée de la nuit, le parti de se retirer ; ils le firent avec tant de vitesse et de silence, etc., etc. (Rapport de Vendôme, Archives de la guerre, vol. 1588. — Général Pelet, t. II, p. 680.)

munitions manquèrent aux Autrichiens[1], et cette cause décida principalement leur retraite.

Le prince Eugène, qui comptait sur le succès, et qui l'avait préparé de longue main, voyant ses troupes perdre du terrain, monta sur le clocher de la cathédrale pour embrasser d'un coup d'œil la situation de la ville, et pour regarder surtout s'il n'apercevait pas dans le lointain le corps du prince de Vaudemont. Il vit avec désespoir le général autrichien, avec son détachement, arrivé à l'autre rive du Pô, prêt à passer, mais le pont de bateaux détruit. Dans la ville, il vit ses troupes qui partout avaient le dessous, qui reculaient de poste en poste, de rue en rue; et à ce triste spectacle le prince Eugène ne put se contenir. Exaspéré de perdre la victoire quand il la croyait assurée, il descendit du clocher à pas rapides, maudissant son malheur, s'arrachant les cheveux et poussant des cris de rage[2]. Crémone, du reste, coûtait cher. Les rues étaient jonchées de morts et de blessés; les cadavres des deux nations couvraient par monceaux les points où l'action avait été le plus meurtrière. Les vainqueurs mangèrent le magnifique souper préparé pour le prince Eugène, qui en se retirant déplorait encore sa défaite. « Vous serez surpris, dit-il à un officier français blessé et prisonnier, du

---

[1] « Nous avons dû nous retirer, non-seulement à cause de la nuit, mais surtout parce que nous manquions de munitions et de vivres. » (*Militærische Korrespondenz des Prinzen Eugen von Savoyen*, Lettre du prince Eugène à l'Empereur, t. Ier, p. 249.)

[2] « Il hurloit, dit l'énergique Saint-Simon, et s'arrachoit les cheveux en descendant (du clocher). » *Mémoires de Saint-Simon*, t. III, p. 275.

parti que je prends de me retirer de Crémone ; mais je suis toujours malheureux, et rien ne peut me réussir[1].

Il emmenait sinon l'armée, au moins le général. Le maréchal de Villeroy, réveillé au bruit des coups de fusil, habillé à la hâte, était descendu dans la rue ; mais, enveloppé par un parti allemand, il avait été jeté à bas de son cheval et fait prisonnier. Les Impériaux le conduisirent à Inspruck. Pour le remplacer, Louis XIV envoya en Italie le duc de Vendôme. Comme le disait une chanson du temps[2], les Français retirèrent de cette attaque sur Cré-

---

[1] Relation de M. de Vaudray. Il existe au Dépôt de la guerre (vol. 1588 cinq pièces officielles et intéressantes sur l'attaque de Crémone. Nous avons cité celle de M. de Vaudray ; nous avons employé également les rapports de Villeroy et de Vendôme, de MM. de Revel et d'Arène. Ces deux derniers ont eu une grande part à la victoire. Voyez aussi général Pelet, t. II, p. 256 et 658. Le marquis de Quincy, dans son *Histoire militaire du règne de Louis le Grand*, a consacré plusieurs pages à la critique militaire de cette expédition (t. III, p. 612). M. de Feuquières a traité aussi cette question. Voyez *Surprises de places*, p. 229. Dans la *Militærische Korrespondenz*, déjà citée (t. 1er, p. 243 et suiv.), il y a également plusieurs lettre du prince Eugène sur ce sujet. Voyez enfin les *Histoires du prince Eugène*, citées au chap. III ; Saint-Simon, t. III p. 275, etc., etc.

[2] On fit en France un nombre prodigieux de chansons sur la prise de Villeroy. Nous en avons compté dix-neuf dans le *Nouveau Siècle de Louis XIV*, t. II, p. 61. La meilleure est celle qui commence ainsi :

> François, rendez grâce à Bellone,
> Votre bonheur est sans egal :
> Vous avez conserve Crémone
> Et perdu votre general.

On connaît aussi ce refrain si célèbre du temps :

> Villeroy, Villeroy,
> Qui commande pour le roi.
> Guillaume. (*Guillaume III. roi d'Angleterre.*

mone un double avantage : ils gardaient la ville et perdaient Villeroy. Jamais commandement, en effet, n'avait été plus funeste à une armée : Villeroy travaillait pour les Autrichiens. Quand Vendôme arriva, il trouva les Impériaux partout.

Ils bordaient les deux rives de l'Oglio, les deux rives du Pô;

En deçà du fleuve, ils s'avançaient jusqu'à la hauteur de Pavie;

Au delà, jusqu'à la hauteur de Bergame :

Ils inondaient le Crémonais;

Ils occupaient le Seraglio[1];

Ils tenaient Guastalla, la Mirandole, Modène;

Ils avaient rejeté les Français derrière l'Adige, puis derrière l'Oglio, puis enfin derrière l'Adda. Depuis le commencement de l'hiver, ils bloquaient et affamaient Mantoue, la clef de la Lombardie, et cette ville importante allait succomber[2].

A peine arrivé en Italie, Vendôme[3] alla au plus pressé, à Mantoue. Par des marches habiles et savantes il força les Impériaux à lever le blocus de la place, et y entra, aux applaudissements des habitants (24 mai 1702). Quand il approcha de la ville, toute la bourgeoisie courut à sa rencontre. Le duc coupa alors les communications des Autrichiens avec le

---

[1] On appelle *Seraglio* le territoire voisin de Mantoue, compris entre le Mincio et le Pô. (Voyez la carte de l'Italie, dans l'Atlas du général Pelet.)

[2] Général Pelet, t. II, p. 171.

[3] Louis-Joseph de Vendôme, duc et maréchal de France, né en 1654, mort en 1712. Il était arrière-petit-fils naturel de Henri IV. (*Voy.* ch. vi.)

lac de Garde, et, par suite, avec l'Allemagne, en leur enlevant Castiglione (1er juin 1702).

Un tel début révélait un autre général. Eugène s'aperçut bientôt qu'il n'avait plus devant lui Villeroy. Il essaya de recommencer l'expédition de Crémone, et de faire enlever près du lac Supérieur, à Rivalta, le petit fils de Henri IV. Non-seulement Vendôme ne se laissa pas prendre, mais il en tira une prompte revanche. Le lendemain de cette surprise manquée, il canonna pendant toute la journée le quartier général du prince autrichien, et le força ainsi à reculer d'un quart de lieue, de Curtatone à Montanara (15 juin 1702). Il fit plus encore : dans deux actions importantes livrées aux Impériaux, il eut le dessus, à Santa-Vittoria (26 juillet 1702), à Luzzara (15 et 16 août 1702).

A Santa-Vittoria, où le roi d'Espagne, Philippe V, combattait avec le duc de Vendôme, les Autrichiens, criblés par un feu terrible et poussés par les Français, vinrent tomber dans le Tassone, petite rivière aux bords escarpés, et le comblèrent avec leurs cadavres et leurs chevaux. Les grenadiers de Vendôme passèrent le ruisseau à pied sec[1]. A Luzzara, le succès

---

[1] « Vingt hommes de front auroient pu marcher deux cent pas sans se mouiller, par la quantité d'hommes et de chevaux qui y étoient tombés. » (Lettre de Vendôme au roi, *Archives de la guerre*, vol. 1590, n° 304. — Général Pelet, t. II, p. 236.)

« Il (le Tassone) éto t comblé de corps morts et de chevaux lorsque j'arrivai, et les grenadiers le passèrent à pied sec, comme sur un pont, quoique les bords en soient fort escarpés. » (Lettre de Philippe V au roi, *Archives de la guerre*, vol. 1590, n° 307. — Feuquières, p. 336.—

fut moins décisif; ce fut moins un combat qu'une boucherie à coups de fusil et à coups de canon. Le premier jour, les Français et les Autrichiens, dans un terrain coupé et étroit, se chargèrent avec furie ; le second, placés à cent pas les uns des autres, ils se mitraillèrent à brûle-pourpoint, sans avantage bien apparent [1]. Après avoir enterré leurs morts toutefois, les deux armées chantèrent le *Te Deum*. Par une cruelle dérision, elles parurent se réjouir de ces hécatombes humaines, car la victoire était restée douteuse, et le sang des deux peuples avait coulé confondu [2]. On doit dire cependant à la gloire de Vendôme que ce fut lui qui força le prince Eugène à engager l'action; que la perte des ennemis fut plus considérable que la nôtre; que le château de Luzzara, triste trophée d'une aussi sanglante bataille, se rendit aux Français le lendemain ; qu'enfin, continuant ses succès, le duc entra quelques jours après dans Guastalla (9 septembre 1702).

Déjà, dans le courant de la campagne, Vendôme

De Quincy, t. III, p. 671. — Généra Pelet, t. II, p. 249. — Dumont, *Histoire militaire du prince Eugène*, t. II, p. 63.

[1] Le feu a été tellement ardent des deux côtés qu'aucun des généraux, des officiers, des soldats, ne se rappelait en avoir vu un semblable dans les guerres précédentes. (*Militærische Korrespondenz*, lettre du prince Eugène à l'Empereur, t. Ier, p. 433.)

[2] A ce propos, le prince Eugène prétend que si un corps d'armée, resté en arrière, ne s'était pas fait attendre une heure et demie, il aurait battu les Français complètement et remporté une victoire telle qu'on n'en avait pas vu depuis plusieurs années. (*Militærische Korrespondenz*, lettre du prince Eugène à l'Empereur, t. Ier, p. 441.)—Voir, sur la bataille de Luzzara, *Militærische Korrespondenz*, lettres du prince Eugène au comte de Goez, à l'Empereur (relation officielle de la bataille), au roi des Romains, t. Ier, p. 430 et suiv.

avait pris Reggio, Modène (30 juillet 1702, Borgoforte ; il refoulait les Impériaux, qui reculaient à mesure que s'avançait l'armée française ; par de savantes manœuvres, il forçait le prince Eugène à sortir du Seraglio, qui lui assurait la prise de Governolo (décembre 1702). Il repoussait les Autrichiens du Milanais, du duché de Mantoue ; il les chassait du Seraglio, qu'il mettait à l'abri de leurs attaques ; il les acculait enfin dans cette langue de terre longue et étroite comprise entre le Pô, la Secchia et le Panaro [1].

Ses succès cependant ne désarmèrent pas les envieux de Versailles. Les courtisans qui, comme le disait plus tard Villars, *se promenaient tranquillement dans les allées bien unies du parc* [2], allèrent partout disant que Vendôme n'avançait pas en Italie, qu'il se laissait gouverner par ses officiers, qu'il passait son temps à dormir, que le prince Eugène seul entendait la guerre, exaltant le général autrichien en haine du Français. Ces calomnies arrivèrent jusqu'au petit-fils de Henri IV. Indigné de voir ainsi défigurer ses actions, le grand général prit la plume et adressa au ministre de la guerre, Chamillart [3], une lettre élo-

---

[1] Général Pelet, *Mémoires militaires*, t. II. — *Mémoires de Saint-Hilaire*, t. III, p 152. — *Mémoires de Feuquières* — *Mémoires de Saint-Simon*, t. III. — De Quincy, *Histoire militaire du règne de Louis le Grand*, t. III, p 608. — Dumont, *Histoire militaire du prince Eugène*. — Carlo Botta, *Storia d'Italia*, t. VII, p. 243 et suiv.— Muratori, *Annali d'Italia*, t. XVI, p. 311. — Henri Léo, *Histoire de l'Italie*, t. III, p. 304.

[2] *Mémoires de Villars.*

[3] Michel de Chamillart, né en 1651, nommé contrôleur général en 1699,

quente¹, où il racontait sa conduite. Dans son style trivial, mais facile et railleur, il n'eut pas de peine à flageller ses ennemis et à se montrer sous son véritable jour, c'est-à-dire victorieux. Louis XIV le comprit ainsi, car il s'empressa d'écrire lui-même à Vendôme et le consola par de nobles et généreuses paroles². Les succès de ce général aveuglaient ses ennemis eux-mêmes. Depuis son arrivée en Italie, le duc avait délivré Mantoue, gagné deux batailles, pris Castiglione, Reggio, Modène, Guastalla, conquis de belles positions, de vastes territoires, réussi dans toutes ses entreprises, tandis qu'un insuccès complet marquait tous les desseins

---

créé en outre ministre de la guerre en 1701. Il quitta le ministère des finances en 1708, celui de la guerre en 1709, et mourut en 1721.

¹ « Au commencement de la campagne, écrit Vendôme, quelques officiers généraux étoient d'avis de passer l'Oglio par le bas, je ne l'ai jamais voulu, et cela étoit possible comme de prendre la lune avec les dents ; c'est tout de même que, s'il falloit faire un pont sur la rivière de Seine devant les ennemis, l'aller faire à Caudebec plutôt qu'à Saint-Denis. Voilà, Monsieur, comme j'ai été gouverné, et les complaisances que j'ai eues pour tout le monde. Si, après ce que je viens de vous dire, Messieurs de la cour persistent à dire que j'ai été gouverné, au moins les événements ont assez fait voir que je l'ai été par d'habiles gens..... Je vous avoue, dit-il ensuite, que je suis outré des impertinents discours des courtisans. » (Lettre de Vendôme au roi, *Archives de la guerre*, vol. 1592, n° 269. — Général Pelet, t. II, p. 750.)

² « Il n'y a personne, lui écrit le roi, qui ne soit exposé à entendre bien des choses qui n'ont ni fondement, ni vraisemblance, quand il se faut informer de tout ce que disent des gens qui n'ont d'autres occupations que celle de vouloir réformer l'État et dire du mal de tout le monde..... Vous savez l'amitié que j'ai pour vous ; elle doit vous suffire pour vous empêcher d'avoir de la peine à l'avenir sur tout ce que l'on pourra vous mander qui ne vous viendra pas de ma part..... Continuez à me servir comme vous avez fait jusqu'à présent, et ne vous laissez pas entraîner par les discours de gens qui n'en savent pas tant que vous. » (*Archives de la guerre*, vol. 1528, n° 199.—Général Pelet, t. II, p. 753.)

du prince Eugène. Par cette brillante campagne, le petit-fils de Henri IV effaçait les revers de celle de Flandre, et il luttait de gloire avec Villars, qui, en ce moment entrait en Allemagne.

Sur le Rhin, dès le début de la campagne, l'armée française que commandait Catinat avait eu à lutter contre les plus grandes difficultés. Chamillart, le ministre de la guerre, qui, si l'on en croit Saint-Simon[1], haïssait le maréchal pour des motifs personnels, ou qui plutôt ne pouvait suffire, comme Louvois, à l'entretien de toutes les armées, avait laissé celle d'Alsace dans l'état le plus déplorable. Lorsque Catinat vint en prendre le commandement (26 avril 1702), il trouva des troupes qui manquaient de tout : les caisses militaires étaient vides, les magasins épuisés, les armes défectueuses; ni argent, ni vivres; au lieu de soixante-huit escadrons que le roi lui avait annoncés, à peine cinquante-huit; au lieu de cinquante-deux bataillons, vingt-deux, moins de la moitié; et devant lui les ennemis qui avaient passé le Rhin à Spire et à Germersheim (20 avril 1702), envahi la basse Alsace, franchi la Lauter, occupé Weissembourg et Lauterbourg, en laissant derrière eux Landau, qui appartenait alors à la France, et en le séparant de l'Alsace. Le prince de Bade, qui commandait l'armée impériale, avait sous ses ordres 28,000 hommes de troupes autrichiennes et palatines[2]. Il

---

[1] Saint-Simon, t. III.

[2] Dix-huit mille Autrichiens et dix mille Palatins. (Général Pelet, t. II, p. 788.)

attendait de Bohême plusieurs régiments, et sur la rive allemande, l'armée des cercles [1], forte de 20,000 hommes, était rassemblée et prête. Elle protestait, il est vrai, de ses intentions de neutralité; mais sa partialité pour la maison d'Autriche paraissait manifeste, et son attitude hostile prochaine. Pour comble de malheur, Louis XIV ignorait la triste situation de l'Alsace. Le roi avait la plus grande confiance dans la neutralité des cercles, et il croyait ses troupes fournies de tout. Il les croyait aussi nombreuses que les cadres l'indiquaient, ignorait la force totale des ennemis et ne pouvait ajouter foi à leurs avantages [2]. Quand Catinat lui manda que c'était à dessein que les Impériaux avaient coupé Landau de la France, qu'ils l'avaient enveloppé et se préparaient à en faire le siége, Louis XIV n'en crut rien, et il s'étonna

---

[1] Général Pelet, t. II, p. 788. — *Archives de la guerre*, vol. 1568, n° 175.

Armée du cercle de Souabe,	Infanterie.	7,500	8,940
	Cavalerie.	1,440	
— du cercle de Franconie,	Infanterie.	6,660	7,940
	Cavalerie.	1,280	
— du cercle du Haut-Rhin............			4,000
			20,880

L'empire d'Allemagne était alors divisé en cercles; on dirait aujourd'hui l'armée de la confédération germanique.

[2] « Quoique je n'aie aucune certitude du nombre de troupes qui sont aux ordres du prince de Bade, je ne puis me persuader qu'il ait, avec celles des cercles, 34 à 35,000 hommes (il en avait 50,000)... J'ai peine à me persuader qu'il puisse faire ce siége (celui de Landau, dont la tranchée était ouverte!). Vous devez avoir soixante-huit escadrons, lesquels, joints avec les cinquante-huit bataillons, composent une armée de 45,830 hommes (il en avait 21,000!), dont 33,930 d'infanterie et 11,900 de cavalerie. » Lettre du roi à Catinat, *Archives de la guerre*, vol. 1528, n° 403. — Général Pelet, t. II, p. 327.)

que son armée n'eût pas déjà rejeté les Allemands dans l'Empire et balayé l'Alsace. Mais les événements qui suivirent ne vinrent que trop tôt justifier Catinat et éclairer la cour.

Le maréchal, ainsi abandonné par le gouvernement, ne put rien faire. Les ennemis profitèrent de sa faiblesse pour marcher en avant, et ils se développèrent à loisir dans ce pays qu'ils avaient envahi. Catinat dut malgré lui rester simple spectateur de leurs progrès. Il fut obligé de les laisser investir Landau, puis convertir le blocus en siége régulier, et ouvrir la tranchée devant cette ville (19 juin 1702). Les cercles levèrent en même temps le masque, ainsi que l'avait trop bien prévu le général français ; leur armée passa le Rhin et alla s'unir au prince de Bade (juin 1702). Cette jonction portait l'armée des alliés au chiffre énorme de cinquante mille hommes. Catinat, qui n'avait sous ses ordres que vingt et un mille soldats[1], qui déjà ne pouvait lutter, s'empressa de représenter à Louis XIV la véritable situation des choses. Le maréchal lui annonça le siége de Landau, la jonction de l'armée des cercles, la supériorité des ennemis, la faiblesse numérique de l'armée du Rhin, l'impossibilité absolue de tenir en ce moment la campagne, et de tenter ou le secours de Landau ou la

---

[1] « On peut compter que les ennemis ont 40,000 hommes pour faire et soutenir ce siége (celui de Landau), sans y comprendre les troupes de l'Empereur, qui peuvent venir de Bohême. L'armée de Votre Majesté sur le pied complet est d'environ 21,000 hommes. » (Lettre de Catinat au roi, 16 juin 1702, *Archives de la guerre*, vol. 1568, n° 179. — Général Pelet, t. II, p. 325.)

délivrance de l'Alsace. Le roi, éclairé cette fois et touché de sa position, lui promit un renfort qu'il détacha de l'armée des Pays-Bas; mais, en attendant l'arrivée de ce renfort, Catinat, toujours inférieur en nombre, dut se retirer encore devant les Impériaux. Le maréchal leur laissa la Lauter, abandonna Haguenau, passa la Zorn et se replia sous Strasbourg.

Cette marche rétrograde mécontenta Louis XIV et irrita surtout Chamillart. Le ministre de la guerre, qui n'aimait pas le vieux vainqueur de Marsailles, lui reprocha aigrement de ne rien faire, de fuir devant l'ennemi, de livrer la frontière sans risquer une bataille; et, mêlant les leçons aux reproches, il lui envoya de Versailles un magnifique plan de campagne que lui, Chamillart, ancien conseiller au Parlement, ancien conseiller d'État, avait soigneusement élaboré (22 juillet 1702)[1]. Le roi, de son côté, fut consterné de voir son armée du

---

[1] « Encore une fois, Monsieur, il n'est rien de plus triste que de voir une province aussi importante que l'Alsace à la veille de sa perte; il vaudroit bien mieux hasarder une bataille avec un nombre de troupes inégal, que de laisser les ennemis maîtres de toute l'Alsace..... Ne vaudroit-il pas mieux rassembler promptement le plus de troupes que vous pourrez, tirer des villes tout ce qui ne vous sera pas absolument nécessaire pour les garder, en grossir votre armée, y joindre le corps qui vous vient de Flandre et vous poster avec une armée sur quelque rivière, à l'entrée de l'Alsace, pour en disputer l'entrée aux ennemis? » (Lettre de Chamillart à Catinat, *Archives de la guerre*, vol. 1539, p. 146. — Général Pelet, t. II, p. 347.)

Cette lettre est blessante d'un bout à l'autre; sans confirmer le récit de Saint-Simon, elle prouve certainement du moins la froideur de Chamillart pour Catinat.

Rhin qui ne défendait ni Landau ni l'Alsace, qui reculait de la Lauter à la Zorn, qui abandonnait aux Impériaux toute la basse Alsace, et il témoigna à Catinat son chagrin, en l'exhortant à livrer bataille plutôt que de céder sans combat cette importante barrière de la France (2 août 1702)[1]. Le maréchal, devant ces duretés du ministre et ces reproches du roi, dut se disculper de nouveau. Il le fit en honnête homme, loyalement et sincèrement. Il démontra à Chamillart l'impossibilité matérielle dans laquelle il se trouvait d'exécuter son plan, faute de troupes; il lui représenta que, même en comptant le renfort envoyé des Pays-Bas, à cause du grand nombre de places qu'il avait à garder, il ne pouvait mettre en ligne que vingt-quatre bataillons et soixante escadrons, contre soixante bataillons et soixante-dix-huit escadrons[2] que comptaient les ennemis. Catinat ajouta qu'il était difficile de prendre à Versailles même des idées nettes de la situation du pays et de l'armée; et, piqué peut-être de recevoir de Chamillart des leçons de stratégie, il lui dit avec une

---

[1] « Je vous avoue que rien ne saurait me tirer de la peine où je suis, que de vous voir déterminé à prendre un parti de vigueur..... Si vous vous trouvez à portée de faire quelque entreprise, *n'appréhendez point que je vous rende garant du succès; je prends sur moi tous les événements*, et vous donne un plein pouvoir d'attaquer les ennemis et de les combattre, forts ou foibles...... Tout ce que j'appréhende, c'est que vous ne vous retiriez en les laissant maîtres de l'Asace. » (Lettre du roi à Catinat, *Archives de la guerre*, vol. 1528, p. 413. — Général Pelet, t. II, p. 359.)

Bien différente de celle de Chamillart, cette lettre est toute bienveillante dans le fond et dans la forme.

[2] Soixante-dix-huit escadrons, sans compter la cavalerie des cercles et de l'électeur palatin.

franchise toute militaire qu'il fallait être sur les lieux pour bien comprendre les difficultés de la campagne [1]. Il finissait en lui déclarant que plus que personne il souffrait de cette humiliation des armes françaises, que, s'il avait pu risquer une bataille, il l'aurait risquée; mais qu'il n'avait pu combattre et qu'il ne le pouvait pas encore [2].

Telle était la triste situation de l'armée du Rhin, en retraite, abritée sous le canon de Strasbourg, lorsqu'un événement inattendu vint tout à coup délivrer l'Alsace, changer la face des choses, déplacer le théâtre de la guerre, élargir le cercle des hostilités de plus de cent lieues et l'étendre du Rhin au Danube. Ce fut comme un coup de tonnerre. Tandis que l'armée de l'Empereur et les troupes des cercles assiégeaient Landau et occupaient la basse Alsace, au cœur de l'Allemagne, au milieu de la paix intérieure de l'Empire, l'électeur de Bavière se jetait sur Ulm, alors ville libre de la Souabe, et la prenait par surprise (8 septembre 1702). Nous avons raconté plus haut [3] ses griefs contre l'Autriche et ses liaisons secrètes avec la France. Par un dernier traité secrè-

---

[1] « Il faudroit, si j'ose prendre la liberté de vous le dire, être sur les lieux. » (Lettre de Catinat à Chamillart, *Archives de la Guerre*, vol. 1569, n° 80. — Général Pelet, t. II, p. 349.)

[2] « Je suis très-touché de la peine que le roi éprouve de l'état de ses affaires sur cette frontière; je serois bien fâché qu'il en souffrît autant que moi. Je vous supplie, Monsieur, d'être persuadé que si j'avois entrevu quelque chose à risquer je m'y serois abandonné. Je serai dans le même esprit à l'avenir..... » (Lettre de Catinat à Chamillart, *Archives de la guerre*, vol. 1569, n° 80. — Général Pelet, t. II, p. 349.)

[3] Voir chap. III.

tement conclu en août 1702 avec le cabinet de Versailles, ce prince s'était engagé à commencer de suite la guerre par l'attaque d'Ulm, et à se déclarer publiquement pour la maison de Bourbon. Louis XIV, de son côté, lui avait promis, immédiatement après sa déclaration, de lui envoyer une armée pour empêcher les Autrichiens et les Impériaux, revenus d'Alsace, de tomber ensemble sur lui, de l'écraser sous le nombre, et d'étouffer à sa naissance une diversion si utile à la France et si dangereuse pour l'Empire. Conformément à sa promesse, Maximilien enleva Ulm, et, après la prise de cette ville, publia qu'il reconnaissait les droits de Philippe V à la couronne d'Espagne, et qu'il s'armait pour les défendre. On le voit, l'Electeur tenait noblement ses engagements; Louis XIV allait à son tour remplir les siens. Les circonstances étaient difficiles : les Impériaux venaient de prendre Landau (9 septembre 1702); les troupes allemandes qui avaient assiégé cette ville, réunies aux régiments campés dans la basse Alsace, formaient une armée de beaucoup supérieure en nombre à celle de Catinat, malgré les renforts arrivés des Pays-Bas. La frontière du Rhin était ouverte de tous côtés; les ennemis, vainqueurs, pouvaient marcher sur Strasbourg, l'emporter et pénétrer plus avant dans la France. Le roi, cependant, n'hésita pas[1]. Au risque de perdre l'Alsace, il ordonna

---

[1] « La conjoncture de la prise de Landau lui (à l'électeur de Bavière) suscitera de grands embarras et à moi aussi. Je me trouve dans la nécessité de lui donner tous les secours dont il aura besoin pour conserver

à Catinat, déjà si faible, de détacher de son armée trente bataillons et trente escadrons, et de les envoyer en Allemagne au secours de son fidèle allié (30 août 1702). Pour les commander, Louis XIV choisit [1] celui des officiers généraux qui lui parut le plus digne : le roi mit la main sur l'homme le plus éminent de l'armée française, le lieutenant général, alors marquis de Villars.

Louis-Hector de Villars [2], né à Moulins, était issu d'une des plus anciennes familles de France. On retrouve son nom glorieux parmi les généraux qui aidèrent Charles VII à reconquérir son royaume. Son père avait été ambassadeur à Copenhague, à Turin et à Madrid. C'est de cette dernière ville que la marquise de Villars, sa mère, adressait à madame de Coulanges ses lettres, qui contiennent sur l'Espagne de Charles II de si piquants et de si gracieux souvenirs [3]. Placé par la haute position de sa famille au pied du trône, Villars n'avait pas tardé à s'y faire remarquer. Dès ses plus jeunes années, dans sa première campagne, il donnait des preuves de cette bravoure folle qui lui resta toute sa vie. L'armée fran-

---

son pays et pour faire une diversion considérable dans l'Empire ; en même temps je laisse l'Alsace ouverte à mes ennemis, sans y pouvoir tenir une armée suffisante à leur opposer. » (Lettre du roi à Catinat, *Archives de la guerre*, vol. 1528, p. 436. — Général Pelet, t. II, p. 379.

[1] « Le marquis de Villars commandera le corps de troupes que vous enverrez. » (Lettre du roi à Catinat, *Archives de la guerre*, vol. 1528, p. 430. — Général Pelet, t. II, p. 368.)

[2] Louis-Hector de Villars, duc et pair, maréchal de France, puis maréchal général, né en 1653, mort en 1734.

[3] *Lettres de madame la marquise de Villars*, ambassadrice en Espagne. (Amsterdam, 1759, in-12.)

çaise assiégeait Maëstricht. Villars, qui était cornette de chevau-légers, s'ennuya de rester oisif, et, voyant des grenadiers qui descendaient dans la tranchée, quitta son rang et sauta avec eux. Le roi le vit et le réprimanda. Au même siége, à la tête d'une poignée de gendarmes, il repoussait une charge des ennemis avec une insolente bravoure : « Qui donc commande ces gendarmes? » demanda Louis XIV. On lui répondit que c'était Villars : « Il semble, reprit le roi, dès qu'on tire en quelque endroit, que ce petit garçon sorte de terre pour s'y trouver. » Ce petit garçon-là devait un jour sauver sa couronne. Avec le regard de Louis XIV, Villars encore enfant arrêta celui des plus grands hommes de guerre. A Sénef, avant la bataille, comme l'état-major du grand Condé apercevait un mouvement considérable dans l'armée ennemie, plusieurs officiers s'écrièrent qu'elle se retirait : « Non pas, s'écrie Villars, elle change de front! — Jeune homme, lui dit le prince étonné, qui vous en a tant appris? » Et, en même temps, se tournant vers sa suite : « Il voit clair, » dit-il. Le général de vingt ans ne s'était pas trompé. Au siége de Kehl, en 1678, il monta le premier à l'assaut, couvert d'un habit étincelant de broderies d'or, comme s'il eût défié les balles. « Si Dieu te laisse vivre, lui dit à son retour le maréchal de Créquy enthousiasmé, tu auras ma place plutôt que personne [1]. » Entré si jeune dans la carrière militaire, colonel à

---

[1] *Mémoires de Villars.*

vingt-un an, puis brigadier, maréchal de camp, lieutenant général, il fut ensuite, comme son père et plusieurs officiers contemporains, Tallard, Marsin, d'Huxelles, employé à une mission diplomatique. Le roi le nomma ambassadeur à Vienne, et pendant trois ans il y déploya, comme nous l'avons vu[1], autant d'habileté, de finesse, de courage, qu'il devait montrer plus tard de génie militaire à la tête des armées. Ce fut à son retour de Vienne que Louis XIV l'envoya, à l'armée du Rhin, servir sous Catinat. Officier de cavalerie, alors âgé de quarante-neuf ans, il n'avait jamais commandé en chef. Cette campagne de 1702 allait être son début.

Sur l'ordre du maréchal, qui lui confia trente bataillons, quarante escadrons et trente pièces de canon, Villars quitta l'armée du Rhin, pour aller plus haut franchir le fleuve, traverser ensuite la forêt Noire et de là s'unir aux Bavarois. Catinat, resté dans la basse Alsace, retiré sous Strasbourg, et ne pouvant tenir la campagne faute de monde, devait s'efforcer de défendre la tête de la province contre le prince de Bade. Villars partit (25 septembre 1702). Il remonta le fleuve jusqu'à Huningue, y reçut des renforts et y prit position. Là aussi il se prépara à entrer en Allemagne. Louis XIV n'avait plus de ménagements à garder; l'Empire, malgré les protestations des électeurs de Cologne et de Bavière, venait de déclarer solennellement la guerre à la France (30 septembre 1702)[2].

[1] Voir chap. III.
[2] Koch et Schœll, *Histoire abrégée des traités de paix*, t. II, p. 33.

Pour exécuter les ordres du roi, Villars songea d'abord à passer le Rhin.

L'entreprise était difficile : le prince de Bade, qui commandait les Impériaux en Alsace, avait été informé du départ de Villars. Inquiet de cette marche soudaine, devinant sans doute les projets du général français, informé de la guerre commencée par l'électeur de Bavière, lequel venait d'enlever à l'Empire deux nouvelles villes, Memmingen et Kempten (10 octobre 1702), Louis de Bade quitta la position qu'il occupait dans la basse Alsace, et résolut de passer le Rhin, de le remonter, de s'arrêter en face de Villars, et là de l'observer. Il laissa au général Thungen des troupes pour garder les retranchements établis sur la Lauter et la Moder, et suivit Villars avec son principal corps d'armée. Imitant ainsi la manœuvre des Français, le margrave opposait Thungen à Catinat, et courait lui-même se placer devant Villars, entre lui et les Bavarois, pour l'empêcher de passer le Rhin et de les joindre. Après avoir remonté la rive allemande du fleuve, le prince de Bade arriva derrière le fort de Friedlingen, où il se retrancha précisément vis-à-vis l'armée française, qui occupait Huningue.

En cet endroit, le Rhin, qui coulait grossi par les pluies d'automne, formait une grande île, se partageant en deux bras, l'un profond, l'autre guéable. Ce fut là que Villars entreprit de passer. Malgré le feu des ennemi, qui avaient établi des retranchements et des batteries sur la rive opposée, et dont les boulets jetaient dans le fleuve ses travailleurs, le général français établit un pont sur le grand bras, arriva dans l'île, puis plaça un deuxième pont sur le petit bras, qui était guéable, et l'appuya sur la rive droite du fleuve par un ouvrage qui en défendait la tête : le Rhin était ouvert. En même temps, tandis qu'il menaçait l'ennemi en face, il le tournait. Pour s'assurer un second passage, il détachait de son armée un de ses officiers, M. de Laubanie, lui ordonnant de prendre Neubourg, petite ville située sur la rive allemande, et d'y établir un pont. Les Impériaux occupaient cette place, M. de Laubanie s'en empara ; et tandis que le margrave de Bade s'ébranle pour aller reprendre Neubourg, arrêter la construction du pont, empêcher surtout les Français, maîtres de cette ville, de lui couper ses communications avec Fribourg, où étaient ses vivres et où devaient arriver ses renforts, Villars passe le Rhin, marche aux Autrichiens qui se retirent, les force à s'arrêter pour combattre, et leur livre la bataille de Friedlingen.

Cette bataille, la première donnée par le grand capitaine, fut bien nettement divisée ; elle fut double : elle comprit deux actions, un engagement sur la colline, un engagement dans la plaine ; un combat d'infanterie, un combat de cavalerie.

Le prince de Bade, se voyant poursuivi par Villars, était revenu sur ses pas, et, ne voulant pas être attaqué pendant sa retraite, il avait rangé ses troupes en bataille. Il établit son infanterie sur les hauteurs du petit village de Tuliek, la disposa sur plusieurs lignes, plaça la tête dans un bois épais de sapins, et l'appuya par du canon et par quelques arbres abattus à la hâte; quant à sa cavalerie, il la plaça dans la plaine et s'en réserva le commandement. Ainsi rangée en bataille, l'armée impériale attendit.

Le succès de la journée dépendait de l'occupation de la colline dont les ennemis tenaient les hauteurs. Arrivée au pied, l'infanterie française s'élança avec ardeur, gravit les vignes qui couvraient le versant de ce côté du fleuve, montant vite, mais gardant mal ses rangs, brisés par les arbres et les ceps. Les deux armées se touchaient sans se voir; les Français entendaient en marchant rouler les tambours autrichiens, que les sapins leur cachaient encore. Enfin les deux troupes se joignent : sitôt qu'ils aperçoivent nos soldats, les Impériaux font un feu terrible; les mousquets, les canons partent en même temps. Les Français ne ripostent pas; leurs rangs s'éclaircissent, puis se resserrent, et sans tirer un coup de fusil, ils s'élancent à la baïonnette. Corps à corps, mêlés au milieu des sapins, les soldats restent ainsi quelque temps confondus. Les deux masses serrées, palpitantes, hésitaient; forêt de fusils entrelacés, entre lesquels le canon faisait, à de rapides intervalles, une trouée de feu et de sang. Mais bientôt, après une énergique résistance, les Allemands commencent à perdre du terrain, à reculer, à plier, puis se rompent. Les Français les chassent du bois où ils étaient postés, les précipitent dans la vallée à coups de baïonnette, et les poursuivent en poussant des cris de victoire. Excités par le combat, quelques bataillons de Villars descendent même en désordre l'autre revers de la colline, et se débandent pour courir à la poursuite de l'ennemi.

Tandis que l'infanterie française jetait ainsi l'armée impériale dans la vallée, les deux cavaleries s'entre-heurtaient dans la plaine. La nôtre, bien inférieure en nombre à celle des ennemis, était commandée par un habile officier, M. de Magnac. Confiant dans la valeur de ses soldats, et pensant écraser les Français sous le nombre, le prince de Bade en personne chargeait à la tête des Impériaux. M. de Magnac, qui redoutait pour nos escadrons le canon du fort de Friedlingen, laissa venir à lui le général ennemi avec toute la cavalerie allemande. Il le laissa commettre la faute qui avait perdu François Ier à Pavie, masquer sa propre artillerie en se mettant entre elle et les Français; il le laissa ensuite parcourir au galop toute la plaine, pour arriver sur nous avec le désordre inséparable d'une telle marche; puis, quand il vit les cavaliers impériaux à cent pas, en désordre, presque rompus, leurs chevaux haletants, couverts d'écume et de poussière, il donna le signal. L'épée à la main, il se précipite alors à la tête de ses hommes, frais et serrés; et malgré la supériorité du nombre [1], la présence du prince de Bade, la bonne qualité des sol-

---

[1] Il avait cinquante-quatre escadrons, et les Français trente-trois seulement.

dats autrichiens, l'ennemi ne peut soutenir l'effet de ce choc terrible. M. de Magnac renverse les premiers rangs des cavaliers impériaux, les refoule en désordre, et les cuirassiers allemands fuient épars et à toute bride. Ainsi la bataille était gagnée sur la hauteur et dans la plaine; partout les Français avaient l'avantage.

Cette bataille si bien gagnée cependant, Villars faillit la perdre. Ce fut la part de ce hasard fatal que l'on rencontre quelquefois dans les histoires des hommes, que l'on peut souvent éviter, sans pouvoir le nier jamais. L'infanterie allemande, rompue et jetée dans la vallée, poursuivie par quelques bataillons seulement, victorieux, mais débandés, se retourna, fit tête, et repoussa les Français. Ceux-ci, effrayés de voir les vaincus qui battaient les vainqueurs, les morts qui revenaient, perdirent la tête. A la vue de leurs camarades qui tombaient, ils reculèrent épars, démoralisés; les uns s'enfuirent, les autres jetèrent leurs armes, ceux-là poussèrent le cri suprême : *Sauve qui peut!* Leurs fuyards vinrent alors jeter le désordre dans les rangs des autres bataillons, qui, se voyant vainqueurs, descendaient eux aussi précipitamment la colline, afin de poursuivre également les Autrichiens en déroute. Ce repliement inattendu des premiers bataillons français sur les autres jeta l'alarme. Comme un frisson électrique, une terreur panique courut les rangs. Ces troupes victorieuses, prêtes à s'élancer à la poursuite des Impériaux, hésitèrent, puis reculèrent. Si les fantassins allemands fussent alors revenus à la charge, l'infanterie française était perdue. Villars en un coup d'œil embrasse le danger. Il s'élance, prend un drapeau, les rallie et les ramène. « A qui en avez-vous, soldats! leur dit-il; la bataille est gagnée. Vive le roi! » Quelques voix rares et faibles répondent : « Vive le roi! » Mais ce n'est pas ainsi que crient des soldats vainqueurs; ils craignent encore, leur terreur n'est pas dissipée, et Villars parvient non sans peine à reformer leurs rangs.

En ce moment, la cavalerie française, victorieuse des Impériaux, après avoir exécuté cette charge brillante qui avait culbuté les cuirassiers du prince de Bade, était venue reprendre sa première position dans la plaine. Bien différente de l'infanterie, tombant dans l'excès contraire, elle avait négligé de poursuivre longtemps les cavaliers allemands qui fuyaient devant elle. Villars, du haut de la colline, aperçut cette faute, qui aurait pu avoir de si graves conséquences. Il ralliait en ce moment avec peine l'infanterie; elle était tout au plus rassurée, elle subissait encore l'influence de cette terreur panique qui planait sur les rangs; elle répondait en hésitant aux cris de victoire de son général. Un faux mouvement de la cavalerie pouvait tout perdre, et faire jeter toute l'armée française, infanterie, cavalerie, artillerie, en déroute dans le Rhin. L'infatigable Villars n'hésite pas : il s'élance au galop à travers les vignes. Son secrétaire, qui l'accompagne, est fait prisonnier[1].

[1] « Dodeval, mon secrétaire, qui m'accompagnoit et me servoit sou-

Lui-même va tomber dans un parti allemand, quand un sergent l'avertit et le sauve. Il arrive enfin dans la plaine, où des cris de victoire l'accueillent. Mais sans perdre un instant, tandis que sa cavalerie est encore victorieuse, il lance aussitôt un millier de chevaux contre quelques escadrons ennemis, qui, déjà ralliés, revenaient à la charge. Les Français repoussent de nouveau les cuirassiers du prince de Bade, les poursuivent l'épée dans les reins, et, cette fois, la victoire est assurée.

L'infanterie française, entièrement revenue de sa terreur, descendait alors dans la plaine en bon ordre. On apercevait dans le lointain les troupes impériales qui fuyaient, poursuivies par nos soldats. Un groupe d'officiers entoura Villars. Après lui avoir adressé leurs félicitations sur la bataille, faisant allusion à son grade de lieutenant général, ils le saluèrent avec enthousiasme du titre de maréchal de France. Alors se passa une scène unique dans les fastes de l'armée française, alors on vit un spectacle qui rappelait les légions romaines proclamant leur général *imperator*. Après cette journée, où le succès avait été emporté par le général en chef ; sur ce champ de bataille encore jonché de mourants, de morts, d'armes brisées ; au bruit des coups de feu qui retentissent au loin dans la plaine, et qui forment comme un digne accompagnement de ce triomphe militaire ; en présence de ces bataillons ennemis qui fuient en désordre, officiers et

vent d'aide de camp, tomba entre leurs mains, et fut le seul prisonnier qu'ils firent. » (*Mémoires de Villars*, p. 100.)

soldats entourent Villars. Ses cavaliers, couverts de sang, de poussière, se pressent pour le voir; ils agitent leurs chapeaux, leurs épées, et des milliers de voix mâles et émues crient ensemble : « Maréchal! maréchal! » Une bien douce joie dut faire battre le cœur de Villars devant ce sacre de ses soldats, devant cette solennelle acclamation de la victoire. Quelques jours après, le roi ratifia le vœu de l'armée : à la simple lecture de la dépêche, sans consulter ses ministres, il lui envoya le bâton de maréchal de France. Telle fut cette belle bataille de Friedlingen, l'un des plus éclatants triomphes de Villars, et le premier sourire de la victoire au vainqueur de Denain (14 octobre 1702)[1].

Toutefois, malgré la gloire du succès, malgré les trophées du combat[2], le général de Louis XIV n'atteignit pas encore le but qu'il s'était proposé. Livrée pour ouvrir l'Allemagne, pour faciliter la jonction des

---

[1] *Mémoires de Villars*, collection Michaud, t. IX, p. 99 et 100. — *Archives de la guerre*, vol. 1582, n° 103. — Lettre de Villars au roi, n° 107 bis; lettre de M. de Magnac au roi.—Général Pelet, t. II, p. 409-416-845. — De Quincy, *Histoire militaire de Louis le Grand*, t. III, p. 600. — *Mémoires de Feuquières*, p. 339.— *Mémoires de Saint-Hilaire*, t. III. — *Mémoires de Catinat*, t. III. — Le P. Barre, *Histoire d'Allemagne*, t. X, p. 420.

[2] Villars tua aux ennemis quatre mille hommes, en prit autant, avec onze pièces de canon et trente-cinq drapeaux. (*Mémoires de Villars*) : « Tous les villages à deux lieues à la ronde du champ de bataille sont remplis de blessés et de mourants; toutes leurs charrettes de munitions de guerre sont abandonnées. J'envoie même dans ce moment chercher sept pièces de canon qu'on me dit à deux lieues d'ici, et une quantité prodigieuse de grains et de farine destinés pour leurs magasins. » (Lettre de Villars au roi, 17 octobre 1702, *Archives de la guerre*, vol. 1582, n° 107. — Général Pelet, t. II, p. 845.)

Bavarois et des Français, cette bataille n'assura pas le passage, en ce moment du moins. Le gouvernement hésitait, l'électeur était indécis, et pendant ce temps l'hiver, qui arrivait, couvrait de neige la forêt Noire, que les Français devaient traverser. Il fallut ajourner la jonction à l'année suivante [1]. Devenu général en chef de l'armée du Rhin par la retraite de Catinat [2], Villars rasa le fort de Friedlingen, nivela les retranchements ennemis placés sur la rive allemande, et ramena son armée en France. Il examina ensuite sur quel point le passage serait plus facile à exécuter. Le maréchal échangea à ce sujet plusieurs lettres avec l'électeur, visita la frontière et ne garda sur la rive droite que le pont d'Huningue et la ville de Neubourg, deux portes ouvertes pour entrer dans l'Empire l'année suivante. Il revint ensuite à Paris (décembre 1702) [3]. Ainsi finissaient alors les campagnes. Elles commençaient au printemps et se terminaient à l'automne. Quand venait la mauvaise saison, les troupes prenaient leurs

---

[1] « Cette vallée de Neustadt, que Votre Altesse me propose, c'est ce chemin que l'on appelle le *val d'Enfer*. Eh bien! que Votre Altesse me pardonne l'expression, je ne suis pas assez diable pour y passer. Il faut donc remettre à l'année suivante, et se mieux concerter. » (Lettre de Villars à l'électeur, 12 décembre 1702.)

[2] Le vieux guerrier quitta cette année le service. Mécontent de la froideur de Louis XIV, des duretés de Chamillart, il rentra dans la vie privée, et vint achever ses jours dans son château de Saint-Gratien, près Paris. Il y mourut quelques années plus tard, en 1712.

[3] Il était impatient, disaient ses ennemis, de revoir la très-célèbre maréchale de Villars, qu'il venait d'épouser. On sait quelle était l'admirable beauté de la maréchale. Richelieu l'aima longtemps. Voltaire en fut éperdument amoureux; il avoue que son seul souvenir empêchait totalement son travail. Voyez la jolie pièce de vers qu'il lui a adressée (édition de Raynouard, Paris, 1819, t. XI, p. 40).

quartiers d'hiver, et les maréchaux allaient à Versailles. Au mois de mai, le roi distribuait les armées; les maréchaux repartaient, rassemblaient les régiments disséminés dans les cantonnements, et la guerre recommençait. Les généraux ennemis agissaient de même. Marlborough et Eugène quittaient à l'automne leurs soldats, se rendaient à La Haye pour réchauffer le zèle des Hollandais, puis de là allaient à Londres et à Vienne, afin d'y faire les préparatifs de la campagne suivante.

A son arrivée à Versailles, le roi fit à Villars le plus gracieux accueil. Louis XIV lui adressa un de ces éloges qu'il savait si bien faire. « Je suis, lui dit-il, autant Français que roi ; ce qui ternit la gloire de la nation m'est plus sensible que tout autre intérêt. C'est d'ordinaire sur les six heures du soir que Chamillart vient travailler avec moi, et depuis trois mois, il ne m'apprenait que des choses désagréables. L'heure à laquelle il arrivait était marquée par des mouvements dans mon sang : vous m'avez tiré de cet état, comptez sur ma reconnaissance [1]. »

---

[1] *Mémoires de Villars*, p. 102.
Sur cette campagne d'Allemagne de 1702 : Général Pelet, *Mémoires militaires*, t. II. — *Mémoires de Catinat*, t. III. — Limiers, *Histoire de Louis XIV*, t. III. — *Mémoires de Saint-Hilaire*, t. III, p. 205. — De Quincy, *Histoire militaire du règne de Louis le Grand*, t. III, p. 577. — *Mémoires de Villars*. — Le P. Barre, *Histoire d'Allemagne*, t. X, p. 418 et suiv. — Voltaire, *Siècle de Louis XIV*, t. Ier. — M. de Luden, *Histoire du peuple allemand*, t. V. — M. Kohlrausch, *Histoire d'Allemagne*, t. II, p. 311. — Cœckelbergue, *Histoire de l'empire d'Autriche*, t. VI. — Pfister, *Histoire d'Allemagne*, t. IX.

CHAPITRE V

(1703.)

Armée du Nord et d'Allemagne. — Succès des Anglo-Hollandais dans le Nord. — Les alliés forcent les lignes du pays de Waës. — Combat d'Eeckeren. — Inaction des deux armées. — Mésintelligence entre les Anglais et les Hollandais. — Marlborough veut forcer les lignes françaises. — Les Hollandais s'y opposent. — Tristes résultats de la campagne. — Perte de l'électorat de Cologne, de la Gueldre, de la province de Limbourg. — Prise de Kehl par Villars. — Passage de la forêt Noire. — Jonction avec l'électeur de Bavière. — Deux plans d'attaque contre l'Empereur : par l'Autriche, par le Tyrol. — Expédition malheureuse de l'électeur dans le Tyrol. — Victoire de Villars à Hœchstedt. — Mésintelligence entre l'électeur et Villars. — Son rappel. — Les Français hivernent dans l'Empire.

En 1703, comme en 1702, la guerre continue à la fois sur son triple théâtre, en Flandre, en Allemagne, en Italie; mais les grands coups, cette année, se donnent sur le Rhin et sur le Pô. Dans le Nord, la campagne est peu remarquable, peu décisive, peu glorieuse. De nombreuses armées cependant sont en présence : d'un côté Marlborough et le général Cohorn, avec cent mille hommes de troupes anglaises, hollandaises et surtout de régiments auxiliaires allemands; de l'autre, deux maréchaux de France : Boufflers, Villeroy, qui était venu d'Inspruck, et le général espagnol Bedmar, avec cent vingt mille soldats. Mais ces grandes masses ne se heurtèrent pas.

Dans la campagne de 1702, ainsi que nous l'avons raconté dans le chapitre précédent, les alliés avaient conquis dans le Nord la province espagnole de Gueldre, sauf Gueldre, la capitale, et l'électorat de Cologne, sauf Rhinberg et Bonn, dernières villes restées à l'Électeur, toutes deux bloquées à la fin de l'année précédente. Avant le rassemblement des deux armées, les ennemis enlevèrent Rhinberg. La ville était étroitement resserrée depuis le mois d'octobre 1702. Les subsistances manquaient : déjà le commandant, le marquis de Grammont, qui avait sauvé la place quelques mois auparavant par une énergique résistance, songeait à se frayer un chemin, l'épée à la main, à travers l'armée ennemie, quand une lettre du maréchal de Boufflers lui ordonna d'évacuer la ville et de sauver la garnison. M. de Grammont obtint les honneurs de la guerre, sortit de Rhinberg avec toutes ses troupes, et les alliés y entrèrent (9 février 1723)[1]. Ce premier succès fut bientôt suivi d'un autre. Après la prise de Rhinberg, les ennemis se dirigèrent sur Bonn, dernière place restée à l'électeur de Cologne, et l'investirent (25 mars 1703). La grande armée des coalisés dans le Nord se divisa en deux : la première, commandée par Marlborough et le général hollandais Cohorn, forma le siége de Bonn ; la seconde se plaça sur la Meuse, près de Maëstricht,

[1] Général Pelet, *Mémoires militaires*, t. III.

entre les possessions espagnoles et l'électorat, et couvrit ainsi les opérations de la première : ainsi s'ouvrit la campagne.

Les grandes forces des Français se partagèrent de même en deux corps : l'un, confié au général espagnol Bedmar, fut placé dans le pays de Waës, afin de protéger les lignes qui couvraient de ce côté les possessions de Philippe V, la Flandre et la riche cité d'Anvers ; l'autre, le plus considérable, resta placé sous le commandement des deux maréchaux Villeroy et Boufflers, et se rassembla sur la frontière du Brabant, sur la lisière de l'évêché de Liége, en face de la seconde armée ennemie, placée sur la Meuse, près de Maëstricht. Les maréchaux voulaient d'abord l'attaquer. Ils avaient sur elle l'avantage du nombre ; ils essayèrent d'en profiter, afin de combattre séparément ainsi les forces ennemies, d'abord l'armée de Maëstricht, puis l'armée de Bonn, sans leur donner le temps de se réunir. Les généraux de Louis XIV entrèrent donc dans l'évêché de Liége, campèrent à Montenack (8 mai 1703), prirent Tongres, dont ils jetèrent en passant les fortifications par terre, et se dirigèrent vers l'ennemi, qu'ils trouvèrent établi à Petersheim et à Lonacken, jusque sous le canon de la forte place de Maëstricht. Mais sa position parut si formidable aux maréchaux, qu'ils ne voulurent pas engager une action. La victoire était douteuse, elle ne pouvait être qu'ensanglantée, et le roi leur avait ordonné de ménager sa belle armée des Pays-Bas et de ne rien donner au hasard. Ils résolurent donc de ne pas livrer bataille, mais ils n'osèrent pas non plus marcher sur Bonn, et Bonn capitula. M. d'Aligre, qui y commandait, fut obligé de la rendre et en sortit avec les honneurs de la guerre (15 mai 1703)[1]. La perte de cette ville termina la conquête de l'électorat de Cologne.

Après la prise de Bonn, l'armée qui en avait fait le siége vint rejoindre celle qui l'avait protégé, et leur réunion présenta une masse de cent mille combattants. Le duc Marlborough, qui les commandait, se plaça sur la Meuse, en face de l'armée des maréchaux, qui étaient restés dans l'évêché de Liége. Le général anglais espérait décider les Français à engager l'attaque et comptait bien remporter la victoire; mais Boufflers et Villeroy se contentèrent de rester sur la défensive et de fermer aux alliés l'entrée du Brabant espagnol, obéissant ainsi scrupuleusement aux ordres de Louis XIV. Marlborough essaya vainement de les forcer à combattre. Les maréchaux refusèrent. Afin d'utiliser leurs cent mille homme, les alliés résolurent alors d'essayer une entreprise sur un autre point.

Nous avons dit que M. de Bedmar, général de Philippe V, avait été chargé, au commencement de la campagne, de garder le côté de la mer, la Flandre espagnole, les lignes du pays de Waës, qui protégeaient et couvraient la ville d'Anvers, sous les murs de laquelle Bedmar campait. Marlborough conçut le projet de rester, lui, sur la Meuse, avec l'armée principale des alliés, d'en détacher

---

[1] Général Pelet, *Mémoires militaires*, t. III, p. 748.

secrètement plusieurs corps qui arriveraient tout à coup sur les lignes du pays de Waës, qui les franchiraient, ravageraient la contrée, forceraient M. de Bedmar à laisser son camp d'Anvers pour défendre la Flandre envahie, et pendant ce temps de quitter lui-même précipitamment sa position de la Meuse, d'arriver sur Anvers abandonnée et d'en former le siége. De cette façon, il forçait l'armée des maréchaux à abandonner l'évêché de Liége, à se porter du côté de la Flandre espagnole et de la mer, pour aider M. de Bedmar à reprendre les lignes du pays de Waës, ou pour secourir Anvers, et le général anglais espérait les amener ainsi à livrer bataille. Les alliés comptaient forcer les lignes, battre les maréchaux, puis s'emparer d'Anvers, de Bruges, d'Ostende et de Nieuport. Les Hollandais, jaloux du commerce de l'Escaut, voulaient profiter de cette occasion pour lui porter un coup terrible. Les Anglais désiraient prendre Anvers : les ministres de la reine Anne avaient recommandé à Marlborough [1] de faire tous ses efforts pour s'en rendre maître dans le cours de cette campagne. Le gouvernement britannique espérait ensuite enlever Bruges, puis Ostende et Nieuport, et il attachait une grande importance à ces deux ports de mer, dont l'occupation mettait l'armée anglaise en communication directe avec la Grande-Bretagne. Le cabinet de Saint-James avait toujours grandement ambitionné leur possession. Dans les né-

---

[1] Lettre de Marlborough au comte de Zinzendorf, *Archives de la guerre*, vol. 1551, n° 15. — Général Pelet, t. III.

gociations de La Haye, entre M. Alexandre Stanhope et le comte d'Avaux, on se souvient que le ministre de Guillaume III avait demandé pour barrière précisément ces mêmes villes, Ostende et Nieuport. Ce projet sur les lignes de Waës et Anvers satisfaisait donc également les deux gouvernements qui combattaient dans les Pays-Bas, les Hollandais et les Anglais, et Marlborough en prépara l'exécution. Il détacha de sa grande armée de la Meuse des corps d'infanterie et de cavalerie, embarqua l'infanterie sur le Rhin, et fit filer la cavalerie par la Gueldre et le Brabant. Immédiatement les États-Généraux préparèrent des bâtiments pour porter les troupes et les munitions, et à la fin de mai 1703, l'armée destinée à envahir la Flandre espagnole, à forcer les lignes du pays de Waës, à assiéger Anvers, débarqua à Berg-op-Zoom et dans la Flandre hollandaise.

A cette nouvelle, les maréchaux dressèrent leur plan : ils résolurent de rester ensemble, de ne pas se séparer devant Marlborough, avant de savoir exactement sur quel point porteraient les efforts des ennemis, soit du côté de la mer, soit du côté de la Meuse. Alors seulement ils convinrent d'agir, de marcher aux alliés et de les arrêter. Villeroy et Boufflers restèrent donc dans l'évêché de Liége, et laissèrent à M. de Bedmar le soin de garder seul les lignes du pays de Waës et de défendre Anvers. Ils se contentèrent, en ce moment, de lui envoyer quelques renforts. M. de Bedmar établit son quartier général à Haesdonk, sur la rive gauche de l'Escaut, et de là surveilla les mouvements des alliés, campés à Lillo, à Biesvliet, à l'Écluse, et menaçant la Flandre espagnole et Anvers. Marlborough, de son côté, se tenait prêt à accourir à leur aide, afin de bloquer et d'assiéger cette place.

Son dessein faillit réussir.

Les alliés emportèrent d'abord les lignes du pays de Waës (27 juin 1703). Les généraux hollandais Cohorn et Spaar les forcèrent à Calishœk, à Stecken, et en plusieurs endroits. Les Français n'avaient pas assez de monde pour couvrir ces longues fortifications. Nos officiers qui les gardaient se défendirent énergiquement, mais le nombre était trop inégal. A Calishœk, notamment, cent cinquante Français combattirent contre deux mille ennemis. Ils durent céder et les Hollandais vainqueurs franchirent les lignes, pillèrent Stecken, ravagèrent la contrée voisine, se répandirent dans tout le pays de Waës et y levèrent des contributions.

Villeroy et Boufflers, qui campaient près de Diest, sur la frontière de l'évêché de Liége, se préparèrent immédiatement à secourir le pays de Waës, et d'abord Anvers, que menaçait le général hollandais d'Obdam, placé à la tête d'une armée anglo-batave, à Eeckeren, en face de M. de Bedmar, lequel, faute de monde, se trouvait dans l'impossibilité de l'attaquer. Le baron d'Obdam espérait que M. de Bedmar quitterait son camp pour aller reprendre le pays de Waës, et, durant son absence, il comptait emporter les lignes d'Anvers et commencer le blocus de la ville. Marlborough, pendant ce temps, s'ébranlait secrètement, et se tenait prêt à lui mener ses troupes pour former avec le général hollandais le siége d'Anvers. Mais M. de Bedmar ne donna pas dans le piége, et, sans se préoccuper davantage du pays de Waës, resta dans son camp ; il écrivit seulement aux maréchaux pour leur annoncer ses embarras et leur exposer la nécessité de le secourir. Bien certains alors que le danger était à Anvers, les généraux de Louis XIV manœuvrèrent en conséquence : Villeroy, avec la grande armée française, resta à Diest, devant Marlborough et la grande armée alliée ; Boufflers vola au secours de M. de Bedmar avec trente escadrons et trente compagnies de grenadiers. Onze lieues séparaient les deux armées : les soldats de Boufflers les franchirent en un jour et, après quelques heures de repos, attaquèrent l'ennemi (29 juin 1703). Les grenadiers ne s'arrêtèrent pas un instant. Fatigués par trente-quatre heures de marche, ils durent cependant charger avec les autres, quand ils arrivèrent, la bataille était commencée[1]. Les troupes allemandes, anglaises, hollandaises du baron d'Obdam se trouvaient campées à d'Eeckren, près d'Anvers, dans une forte position. Elles occupaient d'abord le village d'Eeckeren, où était le quartier général, et elles s'étaient rangées en avant, protégées par des haies et de larges fossés remplis d'eau, au milieu

---

[1] Lettre du maréchal de Boufflers au roi, *Archives de la guerre*, vol. 1651, n° 2. — Général Pelet, t. III, p. 65.

d'un terrain difficile coupé de *watergangen*[1], qui rompaient à chaque instant les rangs de nos soldats. Dans une pareille situation, le combat s'engagea, de loin, à coups de canon, sans s'aborder. Mais bientôt, encouragés par leur artillerie, qui tirait à revers et renversait des files entières aux alliés, les Français marchèrent résolûment aux ennemis. Ils attaquèrent tous les postes à la baïonnette et les emportèrent successivement ; ils enlevèrent ensuite, dans la soirée, le quartier général d'Eeckeren, et couchèrent sur le champ de bataille. M. d'Obdam s'enfuit avec trente chevaux et faillit tomber entre les mains des vainqueurs (30 juin 1703)[2]. Ses troupes se retirèrent pendant la nuit à Lillo, puis à Breda. Ainsi, par la vigilance de Boufflers, échouèrent les grands projets des alliés, et principalement l'attaque d'Anvers, le dessin favori de Marlborough.

Le général anglais, qui se tenait tout prêt à rejoindre le baron d'Obdam et à assiéger Anvers, se dirigea en effet vers cette ville, non plus pour aider des vainqueurs, mais pour couvrir des fuyards. Il quitta la Meuse, entra dans le Brabant espagnol et campa à Herenthals, afin de tendre la

---

[1] Mot à mot, *conduits d'eau*. Ce sont des canaux, des routes d'eau, si l'on pouvait ainsi parler. La Hollande et quelques parties de la Belgique sont sillonnées d'une multitude de ces canaux, qui servent de moyens de communication et de transport entre les divers pays. Ce mot *watergangen* est un mot spécial et consacré ; dès Louis XIV, les généraux l'emploient dans leurs dépêches. Boufflers s'en sert dans la lettre citée plus haut.

[2] Lettre de M. d'Obdam à Marlborough, *Archives de la guerre*, vol. 1651, n° 20. — Général Pelet, t. III, p. 765.

main aux Anglo-Hollandais échappés d'Eeckeren et retranchés sous Lillo. Boufflers, de son côté, rejoignit bientôt Villeroy avec le corps qu'il avait mené à Eeckeren, et les deux grandes armées, celle de Marlborough, celle des maréchaux, se trouvèrent encore une fois réunies et encore une fois en présence. Pendant un mois entier, les troupes de Louis XIV et de la Grande-Alliance restèrent ainsi à s'observer ; elles campèrent plusieurs jours à quelques portées de canon, mais sans livrer une bataille (juillet 1703). Les Français, supérieurs en cavalerie, ne voulaient engager une action que dans une plaine assez large pour y déployer leurs escadrons. Les alliés, au contraire, dont l'infanterie était la principale force, désiraient combattre sur un terrain uniquement favorable à leurs fantassins. Une assez grave mésintelligence partageait ensuite les généraux ennemis et entravait leurs projets. Les Anglais et les Hollandais étaient d'un avis opposé sur la manière de diriger la guerre. Marlborough et plusieurs officiers des troupes auxiliaires allemandes voulaient attaquer les Français ; Cohorn, les généraux et les députés des Provinces-Unies, au contraire, préféraient éviter les hasards d'une action générale, et gagner lentement, prudemment, du terrain, prendre les villes de Philippe V et entamer de plus en plus les Pays-Bas. Ils combattaient en marchands, et Marlborough en homme de guerre. Au lieu de livrer une bataille, le cabinet de La Haye préférait achever la conquête de la Gueldre espagnole en prenant Gueldre, la capitale, qui seule restait debout, et assiéger en même temps Huy, dans l'évêché de Liége, et Limbourg dans la province de ce nom. Les Hollandais tenaient surtout à la prise de Limbourg, dont la possession protégeait leur propre pays et couvrait la Gueldre, conquise l'année précédente sur Philippe V. Les États-Généraux, encore impressionnés par la récente défaite d'Eeckeren, redoutaient un échec qui eût ouvert le territoire de la République, et ils insistèrent pour l'adoption de leur projet. Marlborough s'efforça en vain de les décider à livrer une action : les Hollandais tinrent bon, et comme ils soudoyaient plus de la moitié de la grande armée des Pays-Bas, le général anglais dut exécuter la volonté des riches banquiers d'Amsterdam. Il rassembla la grande armée des alliés et retourna sur la Meuse, afin d'assiéger Huy et Limbourg (1ᵉʳ août 1703). Des lettres interceptées par les Français leur apprirent les desseins des ennemis.

Les maréchaux Villeroy et Boufflers se trouvèrent de nouveau dans une position embarrassante ; ils pouvaient difficilement protéger Gueldre et Limbourg, et plus difficilement encore secourir Huy. Ils devaient d'abord couvrir le Brabant, le centre et le siége du gouvernement espagnol, et cette frontière de Philippe V était si exposée, si ouverte, qu'ils avaient besoin de toutes leurs forces pour la garder contre les alliés ; mais comme le roi leur avait ordonné avant tout de fermer les Pays-Bas, dans l'impossibilité où ils se trouvaient de protéger en même temps la frontière et de secourir Huy, ils sacrifièrent cette ville. La place fut complétement investie, puis enlevée par les ennemis, qui firent la garnison prisonnière de guerre (23 août 1703). Continuant l'exécution de leur plan, les Anglo-Hollandais investirent Limbourg, que les Français ne pouvaient pas non plus défendre. Ils s'emparèrent de la ville, et, comme celle d'Huy, la garnison resta prisonnière de guerre (septembre 1703). Quelques mois plus tard, Gueldre eut le même sort: après une longue résistance, le comte de Stirum, qui était devant la place, convertit le siége en blocus et l'emporta (15 décembre 1703).

Pendant ces pertes successives, l'armée française restait postée près de Léau, derrière les lignes gigantesques qui enveloppaient le Brabant, de la Meuse à Anvers. L'audacieux Marlborough voulait de nouveau attaquer les maréchaux; mais cette fois encore les Hollandais s'y opposèrent. Cette dissidence d'opinion augmenta la division qui déjà régnait parmi les généraux ennemis: dans les conseils de guerre, les officiers des deux nations se reprochaient mutuellement des fautes commises dans la direction des opérations militaires. Les Hollandais prétendaient que Marlborough, après la prise d'Huy, avait manqué l'occasion de bombarder Namur et de prendre Dinant, deux villes de Philippe V. Le général anglais, au contraire, accusait l'excessive prudence, la timidité du cabinet de La Haye, qui arrêtait les progrès des alliés, cependant supérieurs en nombre; il rappelait que dans le courant de la campagne, les députés des États-Généraux l'avaient déjà empêché d'attaquer les maréchaux et de briser, aux applaudissements de l'Europe coalisée, les barrières du Brabant espagnol. Les Anglais ajoutaient un reproche plus grave et plus blessant : ils prétendaient que la cavalerie hollandaise s'était mal battue au combat d'Eeckeren[1]. Ces reproches se reproduisaient chaque jour, et, se mêlant aux discussions relatives aux opérations militaires, rendaient les délibérations passionnées et inutiles. Dans les conseils de guerre, le temps se passait en récriminations, et les généraux se séparaient sans rien décider. L'automne s'écoula ainsi, et l'hiver, qui sépara les deux armées, vint mettre fin à la campagne. Cette année, comme l'année précédente, les armées de Louis XIV et de Philippe V étaient malheureuses dans les Pays-Bas. Le maréchal de Boufflers empêchait sans doute de grands désastres par le victorieux combat d'Eeckeren, et les deux généraux français réussissaient ensemble à fermer aux troupes de la coalition les terres espagnoles de la Flandre et du Brabant ; mais les alliés, en revanche, se retiraient avec des avantages décisifs : ils avaient continué en 1703 leurs succès de 1702, achevé la conquête de l'électorat de Cologne, achevé la conquête de la Gueldre et envahi le duché de Limbourg. En deux ans, dans le Nord, la cause franco-espagnole perdait tout le terrain compris entre le

---

[1] Général Pelet, *Mémoires militaires*, t. III.

Rhin et la Meuse. L'électeur de Cologne, notre allié, ne possédait plus un pouce de terre; tous ses domaines étaient occupés par les soldats de la coalition. Les ennemis prenaient et gardaient deux provinces espagnoles entières, la Gueldre et le Limbourg; ils entamaient la monarchie de Philippe V, touchaient à la Meuse, arrivaient aux portes de Namur et menaçaient les frontières du Brabant. Telles étaient les malheureuses conséquences de cette seconde guerre de Flandre[1].

Sur le Rhin, comme l'année précédente, Villars réparait tous les revers.

Cette campagne d'Allemagne, dans laquelle il devait à sa couronne triomphale ajouter un nouveau fleuron, Hœchstedt à Friedlingen, le maréchal l'ouvrit de bonne heure. Il quitta Paris au mois de janvier (1703), et arriva en Alsace au milieu de son armée. Malgré l'absence des officiers généraux, les rigueurs de l'hiver, le délabrement de nos troupes, dès le mois de février, Villars passe le Rhin sur son pont de Neubourg. Les arsenaux d'Alsace étaient encore vides, comme sous le commandement de Catinat; ses soldats manquaient de tout;

---

[1] Général Pelet, *Mémoires militaires*, t. III, p. 1 et suiv. — *Mémoires de Saint-Hilaire*, t. III, p. 251. — De Quincy, *Histoire militaire du règne de Louis le Grand*, t. IV, p. 6. — *Mémoires de Mérode-Westerloo*, t. Ier, p. 257 et suiv. — Limiers, *Histoire de Louis XIV*, t. III. — Smollett, *Histoire d'Angleterre*, t. XII, p. 115. — Lingard, *Histoire d'Angleterre*, t. XVI, p. 60. — Cerisier, *Tableau de l'Histoire générale des Provinces-Unies*, t. IX, p. 38. — Leclerc, *Histoire des Provinces-Unies*, t. II, p. 439. — Kerroux, *Abrégé de l'Histoire de Hollande*, t. II, p. 564.

le tiers seulement avait des fusils ; les chariots, les tentes faisaient défaut. Villars ne les emmena pas moins assiéger le fort de Kehl, sur la rive allemande du Rhin.

Les campagnes étaient noyées par les pluies ; un vent sec souffla, la gelée survint, et les Français remontèrent gaiement la rive droite de Neubourg à Kehl, traînant les canons et les équipages à travers champs, et appelant le *temps de Villars* ce beau et froid soleil d'hiver qui protégeait leur marche.

Arrivé devant Kehl, le maréchal commença immédiatement le siége. La place était difficile à prendre : Vauban lui-même avait tracé les fortifications. Elle renfermait une nombreuse garnison, et aux obstacles élevés par la science s'ajoutaient les difficultés de la saison : les rivières voisines, débordées, menaçaient d'inonder le camp. Mais le maréchal ne s'effraya de rien. Villars passait sa journée dans la tranchée, et dirigeait lui-même les travaux. Il excitait les troupes par l'honneur, leur disant qu'il n'y avait que des Français pour savoir prendre les villes l'hiver. Il pardonnait les fautes, arrivait la nuit au milieu des postes, buvait de l'eau-de-vie avec ses soldats, leur racontait des histoires, trompant ainsi les longs ennuis de la vie militaire [1]. Le maréchal écrivait en même temps à Louis XIV qu'il voulait faire reprendre aux armées l'habitude des campagnes d'hiver, oubliées depuis Turenne et Créquy. Étonnée d'une

---

[1] *Mémoires de Villars.*

pareille attaque, la garnison se défendit mollement, et après treize jours de tranchée, elle demanda à capituler. Villars s'empressa d'accepter, et d'entrer dans Kehl (10 mars 1703). Il était temps : le jour même où il signait la capitulation, le vent changeait et deux pieds de neige couvraient la terre.

Les difficultés de l'hiver, la pénurie de son armée, le besoin de repos, de recrues, l'arrêtèrent cependant alors. Devant tous ces obstacles, le maréchal pensa avec raison que la saison n'était pas encore assez avancée pour tenter d'opérer sa jonction avec l'électeur de Bavière ; et comme Louis XIV lui avait donné plein pouvoir, après la prise de Kehl, il repassa le Rhin et rentra en France.

Mais cette conduite de Villars surprit la cour et le gouvernement. Les nombreux ennemis du maréchal, ses envieux, plus nombreux encore, ne manquèrent pas de critiquer sa retraite en Alsace. « On ne concevait pas, dit-il lui-même[1], dans les appartements bien chauffés du château, comment une armée qui venait de prendre Kehl ne pouvait pas, à la fin de février, franchir les montagnes de la forêt Noire[2] et joindre l'Electeur de Bavière. » Quelques courtisans, ne pou-

---

[1] *Mémoires de Villars.*

[2] Les montagnes de la forêt Noire, que Villars devait traverser pour rejoindre l'électeur, sont situées dans le grand-duché de Bade, en face de l'Alsace, d'Ettlingen à Mulheim environ. Elles ferment l'Allemagne contre la France, et couvrent le Rhin contre l'Allemagne. La neige y tombe en abondance l'automne et l'hiver, et sur les points les plus élevés elle ne fond pas en été. Ces montagnes ont été illustrées par la fameuse retraite du général Moreau, en 1796. (Voyez Malte-Brun, *Précis de géographie universelle*, t. V, p. 471.)

vant blâmer son génie, accusaient ses passions, et publiaient qu'il n'était revenu en France que par jalousie[1] et par amour, afin de retrouver à Strasbourg la belle maréchale de Villars. Sans écouter ces calomnies, le roi se montra mécontent de la conduite de son général. Louis XIV fut blessé de cette inaction subite, comme il avait été blessé de la double inaction de Catinat en Italie en 1701, et en Alsace en 1702. Le grand roi ne comprenait pas les lenteurs et les nécessités de la guerre, surtout après des succès. Suivant lui, il fallait alors aller en avant, agir, combattre. et quand ses soldats s'arrêtaient, il croyait leur réputation attaquée et son honneur compromis. Louis XIV ne connaissait pas la désastreuse situation de l'armée de Villars, les prodigieuses difficultés d'une jonction actuelle avec l'électeur de Bavière, et de la marche d'une armée entière, traînant ses canons, ses chariots, ses bagages, ses caissons au milieu des boues ou des glaces, traversant une partie de l'Allemagne, franchissant surtout les montagnes Noires, alors ensevelies sous les neiges. Le roi ne voyait que la nécessité de la jonction des Français et des Bavarois, et, jetant les yeux sur les événements qui s'accomplissaient en Allemagne, il comprenait moins encore le repos de Villars.

En ce moment, réduit à ses propres forces, l'électeur combattait victorieusement : il continuait ses succès de l'année précédente, prenait Neubourg sur

---

[1] Villars était très-jaloux de la maréchale.

le Danube (février 1703), et battait à Scharding le comte de Schlick, général de Léopold Ier, qui était entré en Bavière (11 mars 1703). Mais malgré ces avantages, Maximilien-Emmanuel ne pouvait, avec les seules troupes de l'électorat, lutter contre les armées coalisées de l'Autriche et de l'Empire, maintenant réunies contre nous. Si la France ne lui fournissait une armée, il allait sans nul doute être écrasé sous le nombre, et avec lui Louis XIV perdait un allié puissant et dévoué. Il importait donc d'envoyer au plus tôt Villars et ses soldats dans l'Empire pour le sauver; et de son côté l'électeur sollicitait instamment le roi de hâter l'arrivée des secours. Maximilien avait dépêché à Versailles un de ses officiers pour représenter plus clairement encore au gouvernement français la nécessité d'une prompte jonction, et la situation difficile de la Bavière.

Cette retraite de son armée, ces embarras de son fidèle allié touchèrent vivement Louis XIV. Il adressa à Villars une lettre sèche dans laquelle il lui manifestait tout son mécontentement, lui déclarant qu'à l'avenir il lui défendait de rien entreprendre sans ses ordres et lui enjoignait en même temps de repasser le Rhin[1]. Une telle lettre équivalait presqu'à une disgrâce. Villars cependant ne s'en effraya pas; le maréchal justifia sa conduite, et expliqua au roi tous les graves motifs qui l'avaient empêché, après la prise de Kehl, de continuer les hostilités. Il

---

[1] Lettre du roi à Villars, *Archives de la guerre*, vol. 1639, n° 55. — Général Pelet, t. III, p. 537, 16 mars 1703.

lui représenta d'abord qu'il ne voulait pas épuiser dès maintenant les pays allemands, où dans quelques mois il lui faudrait vivre en faisant la guerre ; ajouta que les neiges couvraient les montagnes de la forêt Noire qu'il devait traverser, et qu'elles les rendaient impraticables même aux simples voyageurs ; déclara que ses compagnies étaient incomplètes, qu'il fallait laisser aux officiers le temps de remplir les vides par des recrues ; exposa ensuite que ses troupes manquaient de fusils, d'habits, d'argent, et objecta enfin que si on commençait sitôt la campagne par une guerre prématurée, dans trois mois les soldats, encore à demi équipés, n'auraient plus ni armes, ni habits, ni souliers (23 mars 1703)[1]. Villars écrivit en même temps à Chamillart pour se disculper contre les accusations calomnieuses des courtisans[2]. Craignant en outre d'être desservi auprès du roi par ses ennemis personnels, il envoya à Versailles un de ses officiers pour exposer à Louis XIV le véritable état de choses, les difficultés de la jonction et le déplorable état des régiments d'Alsace.

Mais le roi fut inflexible ; il ne voulut jamais consentir à l'inaction de l'armée du Rhin, tandis que l'électeur s'exposait à sa ruine pour les intérêts de la France, et il enjoignit de nouveau à Villars de rentrer en Allemagne. Le maréchal dut obéir. Il ordonna à M. de Tallard, qui commandait l'armée de la

---

[1] Lettre de Villars au roi, *Archives de la guerre*, vol. 1675, n° 145. — Général Pelet, t. III, p. 539.
[2] Général Pelet, t. III, p. 544.

basse Alsace, l'ancienne armée de Catinat, de venir le joindre ; il réunit ses forces aux siennes, et tous deux, après avoir passé le Rhin, se dirigèrent vers les Impériaux. Villars écrivit au gouvernement qu'il était impossible encore d'essayer la jonction avec l'électeur, mais qu'il entrait dans l'Empire, et marchait contre le prince de Bade pour le combattre (avril 1703).

Le margrave se trouvait alors placé avec son armée sur la rive allemande du fleuve, derrière des lignes qui allaient de Bühl à Stolhoffen, se prolongeaient pendant une lieue et présentaient un front formidable. Général de l'Empereur et souverain du comté de Bade, le margrave [1] Louis les avait fait creuser l'année précédente pour couvrir à la fois l'Empire et ses Etats héréditaires. Malgré les difficultés de toute nature que présentaient ces retranchements, l'intrépide Villars brûlait de les attaquer ; il semblait qu'il eût hâte de montrer au roi qu'il n'avait pas dégénéré et qu'il était toujours le héros de Friedlingen Deux fois il voulut donner l'assaut ; deux fois ses officiers généraux l'en empêchèrent en émettant dans un conseil de guerre un avis opposé au sien. Mais Villars ne s'en consola pas, il ne s'éloigna de Stolhoffen qu'à regret ; il pressentait la victoire, il la croyait tenir et ne la voulait pas lâcher (fin d'avril 1703).

Cependant, les souhaits du maréchal s'accomplissaient. Le temps avait marché, le printemps était

---

[1] On sait que margrave (*mark-graf*) signifie comte de la frontière : le margrave Louis était comte de Baden-Baden.

venu, et la jonction avec l'électeur de Bavière devenait possible. Le mois de mai allait commencer : les herbes poussaient, les neiges fondaient dans la montagne ; l'armée se trouvait complète. Bien armée, bien équipée. Villars résolut alors d'effectuer sa jonction avec les Bavarois et de leur mener ses soldats.

L'entreprise était difficile : difficile à concerter, difficile à exécuter. Les opérations de l'armée de l'électeur et de l'armée de Villars devaient être simultanées. Tandis que le maréchal s'avancerait dans l'Allemagne, quitterait le Rhin, Maximilien devait marcher à sa rencontre en remontant le Danube. Il fallait donc se diriger en même temps sur un même lieu, afin de se rencontrer sûrement, et pour cela fixer l'ordre de la marche, l'époque de l'arrivée et l'endroit de la réunion. Tous ces points étaient difficiles à régler par les extrêmes précautions que mettaient les Impériaux à empêcher toute communication entre les Bavarois et les Français. Les partis allemands, répandus en Souabe et sur le Rhin, interceptaient les lettres de Maximilien, et quand elles pénétraient en France ; elles n'arrivaient qu'après les plus longs retards ou à l'aide des plus adroits subterfuges. En dépit de la vigilance des ennemis, l'électeur et Villars convinrent cependant d'abord du chemin que devraient suivre les deux armées. Il fut convenu que les Français partiraient d'Offenbourg, où Villars était venu camper après la prise de Kehl, qu'ils descendraient la vallée de la Kintzig[1], traverseraient les mon-

[1] Petite rivière du pays de Bade, qui prend sa source dans les mon-

tagnes de la forêt Noire, et arriveraient à Villingen, petite ville de la Souabe, où se ferait la rencontre. L'Electeur pendant ce temps remonterait le Danube, traverserait la Souabe et se dirigerait, lui aussi, sur Villingen. La marche, le point de jonction furent ainsi réglés. Le prince bavarois et le général français usèrent ensuite d'un stratagème pour s'avertir l'un l'autre du jour de l'arrivée des troupes de Louis XIV à Villingen. Maximilien attendait de Paris une eau qu'on devait lui adresser pour les yeux malades de sa fille. Villars lui fit savoir qu'il lui adresserait cette eau dans des fioles que les ennemis eux-mêmes lui feraient ensuite parvenir, et que ce remède servirait d'interprète. Le maréchal et l'électeur convinrent que la couleur de l'enveloppe des fioles marquerait le nom du mois où devait s'opérer la rencontre ; que l'enveloppe blanche désignerait le mois de mars; la rouge avril, la verte mai ; que le nombre des fioles ensuite indiquerait le nombre des jours, la date exacte du mois déjà connu [1].

La marche, le lieu de la jonction ainsi fixés, le maréchal ordonna tous les préparatifs nécessaires pour le difficile passage de la forêt Noire. Il fit construire des chariots à petite voie, pour les chemins étroits des montagnes. Il donna ses ordres pour la disposition des corps, le rassemblement de l'artillerie, des munitions, des chevaux et la confection du pain des-

---

tagnes Noires, et se jette dans le Rhin près de Kehl, en face de Strasbourg.

[2] *Mémoires de Villars.*

tiné à nourrir l'armée. A ce propos, un grave souci l'inquiétait. Le maréchal se demandait avec anxiété comment vivraient ses troupes après le passage des montagnes. Pendant le trajet, sans doute, les Français mangeraient le pain qu'ils emportaient ; mais une fois arrivés à Villingen, trouveraient-ils des farines, des subsistances, des ressources, ou rencontreraient-ils au contraire, sur cette terre étrangère, au milieu de l'Allemagne, pour premier ennemi, la faim, le plus terrible de tous? Ce danger lointain qui menaçait ses soldats préoccupait vivement le maréchal. Une lettre de l'électeur de Bavière vint heureusement lever tous ses doutes. Maximilien annonçait qu'il lui enverrait un convoi de pain au sortir des montagnes, à quatre ou cinq lieues de Villingen [1]. Villars alors n'hésita plus.

On était à la fin d'avril 1703.

Le 30 au matin, l'armée française s'ébranle, quitte son campement d'Offenbourg et s'enfonce dans la vallée de la Kintzig, dont les ennemis croyaient le passage impossible. Tandis qu'elle s'avançait, le maréchal de Tallard restait à Offenbourg, avec son corps de troups, pour couvrir la marche contre le prince de Bade, dans le cas où le margrave, quittant ses lignes de Stolhoffen, serait venu se jeter sur l'arrière-garde. Protégés sur leurs derrières, assurés de trouver des vivres et de rencontrer les Bavarois au sortir de la forêt Noire, les Français commencèrent

---

[1] *Archives de la Guerre*, vol. 1676, n° 31. — Général Pelet, t. III, p. 950.

à passer. Mais alors toutes les difficultés apparurent. Cette armée, portant du pain pour six jours (le temps présumé nécessaire par Villars pour franchir le défilé), traînant avec elle des bagages, des munitions, des caissons, des chevaux, des canons, arriva tout à coup dans un pays montueux, couvert de bois, coupé de ravins. Les chemins, à peine tracés, étaient défoncés par les neiges fondues. Malgré la boue, le froid, les fatigues, les précipices, les attaques de quelques partis ennemis qui côtoyaient les colonnes et les fusillaient pendant la marche, les forteresses qui se dressaient menaçantes et qu'il fallait ou prendre ou redouter, l'armée française s'avança impassible, Villars en tête. Électrisés par sa présence, par son indulgence et par sa gaieté, les soldats triomphaient de tous les obstacles. On les voyait, tantôt au fond de la gorge suivre la rivière qui coulait au milieu de la vallée, tantôt sur la crête de la montagne, glissant le long des rochers. Dans quelques endroits, ils marchaient un à un, effleurant ou dominant l'abîme, près de rouler dans le gouffre, apercevant sous leurs pieds le précipice, au fond duquel mugissaient les eaux jaunies des torrents.

Les Français se dirigèrent ainsi en suivant la vallée de la Kintzig. Ils traversèrent Gengenbrach, Biberach, Hasslach, Hornberg. Avant d'arriver à cette ville, ils franchirent des défilés, longs et étroits, où quelques arbres abattus auraient arrêté une armée. En quittant Hornberg, les difficultés augmentèrent encore. Pour monter au sommet des montagnes, le chemin devenait difficile, escarpé, glissant, presque impraticable : les chevaux s'abattaient, les hommes avaient peine à se tenir debout. Placés sur les hauteurs, les Impériaux auraient écrasé nos bataillons en faisant rouler seulement des pierres [1]. Les ennemis heureusement ne crurent pas à une telle audace. On ne rencontra pas un soldat allemand. Pas un boulet ne tomba dans les rangs des Français qui gravissaient les rochers ; pas une baïonnette n'étincela menaçante au haut de la montagne.

Au milieu de tous ces embarras de la marche, le pain que les troupes avaient emporté avec elles était consommé, et il fallait pourvoir à leur subsistance, il fallait vivre. Tout en s'efforçant de maintenir la plus exacte discipline, le maréchal fut obligé de lancer des partis dans la campagne pour enlever des bestiaux et rapporter des farines. Une fois éloignés du regard des chefs, les soldats pillaient les maisons, prenaient les provisions, insultaient les paysans, les battaient même s'ils voulaient faire de la résistance. Malgré son horreur du pillage et de l'indiscipline, Villars fut plus d'une fois obligé de fermer les yeux. En raison du courage et du dévouement, il dut pardonner les désordres.

Enfin, après onze jours entiers de privations, de

---

[1] « Si les ennemis eussent eu seulement l'idée de se rassembler sur les hauteurs, il y a nombre d'endroits où il ne leur auroit fallu que des pierres pour nous détruire, entre autres les deux lieues depuis Hornberg jusqu'au haut de la montagne..... Je ne puis m'empêcher de le dire, il n'y a que l'opinion de l'impossible qui a rendu possible ce que nous avons fait. » (*Mémoires de Villars.*)

fatigues, de combats, l'armée aperçut dans la plaine la petite ville de Villingen, située au débouché des montagnes, entre les sources du Danube et celles du Necker. Là devait s'opérer notre jonction avec les Bavarois. La forêt Noire se trouvait franchie : infanterie, cavalerie, artillerie, bagages, tout était passé. Villars accomplissait ainsi une action moins glorieuse que sa bataille de Friedlingen, mais plus difficile peut-être. Le maréchal avait préparé cette entreprise de longue main, pris d'avance toutes les précautions qu'exigeait le salut de son armée, franchi avec elle vingt lieues de défilés, et le succès le plus complet couronnait ses efforts (8 mai 1703).

Il en reçut bientôt une douce récompense. A peine était-il arrivé, que l'électeur voulut le voir; il semblait qu'il eût soif de contempler le vainqueur du prince de Bade, le défenseur de son pays, le sauveur de sa maison, le grand général du grand roi. Aussi, sans attendre qu'il pût aller le joindre avec toutes ses troupes, il lui écrivit de venir seul, à Riedlingen, ville de la Souabe, où Maximilien se trouvait avec son armée, trop fatiguée alors pour s'avancer jusqu'à Villingen. Là se fit l'entrevue. Le maréchal devait arriver à midi; mais l'électeur n'y tint pas. Dès le matin, dès sept heures, il était à cheval, les yeux fixés sur la route de France, s'obstinant à regarder dans le lointain, malgré la pluie qui tombait par torrents. Quand enfin Villars parut, Maximilien courut au galop à sa rencontre, et, sans attendre qu'il fût descendu de cheval, il se précipita dans ses bras en pleurant. Dans l'effusion de sa reconnaissance, le prince bavarois se lança au cou du maréchal avec tant de force, qu'il faillit tomber lui-même et jeter par terre son sauveur. Après ce cordial accueil, l'électeur combla Villars de remerciments et d'éloges, vanta ses succès passés, prédit ses victoires futures, et le convia le soir à un splendide repas [1].

Ces premiers moments donnés à la joie, il fallut songer à la terrible nécessité qui avait jeté dans les plaines de la Souabe trente mille hommes et un maréchal de France, la guerre. Villars et l'électeur convinrent que leurs deux armées prendraient, avant toute opération, un repos dont les armes, les habits, les hommes et surtout les chevaux avaient besoin [2]; que ce temps d'arrêt permettrait au général français de refaire ses troupes, de rétablir la discipline, fortement relâchée malgré ses efforts en traversant la forêt Noire, et qu'ensuite les forces franco-bavaroises agiraient vigoureusement contre l'Empereur.

Pour combattre Léopold Iᵉʳ, deux grands projets se présentaient : l'attaque par le Tyrol ou l'attaque par l'Autriche. Villars et l'électeur les examinèrent et les discutèrent tour à tour. D'après le premier plan, le maréchal, resté en Allemagne, protégerait la Bavière contre les troupes des cercles que comman-

---

[1] Lettre de Villars au roi, 9 mai 1703, *Archives de la guerre*, vol. 1676, n° 75. — Général Pelet, t. III, p. 582.

[2] La cavalerie était épuisée par le trajet et la mauvaise nourriture ; Villars estimait que si l'armée française commençait immédiatement les hostilités, chaque journée de marche tuerait deux mille chevaux. Général Pelet, *Mémoires militaires*, t. III.

dait le comte de Stirum, et pendant ce temps Maximilien devait pénétrer dans le Tyrol, percer les Alpes, donner la main à Vendôme, revenir dans l'Empire avec l'armée d'Italie, entrer alors dans l'Autriche, où il n'y avait pas huit cents soldats, et marcher droit à Vienne, frappant ainsi l'ennemi au cœur. C'était le projet du Directoire en 1796, le projet de Carnot, qui voulait, lui aussi, réunir dans une même attaque contre la maison de Hapsbourg l'armée du Rhin de Moreau et l'armée d'Italie de Bonaparte [1].

Ce premier plan n'obtint pas l'assentiment de l'électeur. Maximilien objecta que ses magasins du côté du Tyrol étaient dépourvus de tout approvisionnement ; que ses troupes y manqueraient de vivres et de munitions ; que d'ailleurs il ne pouvait agir seul dans le Tyrol ; qu'il devait combiner ses mouvements avec ceux de l'armée d'Italie ; que Vendôme, qui la commandait, n'était pas averti ; qu'il faudrait beaucoup de temps pour le prévenir ; que, précisément en ce moment, le général français s'éloignait du lac de la Garde, tournait le dos aux Alpes et se rapprochait du duché de Mantoue. Ce premier dessein, la marche dans le Tyrol, la jonction avec Vendôme et l'attaque ultérieure de l'Autriche, fut donc abandonné.

Villars alors exposa un second plan.

D'après cet autre projet, le maréchal devait, avec son armée, tenir en échec le général Stirum, placé

---

[1] Voyez M. Thiers, *Histoire de la révolution française*, t. VIII, p. 391.

derrière le Necker, l'empêcher de passer ce fleuve, et, s'il le franchissait, lui livrer bataille. Pendant ce temps, l'électeur répandrait le bruit que ses troupes avaient le plus grand besoin de repos; il se rendrait en Bavière, échelonnerait ses régiments le long du Danube comme pour les rafraîchir, et ferait secrètement préparer des bateaux. Dans le milieu de juin (1703), ensuite, à un jour donné, toute l'armée s'ébranlerait : la cavalerie marcherait à petites journées dans les grasses plaines de l'Empire ; l'infanterie monterait dans les bateaux tout préparés à la recevoir, et descendrait rapidement le Danube jusqu'à Passau. Là, au confluent de ce fleuve et de l'Inn, l'électeur trouverait, amenée par cette dernière rivière, l'artillerie qu'il possédait dans la ville forte de Braunau, et les régiments qu'il avait sur l'Inn. Avec toutes ces troupes, dans trois jours il prendrait Passau, dans trois jours Lintz, et de là, en vingt-quatre heures, le rapide courant du Danube portait les bateaux, l'infanterie et l'artillerie sous les murs de Vienne. D'après ce plan, l'armée franco-bavaroise profiterait de la terreur de l'Autriche voyant arriver dans les plaines de l'archiduché les soldats de Louis XIV qu'elle croyait encore dans la Souabe, et elle frappait aux portes de Vienne. L'Empereur, dont les soldats combattaient en Italie et en Allemagne, ou gardaient la Hongrie soulevée, n'avait pas de régiments pour couvrir sa capitale. Il était obligé de l'évacuer, et l'électeur l'occupait avec ses troupes. Villars calculait quels seraient les immenses résultats d'un semblable événement : l'entrée des

Franco-Bavarois à Vienne ! C'était d'abord délivrer l'Italie, car Léopold Ier ne pouvait manquer d'appeler pour se défendre son armée de Lombardie. En prenant Vienne, il sauvait donc déjà le Milanais et la Péninsule tout entière. Ce n'était pas là le seul résultat. Le maréchal pensait qu'en présence d'un pareil désastre, l'Empereur demanderait la cessation des hotilités, qu'il entamerait des négociations avec la France, qu'il renoncerait à ses prétentions à la couronne d'Espagne, et qu'après deux ans de guerre Villars signerait une paix glorieuse dans la capitale même de l'Autriche. Cette marche sur Vienne était le plan favori du grand capitaine, qui la préférait à l'expédition du Tyrol[1]. Il méditait froidement son projet et pesait toutes les chances de succès.

Villars était certain, d'une part, que l'Empereur n'avait pas de troupes à lui opposer pour défendre l'entrée de l'archiduché, que les seules places de Passau et de Lintz et leurs garnisons pouvaient arrêter quelques instants l'armée franco-bavaroise, et que, ces villes emportées, elle arrivait sans nul obstacle possible sous les murs de Vienne. Une fois là, le maréchal ne doutait plus de la victoire. « Vienne, écrivait-il au roi, n'a peut-être pas un régiment de garnison. L'armée se logera, en arrivant, sur la contrescarpe; elle occupera la Leopoldstadt[2], et après huit jours de siége

---

[1] Projet de M. le maréchal de Villars, *Archives de la guerre*, vol. 1676, n° 77. — Général Pelet, t. III, p. 951.

[2] La cité Léopold, faubourg de Vienne, séparé de la ville par le Danube. Au bout se trouve la magnifique promenade du *Prater*.

elle emportera la ville [1]. » Le maréchal comptait en outre sur la puissante coopération de la Hongrie. Domptée, mais frémissante, cette contrée s'agitait depuis longues années. En ce moment déjà plusieurs bandes de mécontents se répandaient dans les campagnes, comme les précurseurs d'un soulèvement général [2]. Encore quelques jours, et Ragoczi revenait de Pologne, et l'insurrection éclatait, et la Hongrie était en feu. Villars pensait que la présence des Franco-Bavarois sous les murs de Vienne précipiterait la révolte. L'arrivée d'une armée alliée au centre même de l'Autriche devait, suivant lui, décider les plus timides, et faire sortir du fourreau toutes les épées. Le soulèvement de leur pays, la présence des Magyares sous les murs de Vienne donnaient à la guerre un caractère formidable et décisif : ces trois armées, française, bavaroise, hongroise, brisaient les portes de la capitale impériale, et y arrachaient ensemble une paix triomphante [3]. Aussi prudent à prendre un parti qu'audacieux à l'exécuter, le maréchal avait mûri ce dessein ; et si l'on considère la force des Franco-Bavarois, la commodité de la route, la situation de l'Autriche, l'éloignement de ses soldats, la coopération des Hongrois, on comprendra facilement les chances considérables d'un si grand

---

[1] *Mémoires de Villars.* — Lettres de Villars au roi, *Archives de la guerre*, vol. 1676, n° 118 — Général Pelet, t. III, p. 624.

[2] Voyez le chapitre Ier du tome II.

[3] Sur ces deux projets, voyez, outre la pièce déjà citée, une lettre de Villars au roi (*Archives de la guerre*, vol. 1676, n° 75), et les *Mémoires du maréchal*, p. 115.

projet, conçu par un des plus illustres capitaines du dix-huitième siècle. Le succès paraissait certain : c'était, du reste, l'opinion du plus célèbre des officiers autrichiens, du prince Eugène de Savoie lui-même. Quelques années plus tard, à l'époque des conférences de Rastadt (1714), le vainqueur de Zenta avoua au maréchal que si en 1703 les Français avaient marché sur Vienne, ils n'auraient plus alors à traiter de la paix, qu'elle serait depuis longtemps signée, et que la France eût assurément obtenu à Vienne des conditions plus avantageuses qu'à Utrecht (1713)[1]. Déjà la terreur régnait à la cour, déjà l'Empereur délibérait s'il ne devait pas quitter sa capitale. On croyait toucher au moment, dit l'historien Schœll, où Louis XIV proclamerait que *la Maison d'Autriche avait cessé de régner* [2].

Après avoir envisagé ces deux projets, l'expédition du Tyrol et la marche sur Vienne, l'attaque ultérieure et l'attaque immédiate de l'Autriche, l'électeur de Bavière adopta ce dernier plan comme le plus facile et le plus propre à finir la guerre en une campagne. Maximilien se rendit à Munich pour surveiller les opérations. L'infanterie bavaroise et une partie de l'infanterie française montèrent dans des bateaux à Ulm et descendirent le Danube. Le jour de l'embarquement général des troupes sur le fleuve avait été déjà arrêté. C'était le 2 juin 1703. Villars, de son côté, rassemblait ses escadrons afin de se diriger vers

---

[1] *Mémoires de Villars.*
[2] Schœll, *Histoire des États européens*, t. XXVIII, p. 343.

le comte de Stirum. Le plan des opérations se trouvait ainsi définitivement dressé, quand tout à coup Maximilien, qui à de réelles qualités joignait une mobilité extrême, donna un triste exemple de cette fâcheuse disposition d'esprit. L'électeur avait envoyé un petit corps d'armée au secours du château de Rothenberg, dont la garnison était assiégée par un parti impérial. Il apprit, à Munich, la surprise et la défaite des troupes bavaroises qui marchaient sur Rothenberg. Ce léger échec le découragea et changea tous ses projets. Maximilien pensa dès lors, non plus à marcher sur l'Autriche, mais à entrer dans l'Empire, à pénétrer dans la Franconie, à s'emparer de la forte ville de Nuremberg, afin de ne pas laisser aux Impériaux le temps de s'y établir, et il écrivit à Villars pour lui annoncer ce changement de résolution et son nouveau dessein (27 mai 1703)[1].

Villars aimait le plan d'attaque directe sur Vienne, il y croyait, et il avait déjà manœuvré pour le faire réussir quand arriva cette triste nouvelle. Le maréchal apprit le fatal changement de l'électeur avec un véritable désespoir. Il s'efforça, dans une lettre éloquente, de le ramener à son premier dessein, en lui

---

[1] Lettre de l'électeur à Villars : « Ainsi, dit Maximilien, j'ai jugé à propos de différer l'entreprise sur l'Autriche, que nous pourrons toujours faire quand nous voudrons, et de faire marcher nos troupes sur Nuremberg, pour tâcher de m'emparer de cette place, qui est si utile pour toutes les opérations de la campagne... Vous ne serez pas surpris, Monsieur, que nous changions le premier projet; vous savez fort bien qu'à la guerre on doit agir selon les conjonctures et les occasions qui se présentent. » (*Archives de la guerre*, vol. 1676, n° 100. — Général Pelet, t. III, p. 606.)

représentant la minime importance de l'affaire de Rothenberg, les difficultés du siége de Nuremberg, et à côté la grandeur de l'entreprise projetée, le sort de l'Autriche placé dans ses mains et la honte d'employer à la prise d'une bicoque la belle et courageuse armée que lui envoyait Louis XIV (30 mai 1703)[1]. Villars fit inutilement vibrer toutes les fibres de son cœur; l'électeur persista. Il déclara qu'il était maintenant décidé à attaquer non plus l'archiduché, non plus Passau, mais Nuremberg et l'Empire, afin de détacher les cercles de la Grande-Alliance. Le maréchal dut s'incliner et se taire.

Ce nouveau plan de Maximilien ne fut pas, du reste exécuté ; il le mit de côté comme le premier. L'électeur abandonna cette seconde expédition à peine projetée, et il oublia Nuremberg comme Passau, l'Empire comme l'Autriche. Villars, triomphant de ce nouveau changement, transporté de voir le prince

---

[1] Lettre de Villars à l'électeur : « J'apprends non-seulement avec étonnement, mais avec une vive douleur, que Votre Altesse a changé le grand, bon et solide projet dont elle étoit convenue. Quoi ! Monseigneur ! la perte de deux ou trois cents hommes, de trois pièces de canon, et d'avoir manqué à secourir Rothenberg, fait manquer le dessein d'attaquer l'Autriche, dépourvue de toutes ses forces, et donne le temps à l'Empereur de se reconnaître !.....

« Que Votre Altesse ne compte point pour une chose bien aisée de faire présentement le siége de Nuremberg.....

« Qu'arrivera-t-il donc, Monseigneur? C'est que toute notre marche n'aboutira qu'à secourir le château de Rothenberg. Veut-elle qu'il soit dit que la première expédition de cinquante bataillons et de soixante escadrons, que je lui amène de France, soit d'aller secourir un château, quand il dépend d'elle de faire trembler toute l'Autriche? » (Archives de la guerre, vol. 1676, n° 101. — Général Pelet, t. III, p. 607. — Mémoires de Villars.)

bavarois renoncer à l'expédition inutile et dangereuse de Nuremberg, le pressa alors de reprendre le projet primitif, d'attaquer Passau, Lintz, et d'aller planter ses drapeaux sur les murs de Vienne. Mais Maximilien s'opiniâtra dans sa résistance, et lui fit connaître un nouveau dessein. Il annonça qu'après avoir longtemps réfléchi, il était maintenant fermement résolu à entreprendre l'expédition du Tyrol, et, en même temps, la jonction avec l'armée d'Italie. Tout en reconnaissant les avantages de ce plan, Villars voulut encore l'en dissuader et le ramener à son idée favorite, la marche sur Vienne, et pour cela il lui représenta les obstacles des Alpes, la difficulté de trouver Vendôme, le temps nécessaire à cette rencontre ; mais l'électeur ne voulut rien entendre. Malgré les objections de Villars, il persévéra dans son dessein, et les deux armées, bavaroise et française, durent combiner leurs mouvements pour en assurer l'exécution.

Tandis que Maximilien s'engageait dans le Tyrol avec ses soldats, le maréchal se plaçait sur la rive droite du Danube, près de Dillingen, dans un pays riche et fertile, où sa cavalerie trouvait des fourrages en abondance. Dans cette position, Villars couvrait en même temps le haut et le bas Danube, et protégeait la Bavière contre l'armée des cercles du comte de Stirum, toujours placée derrière le Necker. Telle était la situation de l'armée française en Allemagne quand l'électeur entra dans le Tyrol (juin 1703).

Maximilien y débuta par des avantages signalés.

Cette contrée n'avait pas vu la guerre depuis Charles-Quint. La cour de Vienne était loin de soupçonner une si brusque attaque, et les places, mal fortifiées, étaient défendues par quelques bataillons. Les habitants ne pensaient pas que leurs montagnes, depuis si longtemps à l'abri des ravages des armées, allaient être en proie tout à coup à une invasion étrangère, et l'électeur rencontra à peine de la résistance. Rarement il essuyait le feu des villes ; elles ouvraient les portes à son approche, ou lui envoyaient leurs clefs. Ce fut ainsi que, descendant le cours de l'Inn, il entra dans Kufstein, Rattenberg, Hall, dans la capitale, Inspruck[1], et qu'il s'empara des forts de Scharnitz, de Reiti et d'Ehrenberg. Le Tyrol allemand était conquis. En quelques jours Maximilien avait enlevé à l'Autriche cette importante province ; mais, malgré ces succès, la jonction avec le duc de Vendôme, le but de l'expédition ne se trouvait pas atteint. L'électeur ne se proposait pas seulement d'occuper des villes, des forteresses, de commander un pays. Tous ces avantages, précieux en d'autres circonstances, ne décidaient rien dans la guerre présente. Il importait peu au succès de la campagne et à la réussite des plans de Villars de conquérir une province de la monarchie autrichienne et de la garder ; ce qui importait, au contraire, c'était de joindre Vendôme, de donner la main à l'armée d'Italie, de revenir avec elle dans l'Empire, d'envahir alors les États hérédi-

---

[1] Toutes ces villes sont situées sur l'Inn, la grande rivière du Tyrol.

taires, de marcher sur Vienne, et, comme premier résultat, de forcer l'Empereur à rappeler ses soldats du Milanais, possession de notre allié Philippe V, de frapper enfin dans le Tyrol un coup qui retentît d'abord en Italie.

Mais l'électeur échoua complétement ; non-seulement il ne put joindre Vendôme et recevoir vingt mille hommes que lui amenait le général de l'armée de Lombardie, mais il perdit le Tyrol. Cette contrée qu'il avait conquise si facilement lui échappa par la conquête même. Tandis que Maximilien, sans aucune défiance, s'avançait dans les Alpes, au pied du mont Brenner, de l'autre côté duquel devait venir Vendôme, derrière lui tout le pays se souleva. Les paysans de cette Suisse autrichienne, impassibles d'abord, étaient revenus de leur premier étonnement ; ils avaient compté le petit nombre des envahisseurs; ils s'éveillèrent. Excités par la haine de l'étranger, par leur antipathie profonde des Bavarois, par les contributions levées dans les campagnes, ces fortes populations de pâtres, de montagnards, de chasseurs, de laboureurs, prirent partout les armes et se levèrent en masse. Les Tyroliens surprirent Hall la nuit, égorgèrent les soldats et les blessés bavarois, enlevèrent la plupart des places conquises par l'électeur, Ehrenberg, Scharnitz, Rattenberg ; ils marchaient pour couper ses communications avec Inspruck. Maximilien dut se replier à la hâte sur cette ville. Il lui fallut opérer précipitamment sa retraite, et faire quatorze lieues sans s'arrêter.

Pour sortir du Tyrol où il était entré si facilement, l'électeur eut à livrer sur les deux rives de l'Inn de terribles engagements. A mesure qu'il s'avançait dans les montagnes, il rencontrait, mêlées aux quelques troupes autrichiennes restées dans le pays, des bandes de paysans armés établis sur les hauteurs, barrant la route, attendant l'ennemi, prêts à faire feu. A chaque pas, il fallait livrer bataille et s'ouvrir un chemin. Près d'Inspruck, les Tyroliens, placés dans une formidable position, arrêtèrent deux heures l'armée de Maximilien. Ce fut un bataillon français du régiment de Noailles qui les emporta à la baïonnette. Le feu des montagnards causait des ravages effroyables dans les rangs des Bavarois. Les balles de ces adroits chasseurs allaient frapper à coup sûr les officiers. L'un d'eux s'embusqua avec son arquebuse pour tuer l'électeur, comme s'il eût voulu renouveler le drame sanglant de Gessler et de Guillaume Tell. Quand Maximilien passa, le Tyrolien, qui ne connaissait pas sa figure, ajusta dans le cortége le personnage revêtu du plus magnifique costume : c'était le comte d'Arco, un des officiers du prince allemand ; le montagnard le prit pour l'électeur, tira et l'étendit mort à sa place (juillet 1703) [1].

Les Tyroliens reprirent peu à peu les places conquises, et les Bavarois ne gardèrent plus que la ville forte de Kufstein, sur l'Inn. Bientôt un danger plus

[1] *Histoire du peuple allemand*, de Luden, t. V, p. 491.

pressant encore, l'invasion de la Bavière, amena la retraite de Maximilien. Il rappela lui-même toutes ses troupes et quitta le Tyrol, afin de voler au secours de son pays (fin août 1703). A l'ouest, du côté du Danube, l'armée de Villars couvrait la Bavière ; mais elle était ouverte à l'est vers l'Inn, où l'électeur ne possédait que peu de soldats. L'Empereur, il est vrai, n'avait pas non plus alors d'armée sur cette frontière ; mais, tandis que Maximilien entrait dans le Tyrol, six mille Danois à la solde de Léopold Ier arrivaient en Autriche. Le comte de Reventlau se mettait à leur tête ; il rassemblait quelques bataillons autrichiens placés sous Passau, et, à la tête d'environ dix mille hommes, franchissait l'Inn et envahissait la Bavière. Ainsi, par la fatale mobilité de l'électeur, par ses funestes tergiversations, par la révolte du Tyrol, les deux grands plans de Villars, la marche sur Vienne, la jonction avec l'armée d'Italie, devenaient impossible ; le Tyrol était perdu et la Bavière entamée.

En Souabe, le maréchal lui-même se trouvait dans une situation difficile. Depuis le départ de Maximilien, les choses avaient bien changé au centre de l'Allemagne.

Villars n'avait, à cette époque, devant lui que l'armée des cercles, commandée par le comte de Stirum ; il en avait maintenant deux : celle du comte de Stirum et celle du prince de Bade, l'armée de l'Empire, l'armée de l'Autriche. Dans le commencement de cette campagne, si on s'en souvient, le margrave Louis s'était retranché derrière les lignes de Stolhoffen, où Villars avait voulu l'attaquer. Le prince de Bade y resta, tandis que le maréchal de Tallard, à la tête de son corps d'armée, protégeait sur le Rhin le passage des montagnes Noires. Mais lorsque les Français eurent franchi ces défilés et rejoint dans la Souabe les Bavarois, le général autrichien quitta ses retranchements, et s'avança avec son armée dans le milieu de l'Empire, afin de se joindre à l'armée allemande du comte de Stirum et d'écraser avec lui les troupes de Villars. Le duc de Tallard, qui commandait trente mille hommes sur le Rhin, loin de suivre le margrave et de s'opposer à sa marche, repassa le fleuve, rentra en France, et le prince de Bade, se dirigeant sans obstacle, quitta Stolhoffen, franchit le Necker, et opéra sa jonction avec le comte de Stirum (juin 1703). Par cette faute de Tallard, les Autrichiens et les Allemands se trouvèrent réunis. Les deux généraux se dirigèrent alors vers le Danube et entourèrent les Français.

La position de Villars devint terrible. Le maréchal se trouvait tenu en échec par les forces considérables des ennemis, dont les deux armées réunies montaient à quarante mille hommes, tandis qu'il n'avait lui sous ses ordres que vingt-cinq mille soldats. Il ne pouvait espérer aucun secours de Maximilien, qui revenait alors du Tyrol avec des régiments épuisés et décimés par la guerre; une armée autrichienne ravageait ses États; et sollicité par l'électrice, par sa famille, par un parti considérable,

Maximilien avait consenti à recevoir quelques ouvertures que la cour de Vienne lui avait faites. Villars en était informé, et ses officiers, ses soldats, accusaient hautement l'électeur de trahison. Le maréchal ne pouvait non plus recevoir les secours de la France. L'armée du Rhin, commandée par M. de Tallard, avait repassé le fleuve; elle assiégeait alors Vieux-Brisach, sur la rive allemande (juillet 1703), et la possession de cette ville devait assurer un point de communication entre l'armée de Bavière, l'armé du Rhin et le gouvernement français. Mais en attendant, les Impériaux avaient disposé des postes le long de la frontière, et les montagnes Noires s'étaient refermées. Les dépêches de Louis XIV arrivaient à Villars par la Suisse, et mettaient un mois, six semaines même, à aller de Versailles au camp. Dans ses lettres, qui parvenaient aussi difficilement au roi, le maréchal expliquait les difficultés de sa position et réclamait de prompts secours[1], soit de l'armée d'Italie, soit de l'armée du Rhin; mais Vendôme et Tallard ne lui envoyaient ni un escadron, ni une compagnie; et cependant les deux généraux ennemis placés devant lui recevaient chaque jour des renforts. Les troupes françaises, au contraire, s'affaiblissaient peu à peu; depuis le mois d'avril, depuis cinq mois qu'ils avaient quitté l'Alsace, les soldats étaient continuellement en campagne et

---

[1] Lettre de Villars au roi, *Archives de la guerre*. — Général Pelet, *Mémoires militaires*. — *Mémoires de Villars*.

souffraient. Le pays qu'ils occupaient commençait à s'épuiser ; les paysans, écrasés sous le fardeau de la guerre, pouvaient, à l'exemple des Tyroliens, se lever en masse et se jeter sur les Français. A partir du mois de septembre (1703), la solde et le pain de l'armée ne se trouvaient plus assurés. Déjà Villars écrivait au roi que si M. de Tallard n'arrivait pas à son secours, il ne répondait plus des événements [1]. Il fallait se hâter de prendre un parti tandis qu'il était temps encore. Chaque jour rendait la situation plus désespérée : à cent lieues de la France, la poudre, la dernière espérance d'un général, la poudre même allait manquer (septembre 1703).

Villars résolut de livrer bataille. Le maréchal ne pouvait, avec sa petite troupe, lutter contre les forces réunies des généraux de la coalition ; il attendit le moment où les deux armées viendraient à se séparer pour tomber sur l'une. L'occasion se présenta bientôt : le comte de Stirum, avec les troupes des cercles, ayant quitté le camp que les alliés occupaient devant nous pour faire un mouvement sur Donawert, Villars se précipita sur lui, l'atteignit dans sa marche, le força à lui livrer la bataille d'Hœchstedt et la gagna (21 septembre 1703).

Ce ne fut pas du reste, sans de grands efforts.

Pendant plus de deux lieues, dans la plaine immense où s'engageait l'action, l'infanterie des ennemis recula

---

[1] « Ce qu'il y a de pire, c'est que nous sommes sans une pistole et un sac de grain assuré pour le mois de septembre. » (*Mémoires de Villars,* p. 137.)

sans se rompre, sans pouvoir être entamée par les Français. Tandis qu'elle se retirait ainsi les rangs serrés et en bon ordre, protégée par une ligne de feu, leur cavalerie, plusieurs fois rompue, se reformait successivement derrière les lignes inébranlables des fantassins, puis revenait à la tête et couvrait les bataillons. Pour vaincre, il fallait rompre ces masses d'infanterie. Plusieurs régiments de cavalerie française s'y jetèrent avec furie ; un feu terrible, bien dirigé, renversa les hommes et les chevaux. Malgré des charges brillantes, les lignes ne furent pas rompues, et toujours leur infanterie reculait et fuyait insaisissable. A la fin, nos troupes l'atteignirent près de grands bois qui couronnaient la plaine. Les soldats de Villars étaient épuisés : ils marchaient depuis le matin ; ils avaient fait neuf lieues sans s'arrêter, et traversé les tentes et les bagages de l'armée ennemie sans qu'un seul quittât les rangs pour piller. Dès les premières charges des Français, les bataillons allemands se rompirent. Dans la plaine, exposés aux charges furieuses de la cavalerie, sentant qu'une fois la brèche faite ils seraient foulés aux pieds des chevaux et sabrés par les vainqueurs, les Impériaux conservaient leurs rangs serrés et immobiles. La fuite entraînait la mort, une mort assurée, hideuse, et l'instinct de la conservation doublait leur courage et leurs forces. Pas une des lignes n'avait pu être brisée ; mais arrivés près de la forêt, apercevant une chance de salut dans la fuite, voyant la bataille perdue, ils jetèrent leurs armes et e débandèrent. Ce fut alors une boucherie effroyable.

Les Français entrèrent dans le bois la baïonnette au bout du fusil. Ils frappaient ces malheureux, qui s'échappaient à toutes jambes, tiraient sur ceux qui fuyaient, massacraient ceux qui demandaient grâce à genoux. Quelques-uns, effrayés, démoralisés, montaient sur les arbres, où les balles allaient les atteindre[1]. Rarement une bataille avait présenté ce caractère d'extermination et de carnage. La forêt retentissait des fréquentes détonations, et s'illuminait des rouges éclairs des coups de feu. Mille retentissements sinistres se croisaient dans l'ombre : les pas précipités, les bruits sourds, les cris des blessés, les hurlements de la douleur, le râle des agonisants. La nuit qui tombait n'arrêta pas la fureur des vainqueurs. Ivres de poudre, les pieds dans le sang, dans la boue, les soldats tuaient sans merci. Le sabre achevait l'œuvre de la baïonnette et du fusil. La mort seule glanait derrière eux. Cette tuerie se prolongea jusqu'au matin. Huit mille hommes périrent, quatre mille furent faits prisonniers[2].

Une telle victoire devait relever les espérances de la Bavière ; combler de joie l'électeur, sa famille, sa

---

[1] « Quand ils furent arrivés près du bois, la crainte qui les contenait jusque-là les y fit jeter en désordre ; beaucoup abandonnèrent leurs armes, et quantité montèrent sur des arbres pour se cacher. » (Lettre de M. de Ricous à Chamillart, *Archives de la guerre*, vol. 1677, n° 13. — Général Pelet, t. III, p. 963.)

[2] Deux lettres de Villars au roi sur la bataille, *Archives de la guerre*, vol. 1677, n°s 11 et 18. — Lettre de M. de Ricous à Chamillart, de M. d'Usson au même, *ibidem*, vol. 1677, n°s 13 et 14. — Général Pelet, t. III, p. 666, 955. — *Mémoires de Villars*.

maison, son armée, son pays. Il n'en fut pas ainsi cependant. Tout le parti autrichien, à Munich, l'électrice, la cour, la noblesse, apprirent ce triomphe avec regret. Les ministres, plusieurs des officiers généraux souhaitaient une pacification ; ils y travaillaient de toutes leurs forces, et la journée d'Hœchstedt, qui brisait tous les fils de la négociation, qui retardait la paix pour plusieurs années peut-être, apparaissait à leurs yeux comme une nouvelle déclaration de guerre portée à la cour de Vienne. Tous les partisans de l'alliance impériale gémirent de cette victoire comme d'un désastre. L'électeur seul, dont l'âme était droite et honnête, s'en réjouit sincèrement.

Mais malheureusement, avec son caractère faible et incertain, Maximilien subissait l'influence de ses courtisans, de ses généraux, et suivait leurs dangereux conseils. Dans la conduite de la guerre, il préférait sans cesse leurs avis à ceux de Villars. Cette conduite de l'électeur blessait singulièrement le maréchal, qui voulait commander seul, et qui voyait perdre avec dépit et douleur les plus belles occasions de vaincre l'ennemi. Désespérant même de surmonter les fatales obstinations du prince allemand, Villars se dégoûta de la guerre de Bavière, et, dans ses lettres au roi, il demanda secrètement et à plusieurs reprises son rappel.

La direction des opérations militaires amena bientôt entre lui et Maximilien une sérieuse mésintelligence, qui n'existait pas jusque-là. Pour protéger ses

Etats et les garder plus sûrement. Maximilien voulait, après la bataille d'Hœchstedt, emmener son armée et celle de Villars en Bavière, et les y faire toutes deux hiverner. Loin de s'établir dans l'électorat, le maréchal voulait, au contraire, s'en éloigner et se rapprocher de Villingen, des montagnes Noires, de l'armée de Tallard et du Rhin. Villars comprenait à merveille, et il éprouvait chaque jour que la chose la plus importante pour une armée si éloignée de la mère-patrie était de s'assurer des communications permanentes avec elle, et par-là les renforts, les munitions, les armes, l'argent et les dépêches du gouvernement. L'état actuel des esprits à Munich, cet amour effréné de la paix qui possédait la cour elle-même, le déterminaient plus encore à s'avancer vers la frontière. Si Maximilien traitait avec l'Empereur, Villars pouvait être bloqué en Bavière par les forces allemandes et autrichiennes, et, loin de la France, loin de tout secours, étouffé sous les bataillons ennemis avant d'avoir pu toucher le Rhin. Le maréchal voulait donc se rapprocher du fleuve, rouvrir les montagnes Noires et s'appuyer sur l'armée de Tallard, qui, sur la rive allemande, venait en ce moment d'enlever Vieux-Brisach (17 septembre 1703). Villars espérait faire de cette ville un point de communication solide entre la France, l'armée du Rhin et l'armée de Bavière. Malheureusement cette armée du Rhin, sur laquelle il comptait si fortement, lui échappa. Le maréchal de Tallard, qui la commandait, ayant appris la victoire d'Hœchstedt, se persuada que Villars n'avait plus besoin de secours, et après la prise de Vieux-Brisach, loin de se mettre en communication avec les Franco-Bavarois et de leur envoyer des renforts, comme l'avait promis Louis XIV, il descendit le Rhin, repassa le fleuve et arriva dans la basse Alsace, où il résolut de reprendre Landau, perdue par Catinat l'année précédente, et occupée par les Impériaux. Au lieu de secourir Villars, Tallard assiégea Landau (octobre 1703), et ainsi les espérances du maréchal sur l'armée du Rhin se trouvèrent trompées.

Il n'en persévéra pas moins dans son dessein d'hiverner le plus près possible des montagnes Noires. Réduit maintenant à ses propres forces, privé des renforts de l'armée de Tallard, averti par Louis XIV que le gouvernement remettait à l'année prochaine l'envoi des recrues promises à ses régiments, il persista plus que jamais à se rapprocher du Rhin, de la frontière, de Versailles, à se tenir à portée des nouvelles et des secours. L'électeur s'efforça vainement de l'emmener avec ses troupes dans son électorat; Villars résista énergiquement. Dans l'intérêt de l'armée, il alla jusqu'à donner, malgré lui, des ordres aux soldats.

Maximilien voulait marcher en arrière, vers ses Etats; Villars, au contraire, se diriger vers le Rhin, sur Memmingen, en Souabe. Après l'avoir exhorté en vain à renoncer à son projet, comme l'électeur lui répondait que son dessein de s'enfermer dans la Bavière était plus sensé que le sien, sans s'arrêter à son opposition, le maréchal lui déclara que dès le lendemain l'armée de Louis XIV marcherait sur Memmingen. C'était mettre de côté l'autorité du prince bavarois et y substituer la sienne. L'électeur rougit de colère en entendant un tel langage. Il jeta avec dépit son chapeau sur la table. « J'ai commandé, dit-il, l'armée de l'Empereur avec le duc de Lorraine, assez grand général, et jamais il ne m'a traité ainsi. — Feu M. de Lorraine, répartit froidement Villars, était un grand prince et un grand général ; mais moi je réponds au roi de son armée, et je ne l'exposerai pas à périr par les mauvais conseils qu'on s'obstine à suivre[1]. » Le maréchal sortit ensuite, et le lendemain les Français marchèrent sur Memmingen.

L'hivernement des troupes fut donc une première cause de grave mésintelligence entre le prince allemand et le général de Louis XIV. Peu de jours après la bataille d'Hœchstedt, de nouvelles contestations aussi relatives à la direction de la guerre vinrent encore désunir Maximilien et Villars. L'électeur attachait avec raison la plus grande importance à l'occupation d'Augsbourg. C'était une ville libre de l'Empire, grande et puissante, qui, placée sur le Lech, d'une part couvrait la Bavière, et, de l'autre, assurait la possession des terres allemandes situées entre le Lech, l'Iller et le Danube, pays alors occupé par les troupes franco-bavaroises. Maximi-

[1] *Mémoires de Villars*, p. 133.

lien se méfiait de la partialité des magistrats d'Augsbourg pour la cause impériale, et, afin d'assurer leur neutralité, il avait exigé d'eux des otages. Mais cette précaution n'empêcha pas la défection d'Augsbourg. Le prince de Bade s'étant dirigé vers cette ville avec son armée, les magistrats ouvrirent leurs portes aux premiers détachements autrichiens qui se présentèrent, et, sans tirer un coup de canon, le margrave entra dans la place. C'était quelque temps avant la bataille d'Hœchstedt. Après la victoire, l'électeur, empressé de reprendre Augsbourg, qui ouvrait la Bavière aux ennemis, voulut marcher sur cette ville. Villars lui représenta qu'il faudrait combattre à la fois les habitants et les vingt mille soldats du prince de Bade retranchés sous les murs. Il ajouta que les forces franco-bavaroises n'étaient pas assez considérable pour tenter une semblable attaque, que l'artillerie des deux nations réunies serait inférieure à celle de la place, que le pays environnant était épuisé, que l'hiver allait venir. L'électeur insista. Devant les folles difficultés de l'entreprise, Villars lui aussi s'opiniâtra, et le siége d'Augsbourg n'eut pas lieu.

Mais Maximilien prit sa revanche : quelques jours après, le prince de Bade avait quitté Augsbourg pour ramasser les troupes du comte de Stirum, battu à Hœchstedt, et il s'était placé dans une position désavantageuse à Reicholztried. Villars, qui l'observait, alla trouver l'électeur et lui proposa de livrer bataille; Maximilien refusa. Le maréchal assura la victoire; l'électeur refusa encore. Villars pria, sollicita; l'électeur ne voulut pas céder et lui défendit de combattre. « Eh bien! lui dit alors le maréchal, poussé à bout, je prends congé de Votre Altesse électorale, car j'ai mon congé dans ma poche. » Il venait en effet de recevoir son rappel, qu'il sollicitait depuis longtemps. Maximilien lui déclara qu'il ne consentirait jamais à ce départ. « Je viendrai demain saluer Votre Altesse à la pointe du jour et lui dire adieu, » dit simplement Villars; et il sortit. C'était le soir. Pendant toute la nuit, les généraux bavarois et français vinrent le conjurer de rester. Le maréchal y consentait, à la condition de combattre le prince de Bade; mais, sur ce point, l'électeur ne voulut rien accorder, et Villars partit le lendemain. Le roi nomma pour le remplacer le comte de Marsin, qu'il fit à cette occasion maréchal de France (13 octobre 1703).

Pendant ces derniers mois, l'opposition quotidienne de l'électeur et des officiers bavarois avait entièrement découragé Villars. Il était aigri contre ces ennemis cachés et perfides qui trahissaient leur souverain, et qui, sous prétexte des intérêts du prince, entravaient toutes les opérations. Son amour-propre souffrait cruellement ensuite de cette tutelle militaire que lui imposait la dignité de Maximilien, dont il appréciait fort peu, dans le fond du cœur, les talents stratégiques[1]. Le maréchal était souvent obligé de

---

[1] Nous avons trouvé par hasard au Dépôt de la guerre, en lisant les pièces relatives à la guerre des Camisards (*Voy.* chap. vii), deux lettres confidentielles écrites par Villars à Chamillart, qui le consultait,

lui céder, et en cédant il craignait de compromettre l'éclat de sa réputation militaire et le salut de son armée. Ces continuelles préoccupations, ces discussions passionnées qui l'irritaient, avaient redoublé sa sévérité ordinaire. Villars apportait malheureusement dans le service la plus grande exactitude et se montrait plus intraitable encore pour les officiers que pour les soldats. Il était pour eux impérieux et dur, et ceux-ci, mécontents de ces rigueurs nouvelles, de cette discipline de fer, écrivaient contre lui à Versailles, défiguraient ses actions, critiquaient ses projets et

---

du fond des Cévennes, sur les difficultés de la désastreuse campagne de 1704, que soutenaient alors, en Allemagne, l'électeur, Marsin et Tallard. Ces deux lettres prouvent d'une manière irréfutable la faible opinion que le maréchal avait du talent militaire de Maximilien.

Le ministre de la guerre lui apprend que les Franco-Bavarois viennent de perdre le Danube et le Lech.

« J'ose vous dire, Monsieur, lui répond Villars, que voilà les occasions où les incertitudes naturelles de M. l'électeur de Bavière ne m'inquiétoient pas du tout. J'en aurois usé dans celle-là comme dans plusieurs de l'année passée, où, après lui avoir représenté avec respect le besoin pressant, l'importance de ne pas perdre un instant, j'agissois sans l'attendre; c'est par là que je l'ai sauvé trois fois malgré lui, et par une pareille conduite je l'aurois rendu maître de la guerre. Mais les ignorants qui étoient auprès de lui, joints à son incertitude dans ses engagements et à *son incapacité dans la guerre* (je dois, Monsieur, lâcher cette parole), me déterminèrent à demander mon congé..... »

« La perte du Danube et du Lech, ajoute Villars, est bien difficile à réparer. » (*Archives de la guerre*, vol. 1797, n° 59.)

Elle ne fut pas en effet réparée : quelques jours après, les Franco-Bavarois étaient écrasés dans ces mêmes plaines d'Hœchstedt (août 1704), où ce maréchal avait battu les Impériaux en 1703. Chamillart, en expliquant ce funeste événement, lui écrit qu'il a l'intention de donner le commandement de l'armée du Nord à l'électeur, alors chassé de ses États.

Villars s'empresse de lui répondre qu'il lui donne le commandement nominal, s'il le juge à propos, mais qu'il se garde bien de lui confier *le commandement réel*. (*Archives de la guerre*, vol. 1797, n° 88.)

calomniaient son caractère. Irrité de pareilles attaques, le maréchal se plaignait de tout le monde dans ses dépêches, de l'électeur, des Bavarois, des Français, et sollicitait avec insistance son congé. Lorsqu'il le reçut enfin, il s'empressa d'en profiter et s'éloigna avec joie (novembre 1703).

Mais l'armée, qui l'aimait, apprit avec tristesse son départ. Maximilien lui-même, au moment de le quitter, oublia et leur froideur et leurs démêlés; le bon électeur l'embrassa en pleurant. Les dernières paroles de Villars furent celles d'un honnête homme. Après lui avoir fait ses adieux, il donna à Maximilien quelques conseils touchant la guerre présente, puis l'exhorta à se défier des traîtres qui peuplaient sa cour. « J'ose vous dire, ajouta le maréchal, avec une franchise toute militaire, que vous êtes environné de gens qui vous vendent à l'Empereur. Vous avez pu marcher à Vienne et donner la loi à l'Empire; ils vous en ont empêché. Voilà, Monseigneur, dit-il en terminant, les conseils que je dois au zèle que j'ai pour le service du roi et le vôtre, et au caractère de vérité et de probité que Dieu me fera la grâce de conserver toute ma vie[1]. » En quittant l'électeur, Villars traversa le camp. Les soldats sortirent de leurs tentes avec un grand nombre d'officiers, et tous, en le voyant s'éloigner, versaient des larmes. A ce spectacle, le maréchal resta ému. Ce deuil si simple mais si vrai de toute une armée toucha son cœur. Au moment

---

[1] *Mémoires de Villars*, p. 134.

de quitter ces braves compagnons qui depuis un an combattaient sous ses ordres, qui avec lui avaient traversé la forêt Noire, vaincu à Friedlingen, vaincu à Hœchstedt, sa pensée embrassa les glorieux périls du passé, mais aussi les immenses dangers du présent ; et en songeant aux cruelles épreuves qui attendaient peut-être ces milliers d'hommes rangés sur son passage, l'impassible Villars essuya des larmes qui roulaient dans ses yeux. Quelle n'eût pas été sa douleur, s'il eût pu lire dans l'avenir le sanglant désastre de l'année suivante !

La mésintelligence qui avait amené le départ du maréchal lui survécut. A peine M. de Marsin, son successeur, était-il arrivé, que l'électeur lui exposait tous ses projets sur Augsbourg. Le général français lui représenta qu'il valait mieux marcher sur le prince de Bade, toujours campé à Reicholtzried, dans la dangereuse position où Villars avait si vivement désiré le combattre, que c'était l'avis de son célèbre prédécesseur et la volonté du roi. Marsin invoqua en vain le nom puissant de Louis XIV, Maximilien s'obstina à aller à Augsbourg comme il s'était obstiné à aller dans le Tyrol, et les deux armées française et bavaroise allèrent, au milieu de l'hiver, assiéger cette ville (7 décembre 1703). Après la bataille d'Hœchstedt, les Autrichiens avaient évacué la place ; mais ils y laissaient six mille hommes, et la résistance aurait pu être prolongée, quand les habitants forcèrent la garnison à capituler, et Augsbourg ouvrit ses portes (13 décembre). C'était une conquête importante ;

mais la saison arrêtait dès lors les hostilités, et la précieuse occasion de combattre le prince de Bade se trouvait perdue. L'armée prit ses quartiers d'hiver : les Français s'établirent dans la Souabe, entre Ulm, Augsbourg et Kempten ; les Bavarois rentrèrent avec Maximilien dans l'électorat. Le prince de Bade cantonna ses troupes entre le lac de Constance, le haut Iller et le haut Danube, fermant aux soldats de Marsin les montagnes Noires, le Rhin et la frontière française.

Sur le Rhin comme sur le Lech, les généraux de Louis XIV étaient victorieux. Tandis que Marsin prenait Augsbourg, le maréchal de Tallard continuait le siége de Landau, battait à Spire le prince de Hesse, qui venait délivrer la ville, et l'enlevait (novembre 1703).

Ainsi partout des succès, au cœur et sur la frontière de l'Empire. Nos soldats reprenaient Landau en Alsace ; ils occupaient le tiers de la Souabe, et campaient dans le milieu de l'Allemagne. C'était un spectacle nouveau pour l'Europe. Il rappelait ces temps déjà éloignés de la guerre de Trente ans, où les armées françaises et suédoises, de Condé, de Turenne, de Banner, de Tortenson, de Wrangel, prenaient dans l'Empire leurs quartiers d'hiver. La campagne d'Allemagne finissait glorieusement : nous laissons les régiments de Louis XIV échelonnés le long de l'Iller et du Danube, et jusqu'au pied des Alpes du Tyrol.

CHAPITRE VI.

(1703.)

Campagne d'Italie.—Portrait de Vendôme.— Sa jeunesse.— Le château d'Anet.—Philippe de Vendôme, grand prieur de France.—Chaulieu. —La Fare. — Campistron.— Paresse et négligences de Vendôme à la guerre.—Ses longues incertitudes dans cette campagne.— Il marche enfin dans le Tyrol.— Résistance du pays.— Difficultés de la marche. —Bombardement de Trente.— Ordre de Louis XIV qui le rappelle en arrière.— Défection du duc de Savoie.— Son traité secret avec l'Empereur.— Désarmement des Piémontais.— Refus de la cour de Turin d'accéder aux propositions de la France. — Guerre contre Victor-Amédée.—Entrée de Vendôme dans le Piémont.—Entrée du maréchal de Tessé dans la Savoie. — Détresse de Victor-Amédée. — Expédition manquée du général impérial Visconti.—Marche du comte de Stahremberg en Piémont.— Il y mène une armée autrichienne.— Défection du Portugal. — Toute l'Europe contre Louis XIV.

Sur le versant opposé des Alpes, en Lombardie, combattait une autre armée française, l'armée d'Italie. A sa tête, comme l'année précédente, nous retrouvons Vendôme.

Louis-Joseph de Vendôme, l'arrière-petit-fils de Henri IV et de Gabrielle d'Estrées, et l'un des plus grands généraux du siècle de Louis XIV, se trouvait alors le chef de la maison légitime de Vendôme, née avec son grand-père, César de Vendôme, et morte avec lui [1].

---

[1] Henri IV avait eu de Gabrielle d'Estrées César de Vendôme, duc et

Vendôme était un enfant des camps. A dix-huit ans il avait fait la campagne de 1672 contre la Hollande, en qualité de simple garde du corps. Sa jeunesse, sa vie entière s'étaient ensuite écoulées dans le tumulte des armes, et tout prince du sang qu'il fût, il avait gagné tous ses grades sur le champ de bataille, depuis l'épaulette d'officier jusqu'à la haute dignité de général en chef. Le petit-fils de Henri IV aimait le métier de soldat : il en chérissait la liberté et en recherchait la licence. Cette existence militaire, entièrement libre d'allures et de langage, passée au milieu de ses officiers, convenait parfaitement à la nature de son esprit et de son caractère. Vendôme avait l'humeur frondeuse de son oncle, le duc de Beaufort. Il n'aurait pas, lui, combattu le roi à main armée, comme l'avait fait le célèbre *roi des Halles :* les temps n'étaient plus les mêmes; mais il décochait avec plaisir quelques traits malins contre les ministres et contre le gouvernement de Versailles. Ce goût de tout dire, de tout faire, l'amour de la liberté, la haine de l'étiquette, l'éloignaient de la cour. La majesté du grand roi, la solennité des manières, la pureté du langage, la sévérité du ton, gênaient Vendôme. Sitôt qu'il pouvait le faire, il s'échappait de Versailles et allait vivre à quelques lieues de là, dans la Beauce, à

pair, légitimé, et gouverneur de Bretagne (né en 1594, mort en 1665). César de Vendôme laissa deux fils : l'aîné, Louis, duc de Vendôme, né en 1612, mort cardinal en 1669; le second, François, duc de Beaufort, né en 1616, mort en 1669. Le premier fut le père de notre Vendôme et de son frère Philippe de Vendôme, grand prieur de France, dont nous parlerons tout à l'heure.

son château d'Anet, ou plus loin jusqu'aux bords du Cher, jusqu'en Touraine, sur les vertes pelouses de Chenonceaux.

Dans ce château d'Anet, qui avait autrefois abrité les royales amours de Henri II et de Diane de Poitiers, Vendôme réunissait une société singulièrement mêlée ; c'était le plus triste et le plus bizarre assemblage : des misérables qui apportaient tous les vices, l'adulation, l'ivrognerie, le jeu, la débauche, et à côté d'eux, quelques hommes d'une goût fin et délicat, d'un esprit gracieux et subtil, des abbés, des officiers, des poëtes dont quelquefois encore la postérité répète les noms. C'étaient : d'abord le bon, le prodigue, le spirituel abbé de Chaulieu [1], l'élève de Chapelle et de Bachaumont, l'Anacréon du Temple, comme l'appelait Voltaire, le soupirant octogénaire de Mlle Delaunay [2], dont les légères poésies ont traversé les années ; puis le paresseux marquis de La Fare [3], l'ami de Turenne et de La Rochefoucauld, le poëte voluptueux, le capitaine des gardes du duc d'Orléans, l'amant de Mme de la Sablière, l'auteur des Mémoires qui portent son nom [4], le chroniqueur malin et piquant du règne de Louis XIV ; tous deux liés par la même vie d'étude, de plaisir et d'amour, par la plus tendre affection, tous deux,

---

[1] L'abbé Guillaume Amfrye de Chaulieu, né en 1639, mort en 1720.
[2] Mademoiselle Marguerite-Jeanne Delaunay, plus tard comtesse de Staal, femme de chambre, puis dame d'honneur et amie de la duchesse du Maine, née en 1693, morte en 1750.
[3] Charles-Auguste, marquis de La Fare, né en 1644, mort en 1712.
[4] *Mémoires* du marquis de La Fare, collection Petitot, IIe série, LXVe vol.

suivant une touchante habitude, réunis aujourd'hui dans une même pensée, dans un même livre, comme si leur cœur battait encore [1].

Venait ensuite le poëte dramatique Campistron[2], le secrétaire des commandements du duc de Vendôme, le malheureux imitateur de Racine, l'auteur d'*Arminius*, d'*Andronic*, de *Tiridate*, tragédies alors applaudies avec fureur, oubliées de nos jours avec dédain. Triste écrivain, poëte de troisième ordre, mais honnête homme, ami dévoué, serviteur fidèle, Campistron accompagnait Vendôme partout, dans la mêlée, jusqu'au milieu des balles et des boulets. A la bataille de Luzzara, comme le feu des ennemis était horriblement meurtrier, le petit-fils de Henri IV, en se retournant, aperçut tout à coup son secrétaire des commandements qui le suivait : « Eh bien ! Campistron, lui dit-il, touché de cette preuve d'amitié, mais alarmé du danger que courait le poëte, que faites-vous ici ? — Monseigneur, reprit le Toulousain, qui avait la répartie prompte, voulez-vous vous en aller ? » Vendôme se mit à rire, et Campistron resta. En récompense de son courage, Philippe V, qui assistait à la bataille, le décora de l'ordre de Saint-Jacques-de-l'Epée, et lui donna, en Espagne, la commanderie de Ximenès.

---

[1] On publie toujours ensemble les œuvres des deux poëtes. Voyez notamment les *Poésies de Chaulieu et du marquis de La Fare*. (Paris, 1803, 1 vol. in-12.)

[2] Jean Galbert de Campistron, né à Toulouse en 1656, mort en 1723. *OEuvres de Campistron*. (Paris, 1750, 3 vol. in-12.)

Venait enfin Philippe de Vendôme[1], le frère de Vendôme, le grand prieur de France, l'ami de Voltaire, le seigneur du Temple, où il réunissait plus tard les amis du duc et les siens. Le grand prieur était le plus terrible buveur du royaume. Suivant Saint-Simon, tous les soirs, pendant trente ans, on le porta ivre dans son lit.

Sous les marronniers du gracieux palais de la Renaissance, entouré de courtisans, d'officiers, de poëtes, Vendôme laissait doucement couler ses jours. Dans ses mains, le château d'Anet était devenu une véritable abbaye de Thélème, comme l'avait rêvée autrefois Rabelais[2]. La plus entière liberté régnait ; chacun

[1] Philippe de Vendôme, grand prieur de France, né en 1655, mort en 1727.

[2] Voyez dans Rabelais le chapitre de *Gargantua*, ainsi intitulé : *Comment estoient reglez les Thélémites à leur maniere de vivre.*

« Toute leur vie estoit employée, non par lois, statuts ou regles, mais selon leur vouloir et franc arbitre. Se levoient du lit quand bon leur sembloit, buvoient, mangeoient, travailloient, dormoient quand le desir leur venoit. Nul ne les eveilloit, nul ne les forçoit ni à boire, ni à manger, ni à faire chose aultre quelconque. Ainsi l'avoit établi Gargantua. En leur regle n'étoit que cette clause :

FAIS CE QUE VOUDRAS,

parce que gens libres, bien nez, bien instruicts, conversant en compagnies honnestes, ont pour nature un instinct et aiguillon qui les pousse à faits vertueux, et retire de vice : lequel ils nommoient honneur..... Par cette liberté entrerent en louable émulation de faire tous ce qu'à un seul voyoient plaire. Si quelqu'un ou quelqu'une disoit : Beuvons, tous beuvoient. S'il disoit : Jouons, tous jouoient. S'il disoit : Allons à l'esbat aux champs, tous y alloient. Si c'estoit pour chasser au vol, les dames, montées sur [de belles haquenées, avec leur palefroy guerrier, sur le poing mignonnement engantelé, portoient chacune, ou ung épervier, ou ung laneret, ou ung émerillon ; les hommes portoient les autres oiseaux. Tant noblement estoient appris qu'il n'estoient entre eux celui ni celle qui ne sust lire, écrire, chanter, jouer d'instrumens harmonieux, parler de cinq ou six langages, et en iceux composer tant en vers qu'en prose.

vivait à sa guise, ainsi que l'avait établi Gargantua. Les hôtes de Vendôme réalisaient la devise du savant cardinal Pierre du Bellay, immortalisée par le philosophe de Chinon : *Fais ce que voudras*. La Fare rêvait, Chaulieu aimait, Campistron écrivait, le grand prieur buvait ; le duc luttait d'esprit avec eux, riait, buvait, jouait, mangeait, dormait. Tous ensemble célébraient les dieux qu'avait adorés le curé de Meudon, l'amour, la table, et principalement la *dive bouteille*, si chérie aussi de Rabelais.

Les habitants d'Anet se livraient aux distractions de la campagne, jouaient la comédie, représentaient les pièces de Campistron et s'abandonnaient à toutes les folies du laisser-aller, à toutes les douceurs du rien-faire, à des promenades sans fin, semées de gais propos et d'intarissables entretiens. Ces singuliers péripatéticiens suivaient toutes les fantaisies, toutes les folles bizarreries de leur humeur. Ils avaient les plus incroyables habitudes. Vendôme s'habillait en femme, passait des journées entières à jouer aux cartes, ou se promenait sans nul souci, la perruque de travers, barbouillé de tabac, avec une chemise sale et entr'ouverte. Le grand prieur, La Fare et Campistron, luttaient de paresse. On sait quelle était la

---

« Jamais ne furent vus chevaliers tant preux, tant galans, tant dextres à pied, à cheval, plus verts, mieux remuans, mieux manians tous bastons, que là estoient.

« Jamais ne furent vues dames tant propres, tant mignonnes, moins fâcheuses, plus doctes, à la main, à l'aiguille, à tout acte muliebre honneste et libre que là estoient....., etc., etc. » — *OEuvres de Rabelais*, édition *variorum* (Paris, 1823, 9 vol. in-8), de MM. Esmangart et Éloi Johanneau, t. II, p. 379.

mollesse de La Fare[1], la nonchalance de Campistron[2]; mais Vendôme l'emportait encore. Souvent il n'était pas levé à midi. Quelquefois il apparaissait seulement à quatre heures du soir. Avec lui, dans son lit, couchaient pêle-mêle des chiens et des chiennes, qui y faisaient leurs petits. Paresseux comme La Fare et Campistron, Vendôme buvait comme son frère, et chérissait surtout la bonne chère. Il avait une passion profonde pour la marée : c'était une véritable fureur qui plus tard lui fut fatale ; au milieu de ses victoires de la Péninsule, le malheureux duc devait mourir d'une indigestion de poisson d'Espagne.

Aux spectacles, aux promenades, aux loisirs, succédaient de longs festins, qui dégénéraient le plus souvent en véritables orgies. Là, dans ce château d'Anet, loin de Versailles et de la Bastille, Vendôme et ses convives se donnaient libre carrière. Au bruit des rires et des verres, les murs de la demeure de Henri II, discrets témoins de tant de choses, entendaient les propos malins, les spirituelles railleries des amis du duc, mais aussi les sales images, les ignobles paroles, les ordures de la langue de Rabelais : rien n'était épargné : le gouvernement, l'armée, la cour, les princes, madame de Maintenon, le

---

[1] Son insouciance était proverbiale : comme l'on parlait un jour de sa passion pour madame de la Sablière, madame de Sévigné se mit à dire que La Fare n'était amoureux que de la paresse.

[2] Campistron avait pour habitude de brûler les lettres qu'on écrivait à Vendôme, pour n'avoir pas la peine de les lire et d'y répondre. Le duc le savait, mais n'en prenait nul souci. Voyant un jour le poëte devant un feu énorme et y jetant de nombreux papiers : « Voilà, dit-il, Campistron occupé à faire ses réponses. »

roi lui-même. Comme on le pense facilement, malgré la distance, bien des mots ne furent pas perdus à Anet. Les courtisans les rapportèrent à Versailles, et de semblables propos nuisirent à la faveur de Vendôme. Louis XIV déjà voyait avec dégoût cet étalage de désordre, cette débauche en plein midi, ce bruit de vices. Une telle conduite répugnait à un prince qui, même dans ses erreurs, s'était toujours efforcé de garder et la dignité et le respect de lui-même..

Au milieu de la folle vie d'Anet, de la paresse, de la négligence de Vendôme, dans sa maison comme à l'armée, partout où vivait le duc, s'établissait le plus effroyable pillage ; ses familiers, ses domestiques, ses *Bohêmes*, comme les appelle Saint-Simon, prenaient et volaient sans pudeur. Les choses allaient si loin qu'un d'eux vint un jour trouver son maître et lui demanda son congé, alléguant qu'il ne pouvait voir plus longtemps un pareil brigandage. « N'est-ce que cela ? lui dit le petit-fils de Henri IV sans s'émouvoir, eh bien ! pille comme les autres ! » Le désordre de sa maison, ces vols continuels, réduisaient souvent Vendôme à de fréquents besoins d'argent. Il était criblé de dettes, et vivait comme un officier de fortune : aujourd'hui dans l'abondance, demain dans la détresse. Sa table elle-même subissait le contre-coup de ces brusques alternatives d'opulence ou de gêne. Aux somptueux repas du général en chef succédaient quelquefois de maigres dîners de village. On était toujours exposé chez lui, raconte le fidèle Campistron avec désespoir, à mourir de faim ou d'indigestion.

Vendôme apportait malheureusement à la guerre la vie excentrique de son château d'Anet, et sa terrible insouciance de toutes choses, son grand défaut, l'insouciance de sa fortune, de sa réputation, de son honneur. En Lombardie, comme en France, le duc passait ses journées couché : à cette époque surtout, où sa santé était altérée par de longues débauches, la maladie se joignait à la paresse pour le retenir au lit. A son armée d'Italie, Vendôme se levait à midi comme à Anet. Il y affichait le même sans-façon, le même laisser-aller, les mêmes fantaisies, la même vie sale et cynique. Là encore, il partageait son temps entre le jeu, le vin et la table. Il semblait prendre à tâche d'étaler publiquement ses prodigieuses habitudes, ses goûts monstrueux, oubliant ainsi l'éclat de son commandement, la gloire de son nom, et donnant le triste spectacle de la débauche en cheveux gris. Au mépris des intérêts de son armée et de son pays, le duc apportait ensuite dans ses relations avec les princes et les gouvernements italiens le plus incroyable sans-gêne[1].

[1] Pour n'en citer qu'un trait, qui est tel que nous ne le rapporterions pas s'il ne peignait l'homme, Vendôme recevait les ambassadeurs de la Péninsule gravement assis sur sa chaise percée. C'était l'habitude du duc de se montrer ainsi le matin dans sa tente. Il se levait tard, et, à peine sorti du lit, s'installait dans ce siége peu militaire; puis, entouré de vils flatteurs qui pour lui plaire luttaient de cynisme, il donnait audience, distribuait ses ordres, écrivait ses dépêches : il déjeunait!

Ce fut là qu'Alberoni lui fit sa première visite, et que se passa cette scène de haute comédie racontée par le caustique Saint-Simon avec sa verve impitoyable, comme toutes les fois qu'il peut mordre Vendôme. Elle est beaucoup trop intime pour être reproduite ici. (*Voy.* Saint-

Avec de telles habitudes, de telles faiblesses, Vendôme commettait de plus grandes fautes encore, et ces erreurs du général, qui surpassaient les vices de l'homme, avaient quelquefois les plus tristes conséquences et exposaient chaque jour ses soldats. Il négligeait toutes les précautions ordonnées par l'art militaire. Le paresseux capitaine ne se donnait pas la peine d'examiner les positions de l'ennemi, de prendre les informations et les renseignements nécessaires; il y envoyait ses officiers, qui souvent voyaient mal et le trompaient par de faux rapports. Quand Vendôme se trouvait établi dans un riant pays, comme il n'aimait pas à se déplacer, il envoyait les troupes en avant et restait en arrière, loin de ses bataillons, au risque d'être tout à coup surpris et enlevé. Plusieurs fois le duc faillit tomber dans les mains des Autrichiens; mais il ne s'en effrayait nullement, perdait là, dans de longues indécisions, un temps précieux, et laissait fuir sans retour les favorables occasions de livrer bataille. Vendôme délaissait complétement ensuite l'administration de l'armée; il ne veillait ni aux armes, ni aux habits, ni aux tentes, ni aux lits, ni aux vivres de ses soldats. Par suite d'une telle incurie, les hôpitaux se remplissaient de nos malades, et les pertes des Français en Italie étaient effrayantes. Suivant un contemporain, le marquis de Louville, « ils mouraient comme des mouches. »

Mais la faute que commettait le plus souvent Ven-

Simon, t. V, p. 41.) Il faut du reste, se défier de Saint-Simon en ce qui touche Vendôme, qu'il haïssait comme bâtard.

dôme était de trop écarter ses troupes, de les disperser au loin, de les laisser à l'abandon et de se livrer pendant ce temps à toutes les douceurs de la mollesse et de l'oisiveté. Il est vrai de dire que si tout à coup paraissait l'ennemi et si le canon grondait dans le lointain, en un clin d'œil les trompettes sonnaient, les tambours battaient, l'alarme était au camp, l'armée debout. Dès les premières volées de l'artillerie, Vendôme s'éveillait : la vieille courtisane ridée se transfigurait, c'était bien alors le sang de Henri IV. Cet homme, si insouciant tout à l'heure, qui dormait jusqu'à midi, montait à cheval, volait au galop et jouait avec la mort. On l'apercevait au milieu du carnage, le sourire sur les lèvres, donnant ses ordres avec le plus impassible sang-froid, tandis que sifflaient les balles, que pleuvaient les boulets, qu'éclataient les obus et que roulaient à ses pieds les hommes et les chevaux. En quelques instants, Vendôme avait improvisé un plan de combat, rassemblé et rangé les troupes : son regard de feu perçait les nuages de poudre, démasquait l'ennemi et apercevait le danger. Il sauvait ensuite ses bataillons et rachetait sa négligence à force de génie.

Malgré cette nonchalance qui exposait chaque jour leur vie, malgré ses défauts, ses vices, les Français l'aimaient. Vendôme, sans doute, dédaignait l'administration de l'armée, la surveillance des fournisseurs, et ses soldats souffraient cruellement de son incurie, jeûnaient, mouraient, mais lui-même ignorait tous ces brigandages, il se montrait aussi insouciant de son bien que du leur : il était volé comme eux, pillé comme eux, comme eux quelquefois sans argent et sans dîner. Le duc, sans nul doute encore, oubliait les précautions que réclamait la prudence, passait son temps à manger, à boire, à jouer aux cartes ; il les abandonnait à des embûches, à des surprises, à des batailles soudaines et terribles ; mais lui-même aussi s'exposait, lui-même dormait au milieu du danger, et s'il était insouciant de leur vie, il se montrait prodigue de la sienne. Aussi les soldats, les officiers des grades inférieurs le chérissaient tous ; ils aimaient d'abord sa familiarité, sa gaieté, son langage et ses manières militaires ; ils aimaient ensuite sa bonté inépuisable, son indulgence paternelle, sa générosité à toute épreuve ; ils l'aimaient enfin. Quelques années plus tard, dans cette même guerre d'Italie, il en reçut un bien magnifique témoignage. A la sanglante bataille de Cassano, un de ses officiers, nommé Cotteron, ayant vu un Autrichien qui ajustait son général, se jeta en avant, reçut le coup pour lui et tomba.

Tel était Vendôme, le bon Vendôme, comme l'appelle le prince de Ligne : un mélange confus de générosité et de faiblesse, de vertus et de vices, de crapule et de grandeur. Il y avait en lui du Vitellius et du César. C'était un de ces hommes que l'on excuse involontairement pendant leur vie, que l'on excuse même après leur mort ; et en dépit du matérialisme de sa pensée, de la turpitude de ses mœurs, on ne pourrait avoir tant de paroles sévères pour le vainqueur de Villa-Viciosa, pour le conquérant de l'Espagne, si sa fatale insouciance n'avait souvent coûté du sang [1].

Le duc de Vendôme fut d'autant plus coupable, dans cette campagne de 1703, que ses succès de l'année précédente, les renforts de Louis XIV, les embarras du gouvernement impérial, assuraient à l'armée franco-espagnole, en Italie, un avantage marqué sur les Autrichiens. Les Impériaux, d'abord, avaient perdu leur général, le redoutable Eugène. Le prince de Savoie, créé ministre de la guerre, était resté à Vienne pour y diriger les hostilités au centre même de la monarchie, et lutter contre les difficultés chaque jour croissantes du gouvernement de Léopold Ier : l'Italie compromise, l'Empire envahi, l'Autriche menacée et la Hongrie se levant en armes. Les Français avaient ensuite la supériorité du nombre : ils possédaient quarante-cinq mille hommes ; les Autrichiens trente mille ; seulement, ils comptaient, de plus, l'avantage de la position [2]. L'armée de Léopold Ier, successivement refoulée, dans les derniers jours de 1702, par Vendôme lui-même, se trouvait établie derrière la Secchia, rivière du duché de Mo-

---

[1] *Histoire généalogique et chronologique de la maison royale de France, des pairs, grands officiers de la couronne et de la maison du roi*, par le P. Anselme, continuée par M. Dufourny (Paris, 1726, 9 vol. in-folio), t. Ier, p. 196 et suiv. — *Mémoires de Saint-Simon*, de Berwick, de Noailles, de Tessé, de Louville, de La Fare, de Mérode-Westerloo, *passim*. — *Histoire archéologique du Vendômois*, par M. de Petigny (Vendôme, 1849, 1 vol. in-4), p. 386. — *Les Châteaux de France*, ANET, par M. Blancheton (2 vol. in-folio). — *Dictionnaire de toutes les communes de la France* (Paris, 1844, in-4), par M. Girault de Saint-Fargeau, v° ANET.

[2] Lettre de Vendôme au roi, *Archives de la guerre*, vol. 1684, n° 160. — Général Pelet, t. III, p. 207.

dène, qui sort des Apennins et se jette dans le Pô, à quelques lieues de la Mirandole. Les Autrichiens se trouvaient renfermés entre trois cours d'eau : la Secchia, le Pô, le Panaro, et resserrés sur un terrain étroit, marécageux et malsain. Le pays qu'ils foulaient était ruiné, et ils tiraient difficilement leurs subsistances des régions voisines, tandis que les Français avaient derrière eux de grasses et riches contrées, les plus fertiles d'Italie, les duchés de Parme et de Plaisance, le Milanais et le Piémont. Jamais la situation des Impériaux n'avait été plus précaire. Vendôme pouvait alors les rejeter de la Péninsule, délivrer pour longtemps les Etats de Philippe V, et soulager le gouvernement de cette guerre lointaine, la plus difficile, la plus coûteuse de toutes les guerres de Louis XIV.

Mais le duc ne sut pas profiter de tous ces avantages. Sa paresse naturelle le tint trop longtemps indécis. Il resta pendant les mois d'avril, de mai, de juin (1703), incertain du parti à prendre, cherchant de quelle façon il pourrait attaquer et chasser les Autrichiens. Le général français pesa, combina et abandonna successivement trois plans.

Il voulait d'abord partager en deux son armée, en laisser une partie sur la haute Secchia, afin de garder les possessions que nous y avions, Bastiglia, Guastalla, Bozzolo, Mantoue, Buonporto, Reggio, et avec le reste agir sur la gauche du Pô, ôter aux ennemis la navigation du bas de ce fleuve, puis les tourner dans leur position de la Secchia, leur couper l'Adriatique et les forcer à se jeter dans les Etats du pape ou sur le territoire de Venise, et quitter ensuite la Lombardie. Mais Vendôme renonça bientôt à ce premier dessein, et il envisagea un second plan, qui lui parut plus facile à exécuter. Il projeta de couper la digue de l'Adige et de noyer l'armée impériale, placée derrière la basse Secchia et fortement retranchée sur cette rivière. Les eaux devaient couvrir tous les points par lesquels les Autrichiens tiraient leurs subsistances de l'Etat de Venise, enlever aux Impériaux toute possibilité de recevoir des vivres et réduire l'armée de Léopold Ier à périr ou à évacuer l'Italie. Le duc inondait, il est vrai, le territoire de la République vénitienne; mais sa partialité pour les ennemis de la France était flagrante, et elle méritait peu d'égards[1]. Vendôme, toutefois, n'osa pas prendre sur lui seul la responsabilité d'une telle résolution. Il demanda au roi la permission de couper les digues. Louis XIV la lui envoya; mais alors les eaux du fleuve étaient trop basses et l'occasion était perdue pour longtemps. Il fallut renoncer à se servir de l'autorisation (juin 1703). Ce second dessein échoua donc comme le premier, l'attaque par la rive gauche

---

[1] « La considération des Vénitiens ne doit point retenir, et de la manière dont ils en usent ils ne méritent aucun égard. M. Erisso a dit en plein sénat qu'il falloit faire périr notre armée comme celles de Charles VIII, de Louis XII, de François Ier; sa harangue a fait tout l'effet qu'il pouvoit désirer, et le sénat s'est déterminé à nous refuser plusieurs choses justes que nous demandions, et qu'ils accordent aux Impériaux sans qu'ils le demandent. » (Lettre de Vendôme au roi, *Archives de la guerre*, vol. 1684, n° 142. — Général Pelet, t. III, p. 198.)

du Pô : Vendôme alors en combina un troisième.

Il renonça à prendre les ennemis par la famine. Informé que des recrues arrivaient tous les jours à leur armée, le duc résolut de profiter de sa supériorité numérique, de les attaquer immédiatement, non plus en les tournant par la rive gauche du Pô, non plus par derrière, mais directement, mais en face, par la rive droite. En passant immédiatement la Secchia, il espérait enlever les retranchements des Autrichiens, les forcer d'abandonner leurs possessions de la rive droite du Pô, notamment Bersello et la Mirandole, les rejeter ensuite sur la rive gauche, les repousser enfin sur le territoire vénitien [1]. Il pensait qu'une fois établi dans les possessions de la République, celle-ci se lasserait, elle aussi, de la présence des Impériaux en Italie, et qu'elle s'empresserait de les aider à repasser en Allemagne.

Tout était prêt pour cette expédition. Le prince de Vaudemont devait passer la Secchia et attaquer entre Bondanello et le Pô, Vendôme entre la Mirandole et Bondeno. L'artillerie, les munitions de guerre se trouvaient disposées. On était au mois de juin. Depuis le commencement de l'été, la Secchia baissait, il n'y avait plus que deux pieds d'eau dans la rivière, et le passage devenait facile. Tout permettait d'espérer que l'armée franco-espagnole allait débusquer les Autrichiens de leur position et les rejeter derrière le Pô, peut-être enfin les chas-

---

[1] *Archives de la guerre*, vol. 1684, n° 163. — Général Pelet, t. III, p. 207.

ser de la Péninsule, quand les graves événements survenus en Allemagne, l'entrée des Français dans l'Empire, la jonction de l'électeur et de Villars, l'expédition de Maximilien dans le Tyrol, déterminèrent Louis XIV à ordonner à Vendôme de marcher à la rencontre des Bavarois et de leur mener un puissant renfort de l'armée de Lombardie (30 juin 1703).

Depuis longtemps le roi désirait cette réunion des deux armées. Plusieurs fois, dans ses lettres à son général, il s'était informé de la distance à parcourir, de l'état des chemins, des embarras des transports, des facilités de l'entreprise et de tous les moyens propres à réaliser ce grand projet. Louis XIV, voyant en Italie ses troupes plus fortes que celles des Impériaux, gourmandait Vendôme de sa paresse et le pressait d'agir[1]. Il lui enjoignit enfin de marcher vers Maximilien. Le duc obéit à contre-cœur. Il voulait alors attaquer les retranchements de la Secchia. Les Autrichiens avaient détaché de leur armée un corps de troupes pour aller défendre le Tyrol; Vendôme le savait, il comptait sur le succès et assurait à la cour une victoire. Mais il avait trop tardé à prendre ce dernier parti. Louis XIV, qui le voyait changer trois fois de plan depuis le printemps, ne crut plus sans doute

---

[1] « Vous avez perdu un temps bien précieux, lui écrit Louis XIV, et, ce qui est plus désagréable, c'est la réputation des commencements de votre campagne. J'espère qu'avant qu'il soit peu vous prendrez soin de rétablir la gloire de mes armes, et que vous agirez de manière à pouvoir employer utilement toutes les troupes dont vous pouvez disposer. » (Lettre du roi à Vendôme, *Archives de la guerre*, vol. 1640, p. 145. — Général Pelet, t. III, p. 223.)

à ses paroles et lui ordonna formellement de quitter la Lombardie (6 juillet 1703)². Le roi espérait de plus importants résultats du côté de l'Allemagne. Vendôme dut renoncer à la Secchia. Il partagea ses troupes, en laissa la moitié au prince de Vaudemont pour tenir en échec l'armée impériale de la Secchia, que commandait un des plus grands généraux de l'Autriche, le comte de Stahremberg², le successeur du prince Eugène, et prenant avec lui trente escadrons et trente bataillons, il se dirigea vers les Alpes, à la rencontre de l'électeur (juillet 1703).

L'armée de Vendôme traversa le duché de Mantoue, entra sur les terres de la République de Venise et arriva à Desenzano, sur le lac de Garde. Les régiments français remontèrent les deux rives du lac. Nos soldats tiraient leurs vivres de Desenzano, et tandis qu'ils marchaient, des bateaux chargés de vivres côtoyaient le lac et les nourrissaient. Après plusieurs jours, ils arrivèrent à Brentonico, premier village du pays de Trente (fin juillet 1703) ³.

Les troupes eurent alors beaucoup à souffrir des chaleurs de l'été, des marches, des fatigues, des montagnes, de l'ennemi. La contrée où elles s'avançaient

---

¹ « Je désire qu'après ma lettre reçue, si vous n'êtes pas embarqué dans quelque entreprise dont le succès vous paroisse assuré et assez important pour différer l'ordre que je vous donne, vous détachiez de l'armée que vous commandez (l'armée de la Secchia) vingt bataillons et vingt-cinq escadrons, etc. » (Lettre du roi à Vendôme, *Archives de la guerre*, vol. 1640, p. 148. — Général Pelet, t. III, p. 829.

² Guido Balbe, comte de Stahremberg, né en 1657, mort en 1737.

³ Général Pelet, t. III, p. 230.

n'était pas frayée[1] ; plusieurs fois il fallut employer la mine pour faire sauter les rochers qui barraient le chemin, notamment au passage de la Scaletta, long et dangereux défilé. Le pays en même temps se soulevait sous leurs pas. Les Français durent enlever plusieurs châteaux qui faisaient une résistance furieuse ou gênaient la marche. Les villages étaient hostiles : les paysans de plusieurs paroisses s'insurgeaient à la voix de leurs curés. Vendôme brûla les villages, dispersa les bandes insurgées, fit fusiller les chefs, fusiller même un curé tyrolien pris les armes à la main. Continuant sa marche au milieu des obstacles, il s'empara ainsi des châteaux de Torbole et de Castelbarco, près Nago (4 août). Il emporta d'assaut la ville d'Arco (8 août) : le château le retint dix jours, et ne capitula qu'à la dernière extrémité. Mais au milieu de tous ces combats, le duc avançait toujours : il remontait les rives de la Sarca, poussait une reconnaissance jusqu'à Trente, sous les murs de laquelle une armée autrichienne était retranchée, et reconnaissait la facilité de bombarder cette ville (28 août 1703).

Jusque-là, depuis son entrée dans le Tyrol, Vendôme n'avait reçu aucune nouvelle de l'électeur. Un bruit assez vague lui apprit seulement que Maximilien se disposait à passer le mont Brenner, et le général français se préparait à l'aller joindre, quand un courrier venu de Versailles l'arrêta à Vezzano, en lui apportant une lettre de Louis XIV qui le rappelait en

---

[1] « Les soldats grimpoient comme des chèvres. » (*Mémoires de Saint-Hilaire*, t. III.)

arrière (29 août 1703)[1]. Dans cette lettre, le roi lui ordonnait d'abord de joindre à la hâte l'électeur; mais il ajoutait que si le 31 août 1703, il n'avait aucune nouvelle de Maximilien, ni aucune espérance de lui faire parvenir les troupes qui lui étaient destinées, il retournât sur-le-champ en Lombardie, où sa présence devenait nécessaire. Louis XIV lui en expliquait le motif: il redoutait la défection du duc de Savoie.

Cette longue trahison de Victor-Amédée, qui durait depuis le commencement de la guerre, devenait en effet peu à peu manifeste. Après avoir successivement vendu Catinat, Villeroy, Vendôme, le duc de Savoie était sur le point de déserter tout à fait l'alliance française. Dès le commencement de cette année, un traité secret l'avait lié à l'empereur : Victor-Amédée avait reconnu les droits de l'archiduc Charles à la couronne d'Espagne, et juré de détrôner sa fille et son gendre Philippe V (5 janvier 1703). Depuis cette époque, il n'attendait plus qu'une occasion favorable pour abandonner Louis XIV et tourner ses armes contre lui. Le roi de France ignorait la convention mystérieuse conclue entre la cour de Turin et la cour de Vienne; mais depuis longtemps il soupçonnait le *renard de Savoie*.

Déjà, dans le courant de cette campagne, Vendôme avait remarqué avec méfiance qu'au lieu de fournir douze escadrons de cavalerie, comme le portait son traité de 1701 avec la France, Victor-

---

[1] Général Pelet, t. III, p. 258.

Amédée n'en avait fourni que neuf. Dans le mois de juillet (1703), Louis XIV avait reçu un avis secret[1], par lequel on le prévenait que le duc de Savoie attendait l'arrivée d'une flotte anglo-hollandaise; que cette flotte devait débarquer à Villafranca, entre Gênes et Nice, des régiments et des canons ; que les troupes alliées s'avanceraient de Villafranca jusqu'à Alexandrie, et que là, Victor-Amédée viendrait les joindre, en rappelant sous un prétexte ses soldats de l'armée française. Le roi adressait cet avis à Vendôme, qui se disposait alors à marcher dans le Tyrol, sans y croire lui-même[2]. Une telle trahison lui paraissait monstrueuse. Cependant, comme il se défiait, non sans motifs, de l'amitié intéressée du duc de Savoie, il prit d'avance toutes ses précautions contre une défection possible. Pour priver en ce cas Victor-Amédée des troupes qui servaient avec nous, Louis XIV ordonna à Vendôme de les disposer dans son armée de façon à en être toujours maître; et si cet avis se confirmait, si la flotte anglaise paraissait sur les côtes de Nice, il lui prescrivit de désarmer les Piémontais et de les retenir prisonniers.

[1] « J'ai reçu un avis très-important, qui d'abord ne m'avait fait aucune impression; il se confirme par des endroits qui ne me peuvent être suspects, et m'oblige à vous en informer, pour que vous preniez vos mesures en cas que l'on eût dessein de le mettre à exécution..... » (*Archives de la guerre,* vol. 1640, p. 145. — Général Pelet, t. III, p. 222.)

[2] « Quoique j'aie peine à me persuader, écrivait Louis XIV à Vendôme, qu'il (le duc de Savoie) *soit capable d'une aussi noire trahison,* on ne saurait néanmoins trop se précautionner contre sa mauvaise volonté. » (*Même dépêche.*)

Dans cette seconde lettre que recevait le général en chef à Vezzano, le roi ne parlait pas du traité secret du duc et de l'Empereur, il l'ignorait toujours; mais il avait reçu de nouveaux avis qui confirmaient les premiers sur la défection prochaine de Victor-Amédée, et ces avertissements excitaient ses craintes. En l'absence de Vendôme et de son armée, le duc de Savoie pouvait tout à coup retirer ses régiments de la Secchia, où ils servaient sous les ordres du prince de Vaudemont, lever le masque, tomber sur le Milanais abandonné et y prendre des avantages considérables, tandis que Vendôme serait occupé dans le Tyrol, et que Vaudemont resterait cloué sur la Secchia. De semblables revers changeaient totalement la face des affaires d'Italie, et de florissante, la situation des Français devenait difficile. Non-seulement la brusque défection de la Savoie nous enlevait un allié, mais elle augmentait les ennemis, elle forçait à combattre à la fois en Lombardie et en Piémont, les Autrichiens et les Savoyards, Stahremberg et Victor-Amédée. Ce furent ces sérieuses considérations qui alarmèrent le roi et le déterminèrent à rappeler Vendôme en Italie.

Cet ordre de Louis XIV vint le jeter dans de cruelles incertitudes. D'un côté, la volonté de la cour était précise : le roi lui enjoignait de revenir en Lombardie, si le 31 août il n'avait aucune nouvelle de l'électeur; mais il recevait cette lettre le 29 août : il n'avait donc plus que deux jours à attendre, et il était certain que, pendant ces deux jours, il ne recevrait aucun message de Maximilien ! D'un autre côté, après cette marche pénible, ces combats dans le Tyrol, au moment de mener aux Bavarois un secours si utile aux affaires d'Allemagne, le général français se voyait, avec désespoir, obligé de retourner sur ses pas et de remmener les troupes destinées à l'électeur. Après avoir longtemps flotté incertain, Vendôme n'eut pas le courage d'ordonner à ses soldats de tourner le dos à Maximilien. Il savait que le roi aimait à être obéi sur l'heure même ; qu'en cas de retard ou de refus, il s'exposait aux pénibles reproches, à la froideur peut-être de Louis XIV : il résolut cependant d'attendre encore quelques jours, d'informer la cour de sa position, et de rester jusqu'à la réception de nouvelles instructions de Versailles. Le duc écrivit au gouvernement qu'il pouvait être sans crainte pour l'Italie [1], qu'il répondait sur sa tête de la situation, mais qu'il était dans l'impossibilité de quitter le Trentin dans ce moment ; que l'électeur était peut-être à quelques journées, à quelques heures ; qu'il lui demandait l'autorisation de rester dans le Tyrol jusqu'à la réception de nouveaux ordres ; que d'ici là, il aurait certainement reçu des nouvelles des Bavarois.

En attendant la réponse de la cour, Vendôme fit les préparatifs nécessaires au siége de Trente, dont

---

[1] « A l'égard de l'Italie, je connais assez notre situation pour répondre sur ma tête à Votre Majesté que nous avons assez de forces pour que je n'aie pas besoin d'y retourner si tôt. Je la supplie de me croire, et de ne faire nulle attention à ce qu'on peut lui mander d'ailleurs. » (*Archives de la guerre*, vol. 1685, n° 283.' — Général Pelet, t. III, p. 258.)

l'importante possession devait faciliter sa jonction avec l'électeur. Le duc envoya ses troupes occuper le mont d'Ostrent, plateau large, escarpé, couvert de bois, qui domine la ville, et prit, de là, toutes ses dispositions pour le bombardement. Il y monta ses canons, ses mortiers, et, le 6 septembre 1703, les bombes et les boulets rouges commencèrent à pleuvoir sur Trente. Le feu dura deux jours. La moitié des maisons étaient brûlées, et les habitants résistaient toujours, quand Vendôme fit cesser le bombardement. Il avait reçu enfin la nouvelle que l'électeur, après s'être avancé près du mont Brenner, jusqu'à Mattrey, venait de se replier tout à coup sur Inspruck. Le prince de Vaudemont lui écrivait en même temps de son camp de San-Benedetto, sur la Secchia, de revenir à la hâte pour se concerter sur les dangers qui menaçaient. Depuis le départ de Vendôme, l'armée du comte de Stahremberg était restée sur la défensive, derrière ses retranchements; mais la défection du duc de Savoie était de plus en plus imminente [1]. Dans la prévision d'une catastrophe, le général français dut renoncer au siége de Trente, dont la possession devenait alors inutile, et il dut songer, lui aussi, à quitter le Tyrol italien, quand l'électeur évacuait le Tyrol allemand : ainsi la jonction était manquée. Au nord, la révolte des montagnards repoussait Maximilien; au sud, la défection du duc de Savoie rappelait Vendôme.

---

[1] Général Pelet, *Mémoires militaires*, t. III, p. 266.

Le duc commanda la retraite. Il revint sur ses pas en brûlant, pendant sa marche, les villages qui résistaient. Arrivé à Riva, sur les bords du lac de Garde, il laissa ses régiments à un de ses officiers généraux, M. de Vaubecourt, qui dut les ramener au camp de San-Benedetto ; lui-même s'embarqua à Riva, traversa le lac de Garde, arriva à Desenzano, et de là rejoignit le prince de Vaudemont à l'armée de la Secchia.

Vendôme y trouva les instructions de Louis XIV. Le roi lui annonçait que, malgré les grandes protestations de l'ambassadeur piémontais à Paris, il était certain que le duc de Savoie avait fait un traité avec l'Empereur, et que, sans nul doute, Victor-Amédée n'attendait que l'époque des quartiers d'hiver pour retirer ses bataillons de l'armée franco-espagnole, afin de les employer contre nous dans la campagne prochaine[1]. Dans un semblable péril, Louis XIV lui ordonnait de garder le secret le plus absolu sur les ordres qu'il allait lire ; puis, usant du droit de légitime défense, il lui prescrivait, sitôt cette dépêche reçue, de procéder au désarmement des Piémontais qui servaient avec les troupes franco-espagnoles, d'envoyer les officiers et les soldats dans les places fortes, de prendre les chevaux, d'en rembourser le

---

[1] « Quoique le duc me fasse faire, par mon ambassadeur et par le le sien de nouvelles protestations de sa fidélité et de son attachement à mes intérêts et à ceux du roi mon petit-fils, *je ne saurois douter qu'il n'ait pris des engagements avec l'Empereur.* » (Lettre de Louis XIV à Vendôme, *Archives de la guerre*, vol. 1641, p. 89. — Général Pelet, t. III, p. 270.)

prix, et de les employer à remplacer les chevaux français morts pendant la campagne. Sitôt le désarmement opéré, le roi lui ordonnait ensuite de laisser sur la Secchia le prince de Vaudemont avec un corps de troupes, pour y tenir de nouveau en échec le comte de Stahremberg, et de marcher lui-même contre Victor-Amédée. Arrivé en Piémont, il devait empêcher le duc de Savoie d'envahir le Milanais et les terres de Philippe V, et hiverner dans les États du Piémont, pour être tout prêt à agir vigoureusement contre la cour de Turin dans les premiers jours du printemps[1]. Vendôme pouvait facilement alors arrêter les efforts des Savoyards : Victor-Amédée avait peu de régiments en état de tenir la campagne. D'après son avant-dernier traité conclu avec la France, en 1697, il s'était engagé à ne pas conserver plus de six mille hommes sous les drapeaux ; depuis son dernier traité de 1701, par lequel il devait à Louis XIV dix mille soldats, il en conservait nécessairement plus de six mille ; mais il n'avait pas cependant, à proprement parler, d'armée, et une partie de ses troupes servaient toujours dans le corps de Vaudemont.

Vendôme garda le plus profond secret sur cette dépêche, il attendit quinze jours l'occasion favorable, le retour au camp de San-Benedetto de son armée du Tyrol, restée en arrière, puis il commença l'exécution des ordres du roi en désarmant les Piémon-

---

[1] Lettre du roi à Vendôme, *Archives de la guerre*, vol. 1641, p. 89. — Général Pelet, t. III, p. 270.

tais. Cette tâche était délicate et dangereuse. Le désarmement pouvait coûter du sang à l'armée française. Les Savoyards formaient environ trois mille hommes de bonnes troupes, tous vieux soldats. A la pensée de cette humiliation nécessaire, ils allaient pousser peut-être un cri de désespoir, se jeter sur leurs fusils et vendre chèrement leurs armes. Il y avait ensuite, dans cette entreprise, quelque chose qui répugnait peut-être à l'âme franche et loyale de Vendôme. Depuis trois ans, ces troupes combattaient dans nos rangs avec courage et dévouement. Les officiers, les soldats s'étaient bien battus dans toutes les actions de la guerre d'Italie, à Chiari, à Santa-Vittoria, à Luzzara, et la trahison de Victor-Amédée ne pouvait faire oublier la noble et généreuse fraternité du champ de bataille. En cette difficile circonstance, le petit-fils de Henri IV ménagea le sang de ses soldats et l'honneur des Piémontais. Il déploya à la fois la prudence d'un politique et la dignité d'un homme de cœur.

L'armée du Tyrol venait d'entrer dans le camp de San-Benedetto (28 septembre) ; le lendemain même, dès le matin, le duc ordonne une grande revue. Il dispose adroitement ses régiments de façon à entourer complétement les Savoyards ; mais cette manœuvre leur échappe : ni les officiers, ni les soldats de Victor-Amédée ne la remarquent, aucun d'eux ne soupçonne les intentions de Vendôme. Quelques jours encore auparavant, plusieurs Piémontais malades avaient quitté les hôpitaux et rejoint sans défiance leurs compagnies. Les tambours battent, les troupes prennent les armes, les bataillons se forment, les Français et les Savoyards s'alignent ensemble pour la revue; puis, sur l'ordre du général, les soldats rompent les rangs et placent les fusils en faisceaux. Vendôme convoque alors un conseil de guerre, où, suivant l'usage, les principaux officiers piémontais viennent prendre place. Quand ils sont réunis dans sa tente, le duc prend la parole : il les remercie d'abord au nom de Louis XIV de leurs bons et loyaux services, expose ensuite les perfidies de Victor-Amédée depuis le commencement de la guerre, raconte son traité avec l'Empereur, les ordres qu'il a reçus du roi, la pénible nécessité où il se trouve de les exécuter; il finit en déclarant qu'obligé de les faire prisonniers de guerre, il laissera aux officiers leurs épées et leurs équipages, et aux soldats tous leurs effets : il les exhorte enfin à prévenir une lutte inégale et à engager les Savoyards à livrer les fusils sans résistance. En entendant ce langage inattendu, les officiers gardent le silence et sortent de la tente sans répondre. Les soldats français, au commandement de leurs chefs, se jettent alors sur les faisceaux d'armes piémontaises, laissées sans défiance, et les enlèvent. En un clin d'œil le désarmement s'opère, et sans qu'un bras se lève menaçant, sans qu'une balle siffle dans les airs, deux mille fusils tombent aux pieds de Vendôme (29 septembre 1704)[1]. Les prisonniers furent

[1] Général Pelet, t. III, p. 279. — Carlo Botta, *Storia d'Italia*, t. VII. — Muratori, *Annali d'Italia*, t. XVI.

internés dans les places du Milanais : leurs chevaux servirent à remonter la cavalerie française.

Ainsi se trouvait remplie la première partie des instructions de Louis XIV : le désarmement des Savoyards ; Vendôme devait maintenant, achevant l'exécution des ordres du roi, marcher en Piémont, y maintenir Victor-Amédée, l'empêcher de se jeter sur le Milanais, et prendre ses quartiers d'hiver dans ses Etats. Le duc se dirigea donc vers le Nord. Il laissa sur la Secchia le prince de Vaudemont en face du comte de Stahremberg, quitta le duché de Mantoue, traversa le Milanais et arriva sur les bords de la Sesia, affluent du Pô [1], qui séparait alors le Piémont de Victor-Amédée du Milanais de Philippe V (16 octobre 1703). Vendôme établit ses troupes le long de cette rivière, et plaça son quartier-général à Candia. De là, avant d'envahir les terres de Savoie et de commencer les hostilités, conformément à la volonté de Louis XIV [2], il essaya de négocier avec la cour de Turin, en lui faisant connaître à quelles conditions le roi consentait encore à respecter son territoire et à conserver son alliance. Afin d'entrer en pourparlers, Vendôme dépêcha un courrier au duc de Savoie, pour lui demander la permission d'envoyer à Turin un officier chargé d'expliquer les intentions du gouvernement français.

En réponse à cette simple demande, le marquis de

---

[1] La Sesia tombe dans le Pô, un peu au-dessous de Verceil.
[2] Lettre du roi à Vendôme, 5 octobre 1703. — Général Pelet, t. III, p. 289.

Saint-Thomas, ministre de Victor-Amédée, adressa à Vendôme une lettre remplie de protestations sur la droiture des sentiments de son maître ; il déclarait que le duc de Savoie avait vu avec une douloureuse surprise le désarmement de ses troupes et l'arrivée d'une armée française à la limite de ses Etats ; il ajoutait que sa confiance dans la grandeur d'âme et dans l'équité du roi était telle qu'il ne doutait pas que Louis XIV ne lui rendît plus tard pleine justice ; mais il refusait de recevoir l'officier que Vendôme désirait envoyer à Turin, et demandait auparavant que le cabinet de Versailles lui fît connaître ses prétentions (19 octobre 1703) [1].

Le ministre piémontais cherchait à dessein à gagner du temps ; il comptait d'abord laisser passer l'époque des opérations militaires et nous forcer à commencer la guerre en hiver, et il attendait ensuite la venue des troupes autrichiennes, dont l'arrivée seule pouvait le sauver. Victor-Amédée n'avait, en effet, que peu de régiments : ses meilleurs soldats étaient, comme nous l'avons dit plus haut, désarmés et prisonniers, et il se trouvait en présence d'ennemis nombreux et redoutables, menacé par une armée française qui n'attendait qu'un mot pour envahir ses Etats. A la vérité, il espérait tous les jours apprendre que le corps autrichien destiné à le secourir avait quitté la Secchia et marchait en Piémont ; mais jusqu'à l'arrivée des régiments de Stahremberg,

---

[1] Lettre du marquis de Saint-Thomas à Vendôme, *Archives de la guerre*, vol. 1686, n° 129. — Général Pelet, t. III, p. 848.

le duc de Savoie se trouvait sans armée ; réduit à quelques bataillons, et ne pouvant arrêter Vendôme, il essayait de l'amuser. Le petit-fils de Henri IV, soupçonnant ses embarras, voulait au contraire attaquer de suite, passer la Sesia, négliger les places fortes de Verceil et de Verrue qui se trouvaient sur son chemin, marcher sur Turin, l'assiéger, la prendre, et forcer ainsi Victor-Amédée à subir les conditions de la France. Confiant dans son génie, dans ses soldats, Vendôme assurait Louis XIV qu'avec quelques régiments de plus il prendrait certainement la capitale du Piémont[1].

Aussi, dans cette intention, pour obliger plus vite le duc de Savoie à se déclarer, sans disputer plus longtemps, sans insister davantage sur l'envoi d'un officier à Turin, il adressa au marquis de Saint-Thomas les demandes de la France. Elles portaient sur deux points principaux : le roi, se méfiant avec raison de l'amitié dangereuse de Victor-Amédée et de l'état armé de son pays, demandait d'abord la réduction des troupes savoyardes au chiffre de six mille hommes, stipulé par le traité de 1697 ; il demandait ensuite deux places de sûreté, gages de la neutralité du Piémont, qui devaient servir en même temps à assurer à l'armée d'Italie les libres communications avec la France. Vendôme, en adressant

---

[1] « Je ne puis finir cette lettre sans répéter encore à Votre Majesté qu'il n'y a rien de bon à faire en Piémont que le siége de Turin. Au nom de Dieu, Sire, envoyez-nous des troupes ; puisque nous avons pris Barcelone, nous prendrons bien Turin. » *Archives de la guerre,* vol. 1686, n° 215. — Général Pelet, t. III, p. 283.

sa lettre au marquis de Saint-Thomas, le priait de lui donner au plus tôt une réponse positive [1].

Rien n'était plus clair, plus précis que cette double demande de Louis XIV ; mais le ministre piémontais n'eut garde d'y répondre de même : il s'enveloppa de nouveau dans des protestations infinies de dévouement, assura Vendôme que les soupçons du roi étaient entièrement dénués de fondement, répéta que la cour de Versailles rendrait plus tard pleine justice à son souverain, qu'il n'avait jamais songé à négocier avec l'Empereur (il y avait dix mois que son traité avec Léopold Ier était signé) ; mais il ne répondit rien. Des demandes de la France, de la réduction de l'armée savoyarde, des places de sûreté, pas un mot. Victor-Amédée ménageait toujours Louis XIV, il n'était pas prêt à combattre, et il attendait les Autrichiens.

Cette armée autrichienne, l'armée du comte de Stahremberg, si impatiemment désirée par le duc de Savoie, qui écrivait lettre sur lettre pour presser son arrivée, s'ébranla enfin (octobre 1703). Dans la nuit du 19 au 20 octobre, l'avant-garde trompa Vaudemont et passa la Secchia à la Concordia. Pour envoyer plus vite au secours de Victor-Amédée, Stahremberg lance en avant deux mille cavaliers, la fleur de l'armée impériale, qui courent à toute bride vers le Piémont.

---

[1] « Je vous prie de m'envoyer au plus tôt une réponse positive qui m'explique nettement si Son Altesse Royale refuse ou accepte les propositions que je lui fais de la part du roi, n'étant pas le maître de retarder les ordres que j'ai reçus de Sa Majesté. » (Lettre de Vendôme au marquis de Saint-Thomas, *Archives de la guerre*, vol. 1686, n° 231. — Général Pelet, t. III, p. 849.)

Le général Visconti, qui les commande, descend vers Reggio, file par le duché de Plaisance, galope dans la vallée du Tidone, passe à Varzi et arrive au village de San-Sebastiano. A la nouvelle de sa marche, Victor-Amédée s'avance pour le recueillir à Montaldo, puis jusqu'à Asti; mais Vendôme accourt des bords de la Sesia, tombe sur les cavaliers de Visconti au village de San-Sebastiano, et en tue la moitié (25 octobre 1703). Le reste s'échappe; leur chef fuit vers Gênes avec ses hommes, harassés et éclopés. Il arrive au faubourg de Saint-Pierre d'Arène, à la tête de quatre cents chevaux; mais, bien différente de Venise, la République garde fidèlement la neutralité, et ferme ses portes. Repoussé de Gênes, Visconti se traîne le long de la côte, à Recco, à Sestri di Levante, à Chiavari, sur la Méditerranée; là il place ses cavaliers blessés ou démontés sur des barques envoyées par le duc de Savoie de son port d'Oneglia, puis avec les autres il parvient à rejoindre les Piémontais à Cairo; mais au lieu de deux mille chevaux il en mène à peine quatre cents[1].

Victor-Amédée perdait ainsi un précieux secours; il perdait en même temps la Savoie. Le maréchal de Tessé, avec une nouvelle armée venue de France, entrait dans cette province et occupait Chambéry (novembre 1703). De l'autre côté des Alpes, Vendôme passait la Sesia, envahissait le Piémont, campait au pied des Alpes et se disposait à y prendre ses quartiers d'hiver. Il songeait en même temps à son siège

---

[1] *Archives de la guerre*, vol. 1687, n° 8.—Général Pelet, t. III, p. 309.

de Turin, qu'il voulait commencer au mois de février de l'année suivante (1704), rassemblait l'artillerie nécessaire et combinait sa jonction avec le maréchal de Tessé.

Ainsi, la position de Victor-Amédée devenait de plus en plus critique. Il perdait la Savoie, une partie du Piémont; l'armée de Vendôme campait à quelques lieues de Turin, l'armée de Tessé se préparait à descendre les Alpes ; et à ces deux généraux, qui allaient envelopper et assiéger sa capitale, il ne pouvait opposer que ses quelques bataillons. Visconti ne lui annonçait qu'un secours insignifiant, et les Autrichiens ne venaient pas. Le duc de Savoie paraissait perdu ; une incroyable négligence de Vendôme le sauva. Il fallait à tout prix maintenir les Autrichiens sur la Secchia, empêcher leur jonction avec les Piémontais ; l'insouciant capitaine les laissa passer.

Sur la Secchia, le comte de Stahremberg avait sauvé l'armée impériale de la situation difficile où elle se trouvait au commencement de la campagne, en restant toute cette année sur la défensive derrière ses formidables retranchements. Pendant l'expédition de Vendôme dans le Tyrol, pendant sa marche en Piémont, l'habile général était resté inactif devant Vaudemont; mais il épiait l'occasion favorable de marcher lui-même vers Turin, et augmentait secrètement son armée de petits détachements qui lui arrivaient tous les jours.

Le prince de Vaudemont, qui commandait l'armée franco-espagnole placée en face de lui, non-seulement ne recevait pas de soldats, mais il en perdait. Exposés tout l'été aux émanations des marais, des rivières, des canaux qui couvraient ce pays, ses régiments, décimés par la fièvre, remplissaient les hôpitaux. Depuis la canicule, les pertes devenaient effrayantes. Les chevaux mouraient plus encore que les hommes; le tiers de nos cavaliers étaient démontés. Vaudemont écrivait que des trente-quatre bataillons et des cinquante-neuf escadrons qu'il avait sous ses ordres, à peine dix mille soldats et deux mille chevaux pouvaient marcher. Stahremberg, au contraire, malgré l'envoi du détachement de Visconti, comptait maintenant vingt-quatre mille hommes; l'armée autrichienne était donc double de l'armée française, et il devenait impossible de l'arrêter si elle marchait en Piémont. Vaudemont vit le danger, redouta les tristes conséquences du passage de Stahremberg, de sa jonction avec Victor-Amédée, et, tremblant de l'effrayante responsabilité qu'il encourait, afin de s'affranchir à l'avance de tout reproche, il donna l'éveil à la cour. Il écrivit à Versailles toutes ses craintes, représenta l'immense supériorité des ennemis, répéta plusieurs fois à dessein ses avertissements, et conjura même le roi de l'enlever de l'armée de Lombardie et de lui donner un autre commandement[1].

Louis XIV fut effrayé d'un tel découragement, qui présageait des désastres, et, comprenant toute l'im-

---

[1] *Mémoires militaires*. Général Pelet, t. III.

portance d'arrêter les Autrichiens sur la Secchia, il enjoignit à Vendôme de s'y transporter aussitôt et d'y voir par lui-même l'état des choses (20 novembre 1703)[1].

A la lecture de cet ordre, le duc se trouva lui-même fort embarrassé, car il avait promis à Louis XIV sur sa tête que les ennemis ne passeraient pas la Secchia[2]. Malgré les alarmes de Vaudemont et de ses officiers, il n'en persista pas moins à soutenir que notre position sur cette rivière était bonne. Tout en se rendant dans la Lombardie, Vendôme rassura très-sérieusement le roi sur la situation de ses troupes. Il représenta que l'armée de Stahremberg, affaiblie par le départ de Visconti, n'oserait jamais s'avancer dans le nord, traverser le pays montueux qui y conduisait, l'hiver surtout, entre deux armées françaises, celle de la Lombardie et celle du Piémont. Répondant aux plaintes du général de Philippe V, le duc objecta que sans doute la cavalerie de Vaudemont avait perdu ses chevaux et se trouvait dans un triste état ; mais il ajouta que l'infanterie était bonne, et que, pour se défendre dans ce pays coupé de canaux et de rivières, les fantassins suffisaient.

---

[1] « Ils (Vaudemont et les officiers généraux de l'armée de la Secchia) représentent qu'aucun d'eux n'oseroit ni ne voudroit me répondre que les ennemis ne passent la Secchia s'ils en ont formé le dessein..... Je ne saurois assez vous répéter l'importance dont il est que vous vous rendiez incessamment sur la Secchia pour ordonner et régler toutes choses. » (*Archives de la guerre*, vol. 1641, p. 117. — Général Pelet, t. III, p. 326.

[2] « Vous me mandiez, écrit Louis XIV, que vous me répondiez sur votre tête que les ennemis ne passeroient pas la Secchia..... (*Même dépêche.*)

Vendôme adressait cette lettre à Louis XIV avant d'avoir vu ni la Secchia, ni l'armée de Vaudemont, ni ses positions, ni celle de Stahremberg; mais il expia bientôt une telle négligence : le plus sanglant démenti suivit ses paroles. Quelques jours après son arrivée en Lombardie, les Autrichiens marchent vers Turin.

Stahremberg laisse seulement le général Trautsmansdorf avec six régiments pour garder les postes qu'il avait sur la Secchia, et s'avance avec toute son armée. Les Autrichiens passent la Secchia à la Concordia (24 décembre 1703), traversent ensuite le Crostolo, l'Enza, la Parma, le Taro, et arrivent dans le duché de Parme [1]. Vendôme, qui a pris le commandement de l'armée de Vaudemont, se met à leur poursuite. Il les rencontre dans une situation favorable, à Soliera; mais il était trop inférieur en nombre pour engager l'action, et laisse l'ennemi continuer sa marche. Le coup d'œil de Vendôme l'abandonne complétement. Il ne croit pas à la marche de Stahremberg : cette manœuvre si rapide, si dangereuse l'égare; il pense encore que les Impériaux n'iront pas jusqu'à Turin, qu'ils occuperont seulement quelque poste intermédiaire, et se contente de faire garder par un détachement le défilé de la Stradella, situé près de Voghera et d'Alexandrie [2], que les Autrichiens doivent traverser pour arriver dans le Piémont. Lui-même marche ensuite de Reggio à Carpi, suivant de loin les ennemis et les obser-

---

[1] Voyez la carte d'Italie dans l'Atlas du général Pelet.
[2] Aujourd'hui dans les États sardes.

vant. Vendôme est tellement persuadé de leur retour prochain qu'il construit à la hâte, sur les derrières, des retranchements destinés à leur couper la retraite, à les séparer des régiments restés sur la Secchia, à isoler Stahremberg de Trautsmansdorf, et à le rejeter dans l'Apennin.

Mais, loin de songer à la retraite, Stahremberg va en avant. En tête de ses colonnes, cinq cents travailleurs ouvrent les chemins; à l'arrière-garde, cinq cents les rompent à mesure. Ses canons glissent sur des traîneaux au milieu des boues et des rochers; des bœufs traînent ses chariots de pain, de fourrage, ses équipages militaires. En dépit de tous les obstacles, il continue sa marche. Il culbute le détachement qui gardait la Stradella et passe (4 janvier 1704). Vendôme, qui a enfin compris le danger, s'élance à sa poursuite, lui prend des hommes, des bagages, ramasse ses traînards; mais Stahremberg avance toujours. Il traverse la Scrivia à Castel-Novo, près de Tortone. Le duc, qui le suit de près, veut lui barrer la Bormida en la bordant le troupes; Stahremberg, malgré lui, passe la rivière. Vendôme atteint son arrière-garde à Castel-Novo, et lui tue plus de mille hommes. Stahremberg marche avec le reste. Il passe Canelle, près Nizza della Paglia, traverse Castagnole, franchit le Tanaro à Alba, et met le pied sur la terre piémontaise. Vendôme manque une seconde fois l'occasion de livrer bataille; puis, découragé, cesse enfin de poursuivre les Impériaux. Le duc de Savoie et

Stahremberg opèrent sans obstacle leur rencontre (janvier 1704). Le général autrichien menait à Victor-Amédée quinze mille hommes.

Ces tristes événements, la jonction des Autrichiens et des Piémontais, la défection du duc de Savoie, devaient avoir de graves conséquences en Italie. Ils balançaient les avantages d'Allemagne et s'ajoutaient aux revers de la Flandre. L'hostilité du Piémont privait d'abord Louis XIV d'un grand secours; elle mettait entre la France et le Milanais espagnol, entre la France et l'armée de la Secchia, une ennemi dangereux, qui tenait les Alpes et les gardait contre nous. Les recrues, les armes, l'argent, qui avaient jusque-là passé par la Savoie, se trouvaient maintenant arrêtés, et ne pouvaient arriver que par la mer, après bien des obstacles et des retards. Cette défection augmentait ensuite le fardeau de la guerre d'Italie, déjà si coûteuse, si sanglante, qui dévorait les millions et les régiments [1]. Il fallait maintenant deux armées de l'autre côté des monts : l'une pour garder la Lombardie, l'autre pour garder le Piémont; et en aggravant ainsi les difficultés, en doublant le champ de bataille, l'abandon de la Savoie préparait un jour la perte de la Péninsule.

Une autre défection devait être non moins funeste à la France. Sollicité par les ambassadeurs de Hollande et d'Angleterre, le roi de Portugal, qui depuis

---

[1] Suivant Villars, la guerre d'Italie coûtait chaque année vingt mille hommes et trente millions à Louis XIV. (Lettre de Villars au roi, *Archives de la guerre*, vol. 1675, n° 142. — Général Pelet, t. III.)

deux années était l'allié des cours de Versailles et de Madrid, quitta tout à coup le parti de Louis XIV et se tourna du côté de la coalition. Pierre II fut séduit par les offres de l'archiduc Charles, qui lui promit, à son avénement au trône de Castille, d'arrondir ses frontières avec plusieurs places espagnoles de l'Estramadure et de la Galice : Albuquerque, Alcantara, Tuy, le port de Vigo, la forte place de Badajoz, et, lui aussi, accéda à la Grande-Alliance (16 mai 1703)[1]. C'était encore un changement fatal. L'amitié de la maison de Bragance donnait aux Anglais[2] et aux Hollandais des ports pour débarquer leurs troupes, leurs chevaux, leur artillerie; elle leur livrait un passage, et leur fournissait une armée pour attaquer avec eux Philippe V, non plus en Gueldre, en Flandre, non plus dans le Milanais, mais au cœur de ses États, en Galice, en Estramadure, en Castille, à Madrid. L'abandon du Portugal mettait à nu le flanc de la Péninsule. La défection de Victor-Amédée fermait l'Italie; celle de Pierre II ouvrait l'Espagne.

Déjà, malgré les victoires de Villars, un fait grave s'accomplissait : les alliés de Louis XIV l'abandonnaient comme un triste avertissement des mauvais jours, et se tournaient contre lui. La ligue d'Augsbourg, la coalition de la guerre précédente se reformait successivement : à l'Angleterre, la Hollande, la Prusse, l'Allemagne, l'Autriche, le Danemark, se

---

[1] De Flassan, *Histoire de la diplomatie française*, t. IV, p. 216. — Dumont, *Corps diplomatique*, t. VIII.

[2] Les Anglais n'avaient pas encore Gibraltar.

réunissaient le Portugal et le Piémont. Moins les puissances du Nord et l'Espagne, toute l'Europe se trouvait une fois encore réunie contre la France [1].

[1] *Mémoires militaires*, général Pelet, t. III, p. 147 et suiv. — *Mémoires de Saint-Hilaire*, t. III, p. 283 et suiv. — De Quincy, *Histoire militaire du règne de Louis le Grand*, t. IV, p. 143. — *Mémoires du maréchal de Tessé*, t. II. — *Mémoires de Saint-Simon*, t. III. — Sismondi, *Histoire des Français*, t. XXVI. — M. Henri Martin, *Histoire de France*, t. XVI, p. 545. — Muratori, *Annali d'Italia*, t. XVI, p. 323. — Carlo Botta, *Storia d'Italia*, t. VII. — Henri Léo, *Histoire d'Italie*, t. III, p. 305.

CHAPITRE VII.

(1685-1702.)

Révocation de l'édit de Nantes (1685). — Terribles édits rendus contre les protestants.— Persécutions.— La moitié des réformés émigre. — Les petits prophètes dans le Midi. — Ils prêchent la guerre sainte. — Assassinat de l'abbé du Chayla.— M. de Bàville, intendant du Languedoc.— Son portrait.— Chambre ardente à Florac. — Courses, ravages et progrès des Camisards. — Apparition de Jean Cavalier. — Son enfance. — Son éducation. — Sa victoire dans les prairies d'Alais. — Défaite du comte de Broglie par Ravanel. — Coup d'œil sur les *Cévennes militaires*. — Les hautes Cévennes. — Les basses Cévennes.— La plaine. — Caractère de la guerre. — Avantages des réformés sur les catholiques. — Prophéties. — Miracles. — Indomptable courage des Camisards.

Tandis que la France et l'Autriche se combattaient à la fois sur le Pô et sur le Rhin, en Italie et en Allemagne, deux guerres civiles non moins longues, non moins terribles, analogues dans leurs causes et dans leurs effets, s'allumaient dans les deux pays : c'était, en France, la guerre des Camisards, en Autriche, la guerre des Hongrois; toutes deux conduites par des jeunes hommes, presque des enfants : Jean Cavalier, François Ragoczi.

La lutte des Camisards, dont l'éclat sanglant devait effacer l'éclat des luttes du xvie siècle, fut une des conséquences de la révocation de l'édit de

Nantes, la grande faute du règne de Louis XIV. Depuis la capitulation d'Alais (1629), qui terminait soixante-dix ans de guerres religieuses (1560-1629), les protestants, à l'ombre de la liberté que leur avait accordée Henri IV (février 1599), vivaient heureux et tranquilles. S'ils priaient Dieu dans une autre langue, la mère-patrie n'avait pas de fils plus intelligents, le roi de sujets plus dévoués. Ils peuplaient les conseils, les armées, les flottes, les manufactures : Duquesne, le grand homme de mer du siècle, Schomberg, Ruvigny et tant d'autres, suivaient la religion de Calvin. Pendant les troubles de la Fronde, ils s'étaient tenus soigneusement à l'écart; pas un réformé n'avait pris les armes contre la régente, et, bien plus, l'homme qui alors défendait la cour, qui protégeait l'enfance de Louis XIV, Turenne, était huguenot. Aussi Mazarin leur rendait pleine et entière justice : « Je n'ai pas à me plaindre du petit troupeau, disait-il; s'il broute de mauvaises herbes, au moins il ne s'écarte pas. »

Laborieux et actifs, ils s'étaient surtout tournés vers l'industrie. Les négociants calvinistes étaient les premiers de la France; ils avaient acquis de si grandes richesses que leur fortune était devenue proverbiale. Dans le milieu du xviie siècle, on disait: *Riche comme un protestant*. Entièrement mêlés par les mœurs aux catholiques, ils étaient destinés à s'y mêler davantage, à mesure que le souvenir des polémiques et des guerres religieuses irait s'éloignant. Un siècle encore (1685-1789), et les réformés allaient être fondus dans la grande unité française ; un grand nombre sans doute ramené à la foi catholique, car c'était le catholicisme et non le protestantisme qui gagnait. Il y avait là une conséquence naturelle, nécessaire, fatale du temps, le maître de toutes choses ; et pour accomplir cette grande œuvre, il suffisait de laisser aux huguenots leur charte, l'édit de Nantes, et d'attendre. Soit scrupule religieux, soit système politique, Louis XIV résolut de les jeter sur-le-champ dans l'Église. Trompé par des conseillers menteurs, qui lui vantèrent la facilité de l'entreprise, il employa la violence, l'arme la plus mauvaise pour combattre des consciences, et entreprit, la loi à la main, les juges, les bourreaux à ses côtés, de forcer tous les protestants de la France, le couteau sous la gorge, à renier sincèrement la foi de leurs pères.

La persécution commença par la révocation de l'édit de Nantes (octobre 1685). Cet édit, déclaré par Henri IV *perpétuel et irrévocable,* accordait aux réformés le libre exercice de leur religion. Le roi très-chrétien, débutant par un parjure, mentant à la parole de son aïeul, déchira l'édit, ordonna la démolition immédiate de tous les temples, proscrivit la pratique du calvinisme, et, afin d'empêcher les réformés de sacrifier leur patrie à leur foi et de fuir à l'étranger pour y chercher la liberté de conscience, il leur défendit en même temps de sortir du royaume, sous peine des galères pour les hommes, et de la confiscation de corps et de biens pour les femmes. Cet édit de révocation fut suivi presque immédiatement de décrets nombreux qui enchérirent à mesure, qui mirent les protestants hors la loi civile, hors la loi religieuse, et qui firent d'eux comme une race de suspects destinée à peupler, sous le moindre prétexte, les prisons, les bagnes, les échafauds. Ils furent traités au XVIIe siècle comme l'étaient les juifs et les lépreux au moyen âge. Le gouvernement les frappa à la fois dans leur profession, dans leur propriété, dans leur famille, dans leur foi. Agrandissant la plaie saignante, le roi les entoura d'un cercle de lois dont la lecture seule fait frémir. Il leur rendit la vie odieuse, et, par une mesure bien impolitique, ne laissa à ces ennemis d'autre espoir que la vengeance, d'autre refuge que la mort.

L'existence d'un protestant devint une longue persécution, qui commença au berceau pour finir à la tombe. Par des lois spéciales, Louis XIV leur interdit d'abord les professions libérales. Il fut défendu aux réformés d'exercer les fonctions municipales, défendu d'être médecin, avocat, notaire, huissier, greffier ou procureur; défendu même d'être marchand[1]; défendu d'être receveur des tailles, officier dans les charges civiles du royaume; tous les titulaires protestants durent vendre leur office, et leur successeur congédier les clercs huguenots (15 juin 1682). On leur interdit également les professions d'orfèvre, de libraire, d'imprimeur, d'apothicaire, d'épicier,

---

[1] Ordonnance de 1681; ordonnances du 15 juin 1682, des 10 et 11 juillet, 5 et 17 novembre 1685; du 11 juin 1686; du 6 août 1686.

jusqu'à celle de domestique[1]. C'était leur permettre seulement d'être bergers ou laboureurs; plus tard, ils se firent soldats. Afin d'effacer du sol les dernières traces du protestantisme, parurent en même temps des édits lugubres qu'on eût dit écrits par le bourreau.

Depuis la destruction des temples et l'interdiction du culte, les huguenots s'assemblaient dans des endroits écartés, sauvages, et là, dans le désert, comme ils disaient dans un langage biblique, célébraient leurs mystères et écoutaient la parole des ministres errants et proscrits. Le roi défendit cette célébration clandestine de la religion calviniste par des peines terribles : contre tous les ministres restés en France, la mort; contre tous les ministres rentrés en France, la mort; contre toute personne qui pratiquera un acte quelconque du culte réformé, la mort; contre toute personne qui assistera aux assemblées, la mort (ordonnance du 1er juillet 1686)[2]. On a peine à comprendre une rage semblable : la mort pour avoir chanté un psaume et écouté un prêche !

Le gouvernement fit plus encore : non content de poursuivre les huguenots dans la rue, dans le désert, il entra dans les maisons, écouta les entretiens, et assit les dénonciateurs au foyer. En vertu de l'édit de révocation, qui défendait toute pratique

---

[1] Ordonnances des 17 août 1680, 29 septembre 1682, 4 mars 1683.
[2] M. Charles Coquerel, *Histoire des Églises du désert*, t. Ier, p. 43 et suiv.

de la religion protestante sous peine de confiscation des biens, le fisc avait dépouillé, au nom du roi, les condamnés de leur patrimoine. Quelques proscrits, pour éviter une ruine totale, confiaient leur fortune à des amis dévoués, catholiques fidèles, qui les prenaient sous leur nom. Le roi promit la moitié des meubles et dix ans du revenu des immeubles à ceux qui dénonceraient les biens, recélés ou cachés, des fugitifs. (Ordonnance de janvier 1688.)

Bientôt les confiscations devinrent si considérables que le gouvernement lui-même s'effraya de cette grande quantité de biens qui s'amoncelaient sous ses mains, et les rendit aux familles. Une faveur singulière de la loi réputa morts tous les protestants exilés, ouvrit les successions et partagea les biens entre les héritiers naturels. (Déclaration du roi, décembre 1689.) Par une précaution inouïe, les ordonnances se mirent en garde même contre les huguenots convertis: elles leur défendirent de vendre leurs immeubles, ou tous leurs meubles, sans la permission expresse d'un secrétaire d'État [1]. Le ministère craignait toujours de voir ces catholiques de nécessité réaliser leur fortune et fuir à l'étranger; et cette ordonnance, renouvelée tous les trois ans, dura jusqu'à la fin du règne de Louis XVI [2].

Avec la fortune, le gouvernement prit les enfants. Il travailla d'abord à désunir les familles réformées. Avec une libéralité perfide et calculée, la loi déclara

[1] Ordonnance du 5 mai 1699.
[2] M. Charles Coquerel *Histoire des Églises du désert*, t. 1er.

que, dès l'âge de sept ans, le fils du protestant aurait le droit d'abjurer la religion de Calvin ; elle lui permit, si ses parents l'en empêchaient, de passer outre, et, si la maison paternelle lui déplaisait, l'autorisa à en sortir et à se faire payer une pension par ses père et mère[1].

D'autres ordonnances enjoignirent aux huguenots d'élever leurs enfants dans le culte catholique, de les envoyer aux écoles ecclésiastiques ; et comme, malgré les prescriptions légales, les protestants obéissaient mal, parut un édit qui leva le masque et combla la mesure. Contre les droits les plus sacrés de la nature, il ordonna que, depuis cinq ans jusqu'à seize ans, les enfants réformés seraient enlevés à leurs familles, remis à des parents catholiques, et s'ils n'en avaient pas, à des étrangers catholiques nommés par les tribunaux. (Edit de janvier 1686[2].) En d'autres termes, le gouvernement se faisait voleur d'enfants. Par un infâme calcul, il laissait le fils au foyer paternel jusqu'au moment où il pouvait parler et penser, recueillir l'impression de l'éducation domestique ; il entrait alors et le prenait. Malgré les douleurs du père, les prières, les larmes, la rage sublime des mères, les soldats emportaient dans leurs bras les pauvres créatures. Quelquefois, quand les protestantes rentraient à la maison, la petite couche

---

[1] Ordonnance de 1681.

[2] Cet édit horrible souleva tant de réprobation qu'on renonça bientôt à l'exécuter. Cependant, suivant M. Coquerel, ces enlèvements d'enfants se prolongèrent pendant tout le XVIII° siècle.

était vide. Leur fils était enlevé par les dragons ; elles ne devaient plus le revoir, elles n'avaient plus d'enfant.

Dans ce code de sang, la peine était toujours l'infamie, la ruine ou la mort, les galères, la confiscation, la peine horrible du bûcher, la peine ignoble du gibet. Ces lois draconiennes elles-mêmes se trouvaient exagérées par les représentants de l'autorité royale. Les gouverneurs, les intendants, les subdélégués[1], enchérissaient encore, car ceux qui servent un pouvoir dépassent souvent le mal qu'il commande. Ils se réglaient d'après les intentions secrètes qui leur étaient connues, et suivaient moins la lettre que l'esprit. On savait que Louis XIV n'aimait pas les protestants... C'étaient les ennemis du roi, disait-on.... Dans le Midi surtout, où les passions religieuses étaient si ardentes, loin de la cour, loin des ministres, les agents du gouvernement ajoutaient aux rigueurs légales par des rigueurs sans cesse renaissantes. C'était une persécution permanente : chaque jour un sombre tableau, chaque jour un lugubre récit. Ici des soldats fouillaient les maisons et emmenaient les suspects ; là des dragons lançaient leurs chevaux sur une assemblée et la dispersaient à coups de fusil et à coups de sabre. Ceux-ci avaient rencontré un ministre que l'on menait au supplice, ils racontaient sa résignation, son courage, son dernier soupir ; ceux-là avaient vu passer la chaîne fatale

---

[1] Ce sont aujourd'hui les généraux, les préfets, les sous-préfets.

des galériens, et aperçu avec horreur les condamnés huguenots accouplés aux voleurs et aux faussaires. Dans le village voisin, une scène hideuse s'était passée : un protestant nouveau converti ayant repoussé le prêtre catholique avant de mourir, on avait traîné son corps sur une claie, puis jeté le cadavre à la voirie[1]. La loi frappait même les morts. Au moment de paraître devant Dieu, le réformé devait mentir pour avoir une tombe. La terreur entra dans les familles : les amis, les parents se redoutèrent. Sur la moindre dénonciation, les gens du roi arrivaient, condamnaient le père aux galères ou au gibet, jetaient la mère en prison, emportaient les enfants. Les biens étaient confisqués, et le dénonciateur avait sa part, comme il avait eu sa part du crime. Les prisons regorgeaient.

Devant une telle persécution, les protestants vendirent leurs propriétés, rassemblèrent leurs richesses et prirent la fuite. Le gouvernement, irrité d'une si grande perte, voulut les arrêter par des lois terribles. Le roi punit des galères perpétuelles ceux qui passeraient à l'étranger[2], il punit de mort tous ceux qui favoriseraient leur fuite[3], entoura les frontières de troupes et fit garder les côtes par des bateaux et des soldats. Toutes les pré-

---

[1] Ordonnance du 29 avril 1686, contre les nouveaux convertis qui refuseraient les sacrements pendant leur maladie. S'ils revenaient à la santé, ils étaient condamnés aux galères perpétuelles comme relaps, et leurs biens confisqués.
[2] Ordonnance du 7 mai 1686.
[3] Ordonnance du 12 octobre 1687. Cette ordonnance, outre sa bar-

cautions furent inutiles. Les protestants glissèrent entre ses mains. La ferveur religieuse, les rigueurs intolérables du gouvernement, l'affection sainte des enfants[1], leur firent braver tous les obstacles. Ils affrontèrent les galères, les douleurs d'un voyage de privations, d'angoisses. Apportant la mort dans les maisons de leurs hôtes, en échange de l'hospitalité, marchant seulement la nuit, plusieurs s'acheminèrent avec leur famille, leur femme, leurs enfants, jusqu'au Rhin ou jusqu'aux Alpes. Guidés de loin en loin par des amis inconnus, obligés de se déguiser, de corrompre les surveillants, ils arrivaient enfin hors de danger et touchaient cette limite du royaume si désirée. La plupart échappèrent. Chose digne de remarque, les soldats préposés à la garde des frontières favorisèrent souvent leur fuite, malgré l'édit qui punissait de mort les complices de l'évasion. Touchés de tant de souffrances, les officiers fermaient les yeux et se montraient plus humains que la loi.

Un grand nombre s'échappait la nuit par la mer, sur des vaisseaux hollandais ou anglais, qui les portaient vite sur une terre étrangère et réformée. Les

---

barie, était d'une flagrante inconséquence : elle punissait les fugitifs des galères et les complices de la mort; elle frappait d'une peine plus forte les complices que les auteurs principaux.

[1] *Journal de Jean Migault*, ou Malheurs d'une famille protestante du Poitou, à l'époque de la révocation de l'édit de Nantes, d'après un manuscrit trouvé entre les mains d'un descendant de l'auteur. (Paris, 1825, 1 vol. in-12.) Cet ouvrage est curieux à lire comme exemple des difficultés que devaient surmonter les protestants pour sortir de France. Suivant ce journal, la crainte de perdre leurs enfants fut une des principales causes qui chassèrent les réformés.

rivages de l'Océan furent bien souvent témoins, à cette époque, de drames lugubres, de scènes déchirantes d'émigration et de terreur. Les plus grands obstacles attendaient le protestant qui voulait fuir. Il fallait d'abord trouver un capitaine, puis rassembler sa famille, les enfants, les vieillards, les infirmes, et les amener loin des villes, sur le point du rivage où devait se faire l'embarquement. Arrivés là, quelquefois à pied, quand les chevaux manquaient, les réformés avaient à redouter, en cet instant suprême, la vigilance des soldats du roi. Le flagrant délit était constant : si quelque troupe passait, les galères perpétuelles les attendaient. Outre cette crainte, qui les faisait frissonner à chaque bruit du vent, à chaque frémissement éloigné, à chaque parole humaine, jusqu'à ce que leur pied eût quitté la terre française, se joignaient les incertitudes du ciel, les dangers même du voyage. Le temps, beau dans la journée, avait quelquefois changé pendant la nuit. La mer roulait subitement des vagues écumantes, et la chaloupe qui devait les porter au navire arrivait ballottée, secouée par la houle. Les protestants, tremblants de froid, la regardaient avec anxiété : Arriverait-elle? arriverait-elle à temps ? serait-elle assez grande? Et à cette inquiétude se mêlait toujours cette angoisse terrible : si les soldats allaient venir !

Enfin, la chaloupe touchait le rivage ; les huguenots alors s'élançaient tous ensemble. A cette heure d'espérance, de joie suprême, ils se précipitaient comme ivres de bonheur, et, en un clin d'œil, la chaloupe était pleine. Dans la crainte d'un naufrage, les marins repoussaient rudement ceux qui restaient, et le frêle esquif revenait au vaisseau, chargé et comme débordant de monde. Au milieu de ces craintes mortelles, après des voyages répétés, peu à peu s'achevait l'embarquement.

Mais un tel départ était heureux. Souvent à l'amertume du voyage, à la perte de son pays, de ses parents, de ses amis, à l'anxiété de la surprise, à l'effroi des galères, venaient s'ajouter d'effroyables épisodes. Quelquefois, pendant ces terribles instants d'attente, tout à coup retentissait le bruit des chevaux, et les dragons arrivaient au galop. Ils entouraient, le sabre à la main, les familles fugitives et les emmenaient prisonnières, en présence de ce navire qui devait les sauver. D'autres fois, au milieu de la confusion générale de l'embarquement, tandis que les enfants, les femmes étaient partis dans une première chaloupe, les gens du roi survenaient et arrêtaient les autres membres de la famille restés sur le rivage. Qu'on se figure de semblables scènes ! Les pères, les maris imploraient à genoux la pitié des soldats, et malgré les larmes, les prières, il fallait marcher et aller mourir en prison, ou ramer sur les galères ; tandis que le vaisseau étranger emportait en Angleterre, en Amérique, la moitié de leur famille, sans espérance de la revoir jamais[1]. Ou bien encore, par une nuit noire, lorsque la chaloupe, lourdement

---

[1] Jean Migault, p. 153. D'après cet auteur, ces tristes séparations se produisirent plusieurs fois.

chargée, franchissait difficilement les vagues hautes et menaçantes, et touchait au navire, une lame énorme l'enveloppait d'écume et l'engloutissait en grondant; après un instant, quelques cris de détresse se faisaient entendre : les malheureux naufragés s'efforçaient d'appeler; mais la nuit les cachait, la mer étouffait les plaintes, et les familles restées sur le rivage voyaient disparaître avec eux leurs parents, leur fortune et l'espérance de leur liberté.

Cependant, malgré les rigueurs de la loi et les dangers de l'émigration, la moitié des protestants quitta le royaume. En quelques années, cinq cent mille[1] Français se dispersèrent dans le monde. Ils allèrent habiter l'Angleterre, la Hollande, la Suisse, la Prusse, l'Amérique et jusqu'au cap de Bonne-Espérance, où leurs mains industrieuses plantèrent la vigne. L'élite des huguenots, les nobles, les savants, les officiers, les marins, les négociants, les ouvriers des villes, les riches s'enfuirent en même temps. Les gentilshommes de la campagne, au contraire, les petits propriétaires, les paysans, les laboureurs, les pâtres, toutes les populations agricoles, bien plus tenaces au sol, restèrent et souffrirent.

Ils souffrirent dix-sept ans en silence (1685-1702). Les réformés espérèrent tour à tour dans la clémence du roi, dans les princes protestants, dans Guillaume III. Ils pensèrent que toutes ces horreurs seraient racontées à Louis XIV, qu'il aurait enfin pitié,

---

[1] Des historiens disent sept cent mille, d'autres huit cent mille.

et qu'il leur rouvrirait ses bras. Pendant la guerre générale contre l'Europe (1689-1697), les huguenots respirèrent un instant, et crurent que les puissances réformées stipuleraient à la paix prochaine leur affranchissement politique et religieux. Cette espérance fut encore trompée. La paix se fit à Ryswick (1697), mais elle n'apporta aucun changement au sort des calvinistes français. Loin de là, les persécutions, un peu suspendues par les préoccupations extérieures, reprirent avec une force nouvelle. Alors, abandonnés de tout le monde, les protestants commencèrent à désespérer des hommes; ils levèrent vers le ciel leurs regards désolés, et comme si Dieu eût exaucé leurs prières, apparurent des signes surnaturels dans lesquels ils ne manquèrent pas de lire l'annonce prochaine de la délivrance.

Depuis treize ans (1689-1702), dans le Dauphiné et dans le Languedoc, provinces remplies de huguenots, de miraculeux phénomènes s'accomplissaient. Dans les villes, dans les bourgs, dans les villages, des enfants allaient partout prédisant la chute de Baal, la mort des tyrans et la liberté d'Israël. On les appelait les *petits prophètes*. C'étaient des petits garçons, des petites filles de douze, de dix, de huit ans, de six ans quelquefois, qui publiaient la volonté de Dieu, et leurs prédictions violentes frappaient vivement les esprits aigris, exaltés et ignorants des paysans du Vivarais et des Cévennes. Ces petits prophètes étaient les innocents instruments d'une machiavélique jonglerie, inventée pour mettre plus sûrement et plus vite les armes dans la main des protestants. L'auteur de cette combinaison infernale était un zélé huguenot, nommé Duserre, qui était verrier de profession.

Cet homme avait rassemblé dans sa maison de pauvres petits enfants du peuple des deux sexes, et commencé par leur enseigner que le jeûne était agréable à Dieu et qu'il fallait se priver de nourriture. Il les avait accoutumés ainsi à de fréquentes et sévères abstinences, qui quelquefois duraient jusqu'à trois jours[1]. Pendant ces jeûnes, quand les enfants avaient le cerveau vide et égaré par la faim, quand ils touchaient presque au délire, Duserre leur lisait et leur relisait sans cesse les psaumes les plus lugubres et les plus dramatiques écrits des prophètes. Il y mêlait des déclamations violentes contre Rome, contre les persécuteurs des réformés, contre l'Eglise catholique, et entremêlait avec un soin perfide ces imprécations contre les papes de la lecture effrayante de l'*Apocalypse*, le plus sombre, le plus sublime, le plus terrible ouvrage de la littérature sacrée. On comprend facilement l'effet d'une pareille lecture sur des enfants de la campagne, incultes et crédules, dont les esprits étaient déjà troublés par le jeûne. Pour frapper davantage encore les imaginations, Duserre leur apprit en même temps à tomber à la renverse, à fermer les yeux, à enfler leur estomac, à répéter ses leçons

[1] Tous ces détails sont extraits de Brueys, *Histoire du fanatisme*, t. Ier. Cet ouvrage est un des plus curieux que l'on possède sur la guerre des Camisards. On sait que l'abbé Brueys est, avec Palaprat, l'auteur de l'*Avocat Patelin*.

au milieu d'une respiration entrecoupée, sifflante, râlante. Bientôt ils parlèrent avec tous les caractères de l'extase et de l'épilepsie. Comme les pythies de l'antiquité, comme les convulsionnaires de Saint-Médard, au moment de prononcer les paroles sacrées, les petits illuminés se roulaient par terre ; leurs yeux devenaient hagards et s'agrandissaient ; une écume blanche couvrait leurs lèvres desséchées ; leurs membres se tordaient au milieu d'horribles convulsions, et, dans le paroxysme de l'extase, leurs muscles gardaient la roideur du fer et l'insensibilité de la mort. Lorsque Duserre les vit arrivés à cet état, il poussa jusqu'au bout le mensonge, souffla sur le front de ses adeptes, disant qu'il communiquait le don de prophétie, et annonçant qu'ils pouvaient le transmettre aux fidèles[1]. Alors ces enfants se répandirent dans les campagnes.

A la grande stupéfaction des montagnards, ils parcoururent les villages, rendant partout leurs tristes oracles. Ce fut déjà un grand miracle que de voir de pauvres petits, qui ne savaient pas lire, récitant les psaumes, les cantiques, et annonçant en français, dans une langue qui n'était pas la leur, la parole de Dieu[2]. L'étonnement augmenta quand,

---

[1] Pour bien saisir le travail de Duserre, nous renvoyons le lecteur au chap. xi de Jean Cavalier, *les Prodiges*, t. 1er, p. 245. M. E. Sue, dans son roman, a tiré un beau tableau de ce sujet. Voyez aussi le *Dictionnaire des sciences médicales*, aux mots Extase et Convulsionnaires.

[2] C'était précisément la preuve de la fourberie de Duserre ; ils répétaient ses leçons, ses lectures, ses prédications, sans les bien comprendre. Dans tous les autres cas, au contraire, ils parlaient l'idiome roman des Cévennes.

prêtant l'oreille aux discours des prophètes, les populations entendirent qu'ils parlaient de leur religion, de leurs ennemis, de leurs souffrances. La foi ardente des réformés saisit et applaudit avec avidité les sanglantes prédictions contre la *Rome moderne, contre la ville des papes, contre la grande Prostituée assise sur les sept collines, contre la Babylone qui avait bu le sang des martyrs*. Malgré les persécutions, les condamnations à mort, aux galères, le nombre des illuminés augmenta rapidement. On en compta huit mille dans le Languedoc : des villages entiers prophétisaient. Non-seulement les enfants, mais des jeunes filles, des femmes, des hommes même *tombaient :* c'était le mot consacré.

La voix de ces enfants répéta bientôt dans les Cévennes les terribles paroles des auteurs sacrés, les lambeaux des plus sinistres passages de l'Écriture :

« Servez-vous de votre faux et moissonnons, dirent avec fureur, l'écume sur la bouche, les élèves du Duserre; la moisson de la terre est prête ! » — « Coupez les grappes des vignes, s'écriaient les uns, les raisins sont mûrs ! Voilà que l'ange a vendangé les vignes de la terre, et maintenant il en jette les raisins dans la grande cuve de la colère de Dieu. Voilà que Dieu la foule, mais le vin se change en sang, et les chevaux en ont jusqu'au poitrail ! » — « Que vos mains s'arment de force, disaient les autres, vous qui maintenant écoutez les paroles de la bouche des prophètes, en ces jours où le vrai temple de Dieu se rebâtit. Ecoutez-les ! écoutez-les ! car de vos enfants

Dieu s'est fait des prophètes. » — «Combattez les Philistins, ajoutaient les plus hardis; vous vous jetterez au travers des épées et vous ne serez pas blessés ! Aux armes, Israël! hors des tentes[1] ! » Toutes les vallées des Cévennes répétaient ces chants terribles.

D'autres fois, la parole des illuminés empruntait des images bibliques, mais faciles à saisir pour tous les assistants : « Mes frères, disait l'un d'eux, Abraham Mazel, j'eus naguère une vision : je vis de grands bœufs noirs, fort gras, qui broutaient les plantes d'un jardin; et une voix me dit : Abraham, chasse ces bœufs ! Comme je n'obéissais pas, la voix me dit encore : Abraham, chasse ces bœufs! Alors je les chassai. Or, selon que l'Esprit me l'a révélé depuis, ce jardin, c'est l'Église de Dieu ; les bœufs noirs qui la dévastent, ce sont les prêtres, et la voix qui me parlait, c'est l'Éternel, qui m'a ordonné de les expulser des Cévennes. » A la vue de l'exaltation croissante, les prophètes déchirèrent bientôt les voiles de l'Écriture dans lesquelles s'enveloppait leur pensée. Ils laissèrent de côté les apologues, et annoncèrent ouvertement qu'ils avaient reçu de Dieu l'ordre positif de renvoyer les prêtres et de combattre le roi.

Un des plus célèbres, nommé Etienne Gout, emprisonné et cru mort, reparut tout à coup au milieu des montagnards et prêcha la guerre sainte : « L'ange du Seigneur m'a délivré, s'écria-t-il en paraissant aux regards étonnés ; il m'a fait sortir comme saint Pierre

---

[1] *Jean Cavalier*, chap. xi, déjà cité.

à travers les gardes et les portes de fer. » Et pour exciter davantage encore l'enthousiasme, il prédit l'arrivée de quarante mille soldats que commanderait un puissant prince, voulant désigner par là le roi d'Angleterre, Guillaume III, la tête et l'épée du protestantisme [1].

Ces prédictions coururent comme un ouragan dans les villages; elles soufflèrent la rage dans les cœurs, et, montrant les cieux ouverts pour la défendre, elles précipitèrent l'insurrection. Les scènes d'horreur continuaient. Le roi était toujours implacable. Poussés à bout, voyant Dieu qui combattait pour eux, les protestants levèrent vers lui leurs mains meurtries, et, à défaut de la justice, appelèrent la vengeance. Refusant la tête au joug, plutôt que de tendre le cou aux bourreaux, ils les étranglèrent à leur tour. Les montagnards des Cévennes sautèrent sur les fourches, sur les haches, sur les bâtons, emmanchèrent les faux, décrochèrent les vieilles arquebuses qui avaient fait la guerre sous le *grand duc de Rohan*, le dernier général des huguenots. Toutes les lames rouillées revirent le jour. Altérés de vengeance, ivres d'enthousiasme, sans argent, sans armes, sans général, ils se jetèrent sur les catholiques. Louis XIV allait recueillir la moisson sanglante qu'il avait semée : leur déclaration de guerre fut un assassinat.

---

[1] M. Nap. Peyrat, *Histoire des pasteurs du déserts*, t. 1er, p. 27 et suiv. — M. Dourille du Crest, *Histoire des guerres civiles du Vivarais*, p. 402.

Une nuit d'été (24 juillet 1702), deux cents hommes, couverts de chemises blanches [1], entrent en courant dans le bourg de Pont-de-Monvert [2], situé sur les bords du Tarn. Ils chantent en chœur les psaumes de Théodore de Bèze, écartent à coups de fusil les habitants des fenêtres, et marchent droit à la principale maison du bourg, où dormait l'abbé du Chayla, prieur de Laval et archiprêtre des Cévennes. Là se trouvaient, gardés par un détachement de troupes royales, plusieurs huguenots, arrêtés quelques jours auparavant, et destinés à être jugés prochainement. Au bruit des chants et des cris qui réclament la liberté des prisonniers, l'abbé du Chayla, voyant sa maison investie de toutes parts, ordonne à la garde de faire feu pour dissiper les assaillants. Une décharge jette par terre l'un des réformés. Mais sa mort ne fait qu'exciter leur fureur. Loin de fuir, à l'aide d'une poutre qui se trouve dans la rue, à coups de hache, ils ébranlent, puis enfoncent la porte, et envahissent la maison. Le prélat, effrayé, se retire au second étage, dans un cabinet voûté, où les soldats le suivent. Les protestants montent à sa poursuite, aux cris furieux de: *Tue! tue!* Une nouvelle décharge les arrête, et blesse un Camisard. Ils reculent alors, et, voyant que pour atteindre l'archiprêtre il faut lutter contre la garde, qui tire à couvert, afin de faire sortir l'abbé comme une bête fauve, ils mettent le feu. Ils y jettent les meubles, les bancs, les bois, et

---

[1] De là le nom de *Camisards*, donné aux protestants insurgés.
[2] Aujourd'hui département de la Lozère.

les paillasses sur lesquelles les soldats couchaient. La flamme monte rapidement. Elle enveloppe la maison d'un rouge reflet. Le toit s'écroule; le malheureux prêtre, dans sa retraite, sent l'incendie qui le gagne. Les débris de la couverture, en tombant, lui brûlent une épaule; déjà la fumée l'étouffe, déjà le feu l'entoure; quelques instants de retard, et la fuite même lui sera enlevée. Le temps presse; l'archiprêtre ouvre une fenêtre qui donnait sur le jardin; il attache précipitamment des draps aux barreaux et se laisse glisser du second étage. Mais ses mains brûlées ne peuvent tenir les draps, il tombe dans le jardin, et dans sa chute se brise une jambe. Devant la mort qui le menace, il se traîne cependant jusqu'à une haie de buissons, et, à l'aide de son domestique, qui s'est sauvé avec lui, se cache dans les épines. La clarté immense de la maison le trahit. Les Camisards l'aperçoivent; d'un bond ils s'élancent et l'entourent. Les cris d'une joie féroce retentissent : Le prêtre est pris! Les vêtements déchirés, les membres meurtris, cruellement blessé de sa chute, sous une grêle de coups, d'injures et de menaces, les flots d'une foule furieuse le roulent sur la grande place du bourg, puis jusqu'au pont du Tarn. Le formidable cri : *Tue! tue!* retentit toujours.

Alors, à la lueur des flammes qui éclairent tout le bourg, sous ce ciel bleu du Midi, dont le tranquille azur contraste avec le drame sanglant qui se dénoue, se passe une scène effrayante. Quelques furieux crient au prélat d'apostasier, qu'on lui fera grâce; mais l'archiprêtre était un homme de foi, il refuse. Ce courage ne désarme pas ses ennemis. Ils lui reprochent son zèle fougueux, son long règne de dix-sept ans dans les Cévennes, les supplices ordonnés par ses ordres. « Si je suis damné, réplique du Chayla, voulez-vous vous damner aussi ? » Cette réponse ne fait qu'irriter les Camisards, qui ont soif de son sang. Le chef de la troupe, le prophète, donne le signal : « Ah ! te voilà ! s'écrie-t-il, persécuteur des enfants de Dieu ! Non, non, point de grâce ! Il faut que tu meures. Frères, l'Esprit veut qu'il meure ! » Et il frappe en même temps le premier coup. Les derniers mots sont à peine achevés que les Camisards furieux se jettent sur lui. Les armes brillent, les assassins se poussent à qui tuera le premier. « Voilà, dit l'un, pour mon père, mort sur la roue ! — Voilà, dit l'autre, pour mon frère, mort sur le bûcher. — Voilà pour mon fils condamné aux galères ! — Voilà, crient-ils ensemble, pour ma mère jetée en prison ! pour ma fille enfermée dans un couvent ! pour ma famille proscrite ! pour ma fortune enlevée par le roi ! » Un coup d'épée, un coup de couteau, un coup de hache, un coup de baïonnette, accompagnent chacune de ces terribles accusations. Le sang du prélat ruisselle à leurs pieds. Il tombe sans pousser une plainte, et sa vie s'éteint au milieu des cris d'une rage sans cesse renaissante. Les derniers coups ne frappaient plus qu'un cadavre. Le domestique de l'archiprêtre, son intendant, quelques soldats, furent massacrés avec lui. Jusqu'au jour les Camisards restèrent sur le pont, agenouillés près des morts, chantant des psaumes, et, comme des spectres de la nuit, mêlant leurs voix sauvages aux pétillements de l'incendie et au bruit de la rivière. A l'aube seulement ils se séparèrent, et disparurent en psalmodiant encore [1]. Le matin, quelques habitants du bourg, ne voyant plus personne, s'avancèrent sur le pont et ramassèrent le corps du prélat. Ils le portèrent dans une boutique voisine et le déposèrent sur un comptoir. Là ils reconnurent cinquante-deux blessures [2].

Cette mort fut le prélude. Pendant trois jours, sur plusieurs points des Cévennes, au pied de la Lozère, les Camisards se répandirent dans les villages, se jetèrent sur les prêtres, les maîtres d'école catholiques, et les égorgèrent.

A la nouvelle de ces excès, les mandataires du pouvoir royal dans le Languedoc, les représentants de l'autorité militaire et civile d'une province sous Louis XIV, le gouverneur et l'intendant s'émurent. Le gouverneur, le comte de Broglie, se rendit à la hâte dans les hautes Cévennes, à Pont-de-Monvert, où le crime s'était commis. Il dispersa plusieurs compagnies dans les villages voisins; les soldats battirent les montagnes, chassèrent devant eux les protestants, en ramassèrent quelques-uns et les livrèrent à l'intendant.

---

[1] M. Nap. Peyrat, *Histoire des pasteurs du désert*, t. 1er, p. 297.
[2] Lettre du comte de Broglie à Chamillart, *Archives de la guerre*, vol. 1614, n° 35. Deux lettres de Bâville sur le même sujet. *Archives de la guerre*, vol. 1614, n°s 184, 185. Voyez aussi sur cette mort la plupart des historiens cités à la fin du chap. VIII, et surtout Brueys, Louvreleuil, Court et M. Napoléon Peyrat.

L'intendant était alors ce terrible Lamoignon de Bâville, qui a laissé dans l'histoire des huguenots un si lugubre souvenir. Maître absolu de la province qu'il gouvernait depuis vingt ans, le *roi du Languedoc*, comme on l'appelait, exécutait sans pitié les ordonnances royales. Appelé à ce poste important par la faveur de Louvois, il avait montré dans le gouvernement les rares qualités d'administrateur [1] qui distinguaient le rival de Colbert, mais aussi toute la sévérité du farouche ministre de la guerre. M. de Bâville gouvernait le Languedoc avec une barre de fer; il déployait toute la froide et implacable rigueur de ces proconsuls romains, qui ne marchaient qu'environnés de licteurs la hache sur l'épaule. Depuis son arrivée dans la province, il avait envoyé sur les galères, dans les prisons, à l'échafaud, un nombre effrayant de réformés. L'intendant remplissait ces sinistres fonctions comme un devoir, sans un remords : « J'ai condamné ce matin, écrit-il en post-scriptum dans une de ses lettres, soixante-seize malheureux aux galères [2]. » Il avait toute l'inflexibilité de la loi.

M. de Bâville accompagna le comte de Broglie, son beau-frère, dans les hautes Cévennes, et il établit

[1] Nicolas Lamoignon de Bâville, né en 1648, mort en 1724. Il nous a laissé sur la province du Languedoc un état extrêmement curieux du commerce, de la population, du gouvernement, des ressources du pays qu'il a administré si longtemps. Nous en parlerons tout à l'heure. Voyez le sombre portrait qu'en a tracé Saint-Simon, t. III, p. 460.

[2] Ce qui console l'humanité, c'est que le *roi du Languedoc* était un des ancêtres du vertueux Lamoignon de Malesherbes, le courageux défenseur de Louis XVI.

à Florac[1] une chambre de justice pour prononcer sur le sort des protestants arrêtés. Les conseillers se montrèrent aussi impitoyables que l'intendant : ils envoyèrent les prisonniers au bûcher, à la roue ou à la potence. Les Camisards étaient en même temps pris, jugés, tués ; mais cette cruelle répression était incomplète et inefficace, et ces supplices ne firent qu'irriter le désespoir des *enfants de Dieu*, c'est le nom que prenaient les reformés. Du sang des morts naquirent des soldats, et, loin d'être arrêtés, leurs progrès continuèrent.

Leurs courses nocturnes s'étendirent et se multiplièrent (septembre 1702). Incapables encore de tenir la campagne, les petites bandes couraient la nuit. Les insurgés commettaient partout les mêmes excès, brisaient les portes des églises, brûlaient les autels, souillaient les vases sacrés, égorgeaient les prêtres, massacraient les anciens catholiques. Partout sur leur passage les rouges lueurs de l'incendie, les cris des victimes qui se débattent et qui meurent ; partout des pans de mur noircis de fumée, des ruines arrosées de sang. Bientôt, en dépit des condamnations de M. de Bâville, des poursuites des partis royaux, le nombre des Camisards augmenta. Dans plusieurs rencontres, ils défirent même les soldats envoyés pour les combattre : M. de Broglie, qui manquait de régiments, avait dirigé contre eux des recrues et des milices bour-

---

[1] Département de la Lozère.

geoises[1]. Les insurgés en eurent bon marché, et ces premiers succès leur fournirent des armes (octobre 1702).

Peu à peu ils dédaignèrent les courses de nuit et apparurent au grand jour. Sur plusieurs points ils prêchèrent et chantèrent publiquement les psaumes. Quand une troupe arrivait dans une commune, le chef indiquait une assemblée; tous les réformés des environs, femmes, enfants, vieillards, accouraient; et, environnés de leurs hommes armés, les huguenots célébraient les mystères de la religion protestante. En même temps de nouvelles bandes se formaient. Un ancien soldat, un garde, un simple paysan quelquefois, se mettait à la tête. Ces troupes mobiles se multipliaient par leur rapidité même; elles se montraient en quelques jours dans vingt villages différents, trompant facilement la vigilance des détachements royaux, qui les croyaient plus considérables encore. Les commandants ne mouraient pas; quand le capitaine tombait, un soldat sortait des rangs et prenait sa place (novembre 1702).

Les catholiques s'aperçurent tout à coup avec terreur que ces bandes agissaient ensemble, qu'elles combinaient leurs mouvements et obéissaient à une impulsion unique. La présence d'un général devint manifeste: les insurgés avaient, en effet, un chef. Comme les grands événements, la guerre civile, les

---

[1] Sorte de gardes nationales mobilisées, mais non payées. Elles protégeaient mal le pays et l'épuisaient. Les généraux s'en plaignent souvent dans leurs dépêches.

guerres de la réforme, les luttes religieuses du xviie siècle, les luttes modernes de la Vendée et de la Révolution, l'insurrection des Camisards avait enfanté un homme. Un jeune garçon boulanger de Ribaute, près d'Anduze (Gard)[1], blond, rose, d'une figure douce et gracieuse, essuya ses bras et se fit général; il avait vingt ans à peine. L'histoire a recueilli son nom, si obscur alors : on l'appelait Jean Cavalier.

Fils aîné d'un laboureur, Cavalier offrait l'extérieur d'un enfant de la montagne. Il était petit, trapu ; il avait une grosse tête, un cou de taureau, de larges épaules, qui contrastaient avec ses yeux bleus, sa figure imberbe et colorée, et ses longs cheveux blonds flottants. Pour obéir aux ordonnances du roi, son père, comme tous les pères protestants, avait dû l'envoyer à l'école catholique. Cavalier s'y fit remarquer par son intelligence et son application. Il mérita même les compliments de l'évêque d'Alais, qui, dans une tournée épiscopale, le vit et voulut se charger de ses études. Mais le jeune Cévenol ne tarda pas à éprouver pour l'éducation et le culte catholiques une aversion insurmontable. Ce fut sa mère qui éveilla dans son cœur la haine de l'Église et l'amour de la réformation. Quand l'enfant revenait de l'école, la paysanne des Cévennes, qui était une zélée protestante, lui lisait la Bible, lui expliquait les dogmes et lui faisait répéter les prières de la religion de Calvin. Le petit garçon écoutait avec avidité ces

---

[1] Il était né en 1685, au village de Ribaute, près d'Anduze (Gard).

paroles sévères tombant des lèvres maternelles, et chaque soir la femme du laboureur défaisait l'œuvre de la journée. Parvenu à un âge un peu plus avancé, Cavalier, avec la généreuse franchise de l'enfance, refusa hautement d'aller à l'église, et dans quelques discussions avec le maître d'école laissa échapper ses nouvelles opinions religieuses.

Une telle conduite alarma son père. Bien différent de sa femme, il faisait assez bon marché de la foi calviniste, et se souciait surtout de son troupeau, de ses cultures, de ses champs. Le laboureur voulait augmenter son aisance, et tremblait de voir absorber sa petite fortune par les amendes et les confiscations qui frappaient sans cesse les protestants. Il reprocha durement à son fils ses discours imprudents, lui ordonna de faire comme lui-même, d'aller à la messe, et d'imiter ses voisins et tous les réformés du village, qui, devant la rigueur des ordonnances, se rendaient régulièrement à l'église. Cavalier résista. Sa mère l'encouragea dans cette lutte et applaudit à sa persévérance. Il avait alors treize ans. Pour l'exciter encore et le récompenser en le traitant déjà comme un homme, elle le mena secrètement à une de ces assemblées du *Désert*, si menacées, si dangereuses. Ce fut son premier prêche. Il y entendit la voix éloquente de Brousson, l'un des plus célèbres pasteurs de l'Église française sous Louis XIV. La grandeur de la scène, l'aspect sauvage du *Désert*, cette réunion d'hommes, de femmes, d'enfants, rassemblés autour du ministre proscrit et l'écoutant au péril de leur vie, firent sur l'âme du jeune Cévenol une impression profonde.

Son exaltation religieuse s'accrut encore ; elle se manifesta de nouveau par des paroles violentes contre le catholicisme, et son père, regardé comme complice de ses erreurs, fut sérieusement menacé de la confiscation et de l'exil. Pour le préserver lui-même, sa mère l'envoya chez une de ses parentes qui habitait une paroisse voisine, où les persécutions étaient beaucoup moins rigoureuses. Il n'y resta que quelques mois, puis revint dans son pays. Il le trouva plus désolé encore. Les protestants continuaient de souffrir : la plupart des pasteurs étaient morts ; le vieux Brousson, dont Cavalier avait entendu un des derniers prêches, avait été pris et rompu vif par les ordres de Bâville (1698). Les autres ministres avaient fui à l'étranger. Cavalier résolut de les imiter, et, malgré les dangers, de s'échapper du royaume.

Il rencontra un homme qui faisait le périlleux métier de conduire les protestants à la frontière[1]. Cet homme lui promit, moyennant une somme d'argent, de le mener à Genève. Cavalier accepta, et, au printemps de 1701, se mit en route avec douze jeunes compagnons. La route se fit sans obstacle. Le guide avait eu la précaution de se munir d'un ordre qui enjoignait de loger sa troupe comme soldats du roi : il se donnait lui-même pour un officier recruteur, et passa sans éveiller les soupçons. Les voyageurs se dirigèrent le long du Rhône, gagnèrent le Dauphiné et arrivèrent aux Echelles.

---

[1] Il y avait peine de mort. Ordonnance du 12 oct. 1687. Voir p. 291.

Le défilé n'était plus gardé : le poste qui y avait été placé se trouvait retiré depuis quelques jours, et les protestants franchirent sans peine la frontière. En huit jours ils vinrent à pied d'Usez à Genève[1].

Après ce long, rapide et dangereux voyage, Cavalier, qui venait d'atteindre sa dix-septième année, se trouva exposé à toutes les angoisses de l'exil, et les supporta avec courage. L'argent lui manquait ; il fallait songer à vivre ; il reprit son métier de France. Après avoir gardé les troupeaux à Vénézobre, il avait été apprenti à Anduze, chez un boulanger ; il continua cet état à Genève, et pendant une année entière vécut de son travail. De la Suisse, le jeune homme songeait à se rendre en Prusse, où il connaissait un capitaine de cavalerie, qui l'eût employé ; mais, faute de ressources suffisantes, il dut renoncer à ce dessein. A l'amertume de l'exil vinrent se joindre bientôt les regrets du pays natal, la privation de ses amis, de sa famille, de sa mère surtout, qu'il aimait tendrement. Tandis qu'il était en proie à tous ces chagrins, il rencontra un jour dans la rue le même guide qui l'avait amené de France, et qui arrivait en Suisse avec une autre troupe de protestants. Cet homme lui apprit que, depuis son départ, le bien de sa famille avait été confisqué, que son père et sa mère avaient été condamnés à une prison perpétuelle comme complices de sa fuite, que son père était enfermé à Carcassonne et sa mère à Aigues-Mortes,

---

[1] *Mémoires de Cavalier.*

dans la tour de Constance[1], de sinistre mémoire. Ce nouveau malheur l'atterra. Une horrible incertitude s'empara de son âme : devait-il rester à Genève, ou, bravant les galères et l'échafaud, retourner dans les Cévennes et sauver ses parents? Après avoir passé trois jours dans les prières et dans les larmes, l'amour de sa mère l'emporta. Il combina la délivrance des prisonniers avec un de ses amis, proscrit comme lui, repassa la frontière et arriva à Alais (juin 1702). La première nouvelle qu'il apprit le combla de joie : sa famille était en liberté ! Il courut la revoir.

Cavalier arriva un dimanche matin à Ribaute. Les cloches de l'église sonnaient, et en entrant dans la maison où il était né, il trouva son père et sa mère qui s'habillaient pour aller à la messe. Un tel spectacle l'affligea cruellement, il resta consterné; sa douleur augmenta quand ses parents lui apprirent qu'ils n'avaient été mis en liberté qu'à la condition de pratiquer la religion catholique. Cette capitulation lui parut monstrueuse, et peut-être involontairement la conviction éclata. Il prit la parole pour blâmer une semblable faiblesse, leur reprocha de déserter la foi de Calvin, de trembler devant l'ennemi, de céder à la violence, de suivre publiquement un culte qui n'était pas celui de leur cœur. Il rappela les leçons qu'il avait reçues autrefois dans cette maison même, les lectures de la Bible à son retour de l'école catholique, les prières faites sur les genoux de sa mère après les baisers

---

[1] Cette tour était l'effroi des protestants; on y oubliait les prisonniers des années entières, quelquefois même toute leur vie.

du soir. Il dit qu'il avait quitté Genève pour les revoir, pour travailler à leur délivrance, et qu'il s'était exposé pour cela à mille morts. Pendant une heure entière, cette parole jeune, mais grave et douce, se fit entendre. Les deux laboureurs l'écoutèrent comme la voix de Dieu; il leur sembla que c'était moins un fils qu'un prophète. Son discours les toucha tellement que tous deux jurèrent de souffrir toutes les persécutions plutôt que d'entrer jamais dans une église romaine; et, commençant ce dimanche même, ils passèrent la journée ensemble à prier[1].

Quelques jours après le retour de Cavalier, l'abbé du Chayla était tué à Pont-de-Monvert, et l'insurrection éclatait. Le fils du laboureur de Ribaute fut des premiers à prendre les armes. Il partit avec une des troupes qui se formaient et l'accompagna dans plusieurs expéditions contre les catholiques. Son intelligence, sa bravoure le firent bientôt remarquer. Aussi, quand les réformés s'organisèrent militairement, se partagèrent en compagnies et nommèrent leurs officiers, ses amis lui offrirent une lieutenance. Il refusa longtemps, déclarant qu'il ne voulait servir qu'en qualité de volontaire, et il ne céda qu'à leurs instances réitérées. Plus tard, les protestants, voulant organiser l'unité de la défense, choisirent un commandant général, et Cavalier fut nommé à l'unanimité. Les Camisards l'investirent du droit de vie et de mort sur tous les insurgés. Il reçut le pouvoir

[1] *Mémoires de Cavalier.* Tout le récit qui précède est extrait de ces *Mémoires.*

de faire fusiller ses soldats, sans même consulter le conseil de guerre[1]. Avant lui, les chefs huguenots avaient déployé du courage et du fanatisme; mais le fanatisme ne supplée pas au génie militaire : avec lui, l'insurrection eut un général, et un général victorieux.

Cavalier débuta par battre dans les prairies d'Alais un corps de la noblesse de la province qui avait pris les armes contre les protestants, et en même temps un détachement d'infanterie royale. Il attendit le choc avec sa petite troupe. La noblesse, impatiente de remporter seule le succès, tire sur eux, puis s'élance avec furie. Les Camisards reçoivent la décharge, laissent les assaillants s'approcher, puis, quand ils arrivent à bout portant, ajustent avec soin et jettent par terre un si grand nombre de gentilshommes, que les autres tournent bride, culbutent l'infanterie régulière en se sauvant, et tous, fantassins, cavaliers s'enfuient épars à Alais, où ils entrent en désordre. Les protestants les poursuivirent jusqu'aux portes. Un tel succès était précieux, car il assurait aux vainqueurs des armes, des munitions et des habits. Cavalier revêtit ses soldats avec les uniformes des morts (24 décembre 1702).

Ces uniformes lui servirent quelques jours après

---

[1] « Je lui demandois hier (à Cavalier), raconte Villars : Est-il possible qu'à votre âge, et n'ayant pas un long usage du commandement, vous n'eussiez aucune peine à ordonner souvent la mort de vos propres gens? — Non, Monsieur, me dit-il, quand elle me paroissoit juste. — Mais de qui vous serviez-vous pour la donner? — Du premier à qui je l'ordonnois, sans qu'aucun ait jamais hésité à suivre mes ordres. » (*Mémoires de Villars*, p. 139.)

à exécuter une expédition hardie. Il se présenta sous les murs de Sauve (Gard), alors fortifiée comme l'étaient plusieurs villes du Languedoc, et occupée par une garnison : il se donne pour un officier du roi, entre, range ses hommes en bataille sur la place, et ordonne aux habitants et aux soldats de mettre bas les armes sous peine de mort. Les catholiques, surpris, livrent leurs mousquets, et les Camisards, maîtres de la place, se répandent dans les maisons, saisissent les fusils, brûlent l'église, tuent les prêtres et emportent la vaisselle d'étain pour faire des balles (**27 décembre 1702**).

Dans les premiers jours de janvier 1703, la troupe de Cavalier, commandée par Ravanel, son lieutenant, défit en rase campagne le gouverneur du Languedoc, le comte de Broglie lui-même, au combat du Val-de-Blane, dans la plaine de Nîmes. Quelques fuyards coururent jusqu'à la ville et y jetèrent la terreur. Tous ces avantages redoublèrent l'ardeur des insurgés : leurs bandes se multiplièrent, leurs excursions devinrent plus fréquentes, leurs ravages s'étendirent. Ils couvrirent à la fois les quatre diocèses de Mende, d'Alais, d'Usez, de Nîmes, deux départements tout entiers. Dans le seul mois de janvier 1703, ils brûlèrent quarante paroisses et massacrèrent quatre-vingts curés. La lutte avait changé de caractère : ce n'était plus une insurrection : c'était une guerre ; mais avant d'en commencer le récit, il faut en décrire le théâtre.

Les Cévennes, où se passaient les événements que nous venons de raconter, faisaient partie de l'ancienne province du Languedoc. Si on jette les yeux sur une carte du Midi et que l'on considère le territoire contenu entre le Rhône, l'Ardèche, puis les villes suivantes : Joyeuse, Château-Neuf-Randon, Marvejols, Chanac, Meyrueix, Nant, Le Vigan, Ganges, Castries, Lunel, Aigues-Mortes et enfin Beaucaire, on embrassera d'un seul coup d'œil tout le pays où se livra la lutte acharnée des Camisards et des catholiques : c'est ce que l'on pourrait appeler les *Cévennes militaires*. Ce cercle que nous venons de décrire renferme, en nous reportant aux dénominations modernes, presque tout le département de la Lozère, l'extrémité sud-ouest du département de l'Ardèche, tout le département du Gard et quelques communes du département de l'Hérault.

Comme toutes les montagnes, les Cévennes s'élèvent d'abord ardues et serrées, puis s'allongent, s'abaissent, s'ouvrent, se transforment en collines qui vont mourir dans la plaine, laquelle à son tour disparaît dans la mer. Elles comprennent donc des régions supérieures, des régions mixtes, des régions inférieures, forment des montagnes, des collines, des plaines, et pour tracer seulement trois grandes divisions, elles renferment les hautes Cévennes, les basses Cévennes, la plaine.

Les hautes Cévennes paraissent un pays dressé comme à dessein par la nature pour une guerre de partisans. De quelque côté que le regard se promène, il n'aperçoit que des chaînes la plupart nues, élevées, entassées les unes sur les autres, vertes uniquement au sommet. Le sol est maigre et froid, la terre végétale rare. Elle produit du seigle en abondance, peu d'orge, peu d'avoine, peu de froment, et dans quelques cantons elle donne du chanvre, du lin, de la garance, du safran et du tabac. La vigne y pousse, mais le vin y est médiocre et ne sort pas du pays ; les arbres fruitiers croissent vite, les châtaigniers surtout couvrent la terre et donnent aux habitants leur principale nourriture et leur pain de chaque jour. D'épaisses forêts de pins, de hêtres, aujourd'hui trop rares, cachent les flancs des montagnes. Au milieu se trouvent plusieurs lacs limpides, sur les bords desquels surnagent des feuilles et des fleurs de nymphæa[1]. Les lacs, les nombreuses rivières aux eaux vives et rapides, qui arrosent la contrée, cette affluence de cours d'eau et l'élévation du sol, rendent le pays froid et humide. Les hivers sont longs, les printemps pluvieux, l'été semé d'orages ; l'automne seulement amène les beaux jours. Le climat est variable à l'excès : en quelques heures la température monte ou tombe. Mais l'air des montagnes est si vif, si pur, qu'il donne la force et la vie. Les soldats malades de la fièvre intermittente à Montpellier guérissaient en arrivant à Mende.

Robustes, actifs, industrieux, les Cévenols luttaient victorieusement contre une terre ingrate. Ils employaient d'abord cette terre avec avarice, ils la

[1] Les fleurs et les feuilles de nymphæa qui surnagent sur tous les points de la surface des lacs prouvent évidemment leur peu de profondeur. (*Statistique du département de la Lozère*, par le citoyen Jerphanion, préfet ; publiée par ordre du ministre de l'itérieur. Paris, an X, in-8, p. 16.)

cultivaient jusque dans les rochers. Ensuite leurs mains habiles détournaient les ruisseaux de leur pays, et les dirigeaient par des sillons, par des arbres creusés, par de petits aqueducs, sur les rares pelouses qui dominaient les montagnes. Quand venait la fin de mai, des milliers de moutons du Languedoc, des basses Cévennes, s'acheminaient vers la Lozère, vers la Margeride. Les habitants les recevaient avec joie, sans rien exiger du maître, contents seulement du fumier que ces troupeaux laissaient dans les vallées, comme un gras limon. Leur principale richesse était les bestiaux, les chevaux, petits et nerveux comme ceux des Pyrénées, les mulets, les bœufs, les moutons; c'était chez eux que venaient s'approvisionner les provinces voisines.

Les montagnards étaient à la fois agriculteurs et industriels. Quand le paysan avait terminé sa petite culture, et la terre lui manquait vite, il se faisait tisserand. Pendant les longs hivers des Cévennes, lorsque la neige couvrait la campagne, les métiers battaient. Toute la famille travaillait à la laine. Les femmes, les jeunes filles, les enfants filaient; dès quatre ans, ils aidaient leur père. Les hommes cardaient, tiraient ou tissaient. Les gains étaient bien minces : la fileuse gagnait deux sous; le cardeur, cinq; le tisserand, huit; le tireur de laine le mieux rétribué gagnait dix sous[2]. Beaucoup de paysans avaient des métiers dans leur maison, et souvent le même homme récol-

---

[1] *Mémoires pour servir à l'Histoire du Languedoc*, par feu M. de Bâville. (Amsterdam, J. Ryckhoff fils, 1736, in-12.)

tait, fabriquait, vendait. Ces étoffes, ces *serges*, ces *cadis*, étaient principalement employés à l'étranger, en Italie, en Espagne, jusque dans le Levant[1]. Malgré la modicité du prix, toutes ces manufactures ne laissaient pas de produire encore chaque année deux millions de livres. En 1788, le commerce seul des serges rapportait cinq millions. Dans certaines régions, aux travaux de l'agriculture, à la fabrique des étoffes, les habitants joignaient la culture du mûrier et l'élève du ver à soie.

Telles sont les hautes Cévennes.

Les basses Cévennes commencent à la hauteur de Meyrueix, de Saint-Jean-du-Gard et d'Alais. C'est d'abord un pays abrupt et difficile, qui renferme encore des montagnes élevées, notamment l'Aygoal et l'Esperou. A l'époque de la guerre des Camisards, toute cette contrée était couverte de forêts inaccessibles, et, comme la haute terre, elle offrait aux protestants des retraites assurées. Les habitants étaient petits; ils avaient la figure maigre et dure, parlaient surtout l'idiome roman du Languedoc, et entendaient à peine le français. En revanche, ils étaient actifs et agiles, et fournissaient de courageux et excellents fantassins.

A mesure que l'on descendait vers le Rhône et que l'on s'avançait dans les diocèses d'Alais et d'Usez, on rencontrait une région plus fertile : le pays devenait riant. S'il offrait toujours des montagnes et

---

[1] Ces cadis étaient aussi employés, avant la Révolution, à doubler les habits des soldats.

des forêts, il présentait à côté de frais vallons, couverts de châtaigniers, de moissons, de vignes et de mûriers. Comme les montagnards des hautes Cévennes, les habitants possédaient de grands troupeaux de moutons; comme eux, ils comptaient de nombreuses manufactures, qui produisaient des *serges*, des *ratines* et des *cadis* d'une qualité supérieure. Le diocèse d'Alais surtout était un pays florissant et heureux. On y voyait à peine des pauvres. M. de Bâville le regardait comme la plus riche contrée du Languedoc. Ses manufacturiers faisaient un commerce considérable avec la plaine. Quelquefois aux marchés d'Anduze, les négociants de Nîmes apportaient vingt-cinq mille livres, trente mille livres même, en louis ou en écus, pour acheter leurs étoffes[1]. Cet argent se répandait des fabricants aux ouvriers et causait une aisance générale.

La plaine commençait avec le diocèse de Nîmes. Jusqu'à la hauteur de Beaucaire et de Sommières, elle se développe peu à peu, coupée çà et là de collines[2]. De Beaucaire à Aigues-Mortes, d'Aigues-Mortes à la mer les collines elles-mêmes disparaissent. La terre est grasse d'alluvion, mêlée quelquefois de sable, plus rarement de galets, et elle descend toujours. Bientôt, le voisinage de la Méditerranée se fait sentir. Le pays se couvre de marais immenses dont les roseaux servent encore à engraisser les

---

[1] *Mémoires de Bâville.*
[2] *Statistique du département du Gard*, par M. Hector Rivoire, chef de division à la préfecture. (Nîmes, Ballivet et Fabre, 1842, 2 vol. in-4.)

cultures, puis de larges étangs remplis de poissons.

Cette longue bande de terrain qui s'étend depuis le Rhône jusqu'aux marais, depuis Beaucaire jusqu'à Aigues-Mortes, était la partie la plus fertile de la province ; elle apparaissait tapissée de vertes prairies et dorée par de riches moissons. Là poussaient tous les arbres du Midi, tous les fruits de l'Espagne et de l'Italie : le raisin, la pêche, l'amande, la figue, la grenade. Au pied des coteaux et des collines, à l'abri du vent, venaient l'olivier, si précieux pour ces contrées, et le mûrier, plus précieux encore, dont la feuille nourrissait le ver à soie. L'importation du mûrier, qui datait d'un siècle et demi (1564), faisait déjà de grands progrès. L'intelligente activité de M. de Bâville l'avait répandu dans toute la province. Pour stimuler le zèle des montagnards cévenols, qui préféraient à cet arbre inconnu le châtaignier, qui depuis des siècles nourrissait leurs pères et devait nourrir leurs enfants, l'intendant du Languedoc annonça des primes. Le gouvernement donna la première année 3 livres par pied de mûrier, 30 sous la seconde année, 10 sous la troisième. Bientôt, les récompenses devinrent inutiles, tant les plantations s'augmentaient rapidement, et avec elles le commerce de la soie s'accrut chaque année. M. de Bâville le portait déjà au chiffre considérable de dix-huit millions de livres.

Dans cette heureuse région, le climat rigoureux des hautes Cévennes disparaît ; l'hiver commence tard, il n'arrive qu'avec les derniers jours de décembre, et vient comme un ami, sans secouer sur ces belles plaines tous ses frimas : au lieu des longues neiges des montagnes, c'est à peine s'il laisse tomber une couche légère qui cache le sol peu d'instants ; le printemps le chasse de bonne heure. Dès la fin de janvier se montrent les violettes, les jacinthes, les jonquilles; au milieu de mars, poussent les bourgeons de la vigne; dans les premiers jours d'avril, fleurissent les lilas ; au commencement de mai, rougissent les cerises, s'ouvrent les roses et les grenades. Suivant une tradition du moyen âge, les seigneurs de Montfrin[1] exigeaient de leurs vassaux un panier de cerises pour le premier jour de mai.

Avec les fleurs, les fruits, arrivent les chaleurs de l'été, les ardeurs d'un soleil de feu, le souffle brûlant, humide du vent d'Afrique qui chasse de gros nuages chargés de pluie et accable les hommes et les animaux. La main de Dieu heureusement a, dans son inépuisable prévoyance, placé à côté le remède. De la mer même vient, l'été, un petit vent doux qui souffle toute la journée, de dix heures du matin à quatre heures du soir, et rafraîchit l'atmosphère : on le nomme le *garbin*. En outre, pendant sept mois de l'année souffle le vent du nord, qui tombe de la montagne, dissipe l'humidité, la pluie, chasse les émanations, les miasmes des étangs, des marais, et assure la salubrité du pays et la sérénité d'un ciel rarement troublé.

[1] Près du Rhône, département du Gard. (M. Rivoire. *Statistique du département du Gard*, t. Ier, p. 131.)

Ainsi dans la montagne la maigreur, la pauvreté, la laine, la neige, l'hiver ; dans la plaine la fécondité, la richesse, la soie, le soleil, le printemps. On comprend de suite la différence du rôle assigné à ces deux régions. Dans la haute terre les Camisards placèrent leurs magasins, leurs munitions, leurs armes, leurs vivres, leurs blessés : ce fut leur quartier général ; dans la plaine, au contraire, qui ne leur offrait aucun abri, ils poursuivirent les corps isolés, pillèrent les villages, les bourgs, les villes même, y prirent tout ce qui leur manquait, l'argent, le blé, le vin, les habits, les fusils, la poudre, les souliers ; dans la plaine, ils attaquèrent les catholiques : ce fut leur champ de bataille.

Les réformés avaient de grands avantages dans cette guerre de partisans que favorisait la nature du pays. Ils réunissaient toutes les conditions qu'exige une lutte si dangereuse. Sobres, agiles, vigoureux, accoutumés aux fatigues par la vie dure du pâturage et du labour, leurs hommes étaient éprouvés d'avance ; ils combattaient ensuite chez eux. Les chefs, les soldats avaient une connaissance parfaite des lieux ; ils savaient les gués, les chemins des forêts, les défilés, les sentiers des montagnes. Dans toute la contrée peuplée de protestants, les sympathies religieuses, si ardentes, leur étaient acquises : les enfants les prévenaient de l'arrivée des troupes ; les hommes leur donnaient de l'argent, des armes, des munitions ; les femmes apportaient des vivres : quelques-unes combattaient dans les rangs et tombaient à côté de leurs maris et de leurs frères. Les nouveaux convertis eux-mêmes, enrégimentés dans les milices, trahissaient les soldats, avertissaient les insurgés par des chants, par des signes; quelques-uns déchargeaient leurs fusils et leur donnaient la poudre et les balles du roi. Quand les catholiques poursuivaient un Camisard, une porte s'ouvrait toujours pour le recevoir et le cacher; s'il était blessé, s'il se traînait pâle et saignant sur le chemin d'un village, ses coreligionnaires l'entraînaient à la maison voisine et se disputaient le soin du martyr. La mère, la femme ou la sœur de son hôte pansaient ses plaies; et si Dieu l'appelait à lui, des mains amies fermaient ses yeux et creusaient sa tombe. Tous les protestants étaient soldats devant l'ennemi, et soldats d'autant plus dangereux qu'ils étaient déguisés. Ce berger qui gardait son troupeau était un Camisard; ce laboureur qui conduisait sa charrue cachait un fusil dans le sillon; ce mendiant déguenillé qui demandait l'aumône espionnait. Pour triompher de la résistance, il fallait faucher les trois générations, tuer les enfants, les hommes, les femmes, les vieillards. Les défaites mêmes n'abattaient pas ces redoutables ennemis. Leurs bandes semblaient renaître : après la surprise et le massacre d'une troupe, une nouvelle se formait. Les Camisards échappés recrutaient d'autres compagnons dans les villages et recommençaient la guerre.

Toutes ces ressources manquaient aux catholiques et se tournaient contre eux. Quand un détachement entrait dans la montagne, les soldats mettaient le pied sur une terre maudite; des fatigues inouïes, de grandes souffrances, de grands périls les attendaient. Il fallait d'abord se frayer un chemin à travers des pays impraticables, redouter la chaleur brûlante du jour, la fraîcheur glacée des nuits, la faim, la soif. Dans les villages où ils s'arrêtaient, les catholiques devaient se tenir sur leurs gardes, veiller avec soin, éviter une attaque, une surprise, une trahison. Leurs moindres mouvements étaient connus et annoncés d'avance aux Camisards; les espions les vendaient; les guides les menaient à la mort. D'innombrables petites bandes surveillaient la marche, harcelaient les flancs, coupaient les convois, enlevaient les vivres et les munitions. Chaque buisson cachait un ennemi furieux, chaque rocher des fusils chargés, prêts à faire feu. Les traînards ne revenaient pas, les blessés étaient achevés sans merci : on les retrouvait, sur les routes, mutilés, corrompus. Pendant toute la guerre, pendant une lutte de dix ans, les deux partis n'échangèrent pas une fois leurs prisonniers.

Quelquefois, après une longue marche, comme les catholiques haletants traversaient une gorge étroite, un nuage de fumée enveloppait tout à coup la colonne. Un feu de mousqueterie, répété par les échos des vallées, retentissait avec fracas. Les officiers, les soldats tombaient C'étaient les Camisards ! Vainement les troupes ripostaient; les balles allaient s'aplatir contre les rochers et les arbres; leurs morts jonchaient le chemin, et les réformés avaient déjà fui. C'était toujours ce même ennemi, insaisissable, invisible, implacable, qui glissait entre les corps royaux qui battaient le pays pour le surprendre. La plus grande difficulté de la guerre consistait, non pas à vaincre, mais à rencontrer les insurgés. *Pour les battre*, écrivait un officier qui servait dans les Cévennes, *il faut les trouver; et pour les trouver, il faut qu'ils le veuillent*[1]. Sans artillerie, sans bagages, ils cachaient leurs munitions dans les bois, et s'évanouissaient sans cesse. Quand les soldats pouvaient parvenir à les rencontrer, la lutte n'était guère douteuse. Des paysans mal armés, mal disciplinés, ne pouvaient tenir contre des troupes régulières ou enrégimentées, et, après un rapide engagement, ils prenaient la fuite. Souvent même les Camisards n'engageaient pas le combat, et, à la vue des bataillons, s'échappaient en tiraillant. Les catholiques les poursuivaient alors à coups de baïonnette et à coups de fusil. A leur tour, ils étaient inexorables, et tuaient sans pitié. Rarement ils faisaient des prisonniers; ceux-ci, du reste, étaient d'avance voués aux galères ou à la mort. Les juges de M. de Bâville ne pardonnaient pas.

Une telle lutte décimait les recrues et décourageait les vieilles troupes. Les soldats combattaient avec résignation, avec obéissance, sans ardeur, sans enthousiasme, par métier. Cet office de sergent et de prévôt, de pourvoyeur de Bâville, dégoûtait les officiers. Ils se plaignaient tout haut de faire la

---

[1] *Archives de la guerre.*

guerre dans un pays où il n'y avait ni *honneur à acquérir, ni quartier à espérer, ni profit à faire* [1]. Les huguenots, au contraire, se battaient près du tombeau de leurs pères, à quelques pas des femmes et des enfants. Il y avait certes là de quoi faire le coup de feu sans trembler. Le prix du combat était sous leurs yeux. S'ils étaient vaincus, les soldats pillaient, brûlaient la maison, la grange, insultaient les femmes, les filles, emmenaient les enfants, dévastaient les enclos, foulaient les récoltes sous les pieds des chevaux. Ajoutez qu'avec leur pays, les réformés des Cévennes défendaient leur foi, et qu'ils versaient leur sang pour la plus noble, la plus désintéressée des causes humaines : la liberté de conscience. Car cette guerre était surtout une guerre religieuse ; il importe d'en bien saisir le caractère.

Les protestants s'appelaient frères, et prenaient le nom d'*enfants de Dieu* ; leur camp était le *camp de l'Éternel*, et ils y faisaient régulièrement les prières. Les chefs des Camisards étaient en même temps leurs prêtres. A défaut des pasteurs, morts ou proscrits, les capitaines baptisaient, mariaient et donnaient la communion. Ce caractère de prêtre se confondait avec celui de prophète. Depuis le commencement des hostilités, le nombre de ces derniers s'était accru chaque jour. Cavalier, Ravanel, Roland [2], tous les chefs *tombaient*. Chaque bande

---

[1] Lettres de Fléchier. — *Mémoires de Villars*.

[2] Roland était un beau et héroïque jeune homme de vingt-sept ans, qui avait servi dans les dragons et fait la campagne d'Italie sous Cati-

avait son apôtre. Fallait-il entreprendre une course, convoquer une assemblée, opérer une jonction, attaquer les catholiques, les insurgés consultaient l'oracle, et sa décision servait de loi. Ces prophéties, le plus souvent spontanées, étaient toutes marquées au même coin : elles pressentaient et annonçaient le péril. C'était comme un écho de leur vie de guerre. Quelquefois, quand les protestants se trouvaient réunis dans une maison écartée, dans une vallée lointaine, et y prenaient un instant de repos, tout à coup l'un d'eux tremblait, tombait ; tout à coup retentissait la parole sacramentelle[1] : « Je te dis, mon enfant, mon enfant, je t'assure, vous devez vous retirer d'ici ; je te le dis, vous êtes vendus ; voilà vos ennemis ! » C'était l'avertissement le plus fréquent de ces soldats errants et menacés. Les prophètes signalaient encore d'autres périls. Ils révélaient la présence d'un traître, d'un espion dans la troupe, et écartaient le poison, le couteau, le fusil destinés aux chefs.

Ils calmaient ensuite les disputes et prévenaient les discordes : «Taisez-vous, de la part de Dieu ! s'écriait la voix grave de l'illuminé ; ne voyez-vous pas les anges

---

nat. C'était le plus célèbre des chefs Camisards après Cavalier. Il montra dans la guerre une obstination indomptable, et ne voulut jamais déposer les armes, malgré les propositions de la cour. Nous verrons plus loin sa mort.

[1] Les prétendues prophéties commençaient par cette phrase, toujours dite en français. Elles ont été recueillies dans le curieux ouvrage qui porte ce titre : *Avertissements prophétiques d'Élie Marion, ou Discours prononcés par sa bouche, et fidèlement reçus dans le temps qu'il parloit.* (Londres, Black-Friars, 1707, 1 vol. in-12.)

qui se réjouissent de nous voir ici?» Le plus souvent la parole prophétique ranimait le soldat et réchauffait son courage. «Mon enfant, disait une femme à un Camisard qui allait se mettre à table tandis que les réformés attaquaient les catholiques près du village, je te le dis, retire-toi, tes frères combattent!» Les apôtres annonçaient en même temps les périls et les triomphes de la guerre. Ils racontaient les batailles, le nombre des morts, des blessés, la déroute des troupes royales; avant le combat, ils chantaient la victoire. Et puis revenait leur grande, leur glorieuse, leur bien-aimée prédiction, la prophétie des prophéties, l'annonce du triomphe décisif des protestants sur les catholiques, et du rétablissement de l'édit de Nantes! A ceux dont les confiscations avaient dévoré le patrimoine, le gouvernement restituerait alors leur fortune; à ceux dont les pères, les frères, gémissaient dans les bagnes, dont les mères, les femmes, les sœurs, souffraient en prison, le roi rendrait tant de personnes chéries; tous reverraient leur village, leurs parents, leurs amis; tous contempleraient la reconstruction des temples, la rentrée des ministres, la célébration publique des offices, les prières, les baptêmes, les mariages, la victoire de l'Église réformée et la liberté de conscience reconquise. Cette suprême espérance faisait battre tous les cœurs.

Comme gage de ces brillantes promesses, le présent semblait répondre de l'avenir. Des faits surnaturels s'ajoutaient aux prédictions de chaque jour, et redoublaient les espérances et la ferveur des religionnaires. Le soir, dans les vallées des hautes Cévennes, couraient les récits les plus merveilleux. Ici un prophète tombait d'une hauteur considérable et se relevait sans blessure, protégé par la main de Dieu. Là, une femme versait des larmes de sang, comme si elle eût pleuré le sort de l'Église protestante. Ceux-ci avaient vu parler des enfants à la mamelle; ceux-là, sur les cimes neigeuses de la montagne, avaient entendu avec ravissement des voix douces et mélodieuses. Dans le village voisin, une vive lumière marchait dans la nuit comme un météore, et guidait les fidèles à une assemblée. Plus loin, des milliers d'anges heurtaient dans la nue des armées humaines, ou des chœurs d'esprits célestes traversaient le ciel en chantant la gloire de Dieu et le triomphe de ses enfants [1].

Ces prophéties, ces miracles, ajoutaient à la sombre exaltation des huguenots; ils combattaient avec le courage des puritains d'Ecosse et des *côtes de fer* de Cromwell. Lorsque les paysans eurent fait place aux soldats, lorsque les bandes furent organisées en compagnie, au premier feu des catholiques ils tombaient à genoux, entonnaient ensemble les psaumes de Marot ou de Théodore de Bèze, comme leurs ancêtres du XVIe siècle, puis se relevaient et s'élançaient sur

---

[1] Tous ces faits sont tirés d'un ouvrage contemporain, intitulé: *Théâtre sacré des Cévennes, ou Récit des diverses merveilles nouvellement opérées dans cette partie du Languedoc*, par Maximilien Misson. (Londres, Black-Friars, 1707, 1 vol. in-12.)

l'ennemi. Ces psaumes étaient leur chant de guerre. Après ce choc terrible, la mêlée devenait furieuse ; c'était la rage des guerres civiles, multipliée par la rage des guerres religieuses. Poussés par la foi, par le désespoir, les Camisards combattaient avec la froide résignation d'hommes décidés à mourir. Ils connaissaient le sort réservé aux prisonniers, ils savaient que la corde, la roue ou le bûcher les attendaient, et préféraient la mort du champ de bataille, la noble fin du soldat, au supplice du voleur, du faussaire et de l'assassin. Il fallait leur couper les mains pour faire tomber leurs armes; ils ne demandaient jamais quartier, ne se rendaient jamais. Les protestants faits prisonniers étaient surpris ou blessés; mais alors ils ne démentaient pas leur héroïsme passé : sous les fers, entre deux haies de soldats, ils menaçaient encore. « Eh bien ! malheureux, présentement que je te tiens, disait un officier catholique à un prophète enchaîné, après les crimes que tu as commis, comment t'attends-tu d'être traité? — Comme je t'aurais traité moi-même si je t'avais pris, » répondit l'intrépide huguenot.

La persécution religieuse en avait fait des soldats; la foi religieuse en fit des martyrs. Les Camisards mouraient, comme les premiers chrétiens, sans une plainte; la simple question ne pouvait leur arracher un aveu : quand ils parlaient, ils ne parlaient qu'à la question extraordinaire; leur opiniâtreté lassait les bourreaux. Dans un interrogatoire, pour ne rien dire, l'un d'eux tira son couteau et s'ouvrit le ventre; un autre coupa sa langue avec les dents et la cracha au visage des juges. Les femmes montraient la même obstination, avec plus de courage encore. Attachés au bûcher, les chairs brûlées par le feu, le visage rougi par la flamme, les réformés chantaient des psaumes ; jusqu'à la fin, on voyait s'agiter leurs lèvres mourantes. Etendus sur la roue, les membres rompus par la barre de fer, le sang dans la bouche, ils confessaient toujours la religion de Calvin. « On brisait leurs os, dit un écrivain catholique[1], mais on ne pouvait briser leur cœur. » Au milieu des tortures, ils s'écriaient qu'ils souffraient avec plaisir pour la vérité, et exhortaient le peuple à rester fidèles à la foi de leurs pères. Pour étouffer ces voix courageuses qui remuaient tous les assistants, des tambours entouraient le condamné depuis sa sortie de prison, et battaient sans relâche, pendant la route, pendant le supplice, pendant l'agonie, jusqu'à la mort. Telle était cette intrépide race d'hommes; telle était cette dangereuse lutte des Cévennes, cette guerre de paysans et de pâtres, la Vendée du protestantisme[2].

---

[1] Louvreleuil, *le Fanatisme renouvelé*, t. Ier, p. 108.
[2] *Archives de la guerre*. — Brueys, *Histoire du fanatisme de notre temps*. — Louvreleuil, *le Fanatisme renouvelé*. — Court, *Histoire des troubles des Cévennes*. — Lettres de Fléchier, etc.

CHAPITRE VIII.

(1703-1705.)

Envoi du maréchal de Montrevel dans les Cévennes.—Son caractère.— Avantages partagés des catholiques et des Camisards. — Enlèvements et arrestations dans les communes suspectes.—Ravages et massacres des deux partis.—Effrayantes propositions faites au gouvernement.— Démolition de quatre cent soixante-six villages des hautes Cévennes. — Courses furieuses des Camisards.— Atroces exécutions. — *Cadets de la Croix.* — *Camisards noirs.* — Assassinat de madame de Miraman. — Extermination d'un régiment catholique par Cavalier. — Rappel de Montrevel. — Triste état du Midi. — Arrivée de Villars.— Il publie une amnistie. — La chasse à l'homme. — Plusieurs chefs Camisards déposent les armes. — Négociations entre Villars et Cavalier. — Soumission de Cavalier. — Les Camisards à Calvisson.— Ravanel et Roland continuent la guerre. — Roland tué à un rendez-vous d'amour. — Ravanel pris et brûlé vif. — Pacification du Languedoc. — Villars rappelé à Paris. — Cavalier quitte la France.

Les ministres avaient d'abord espéré annoncer à la fois au roi le commencement et la fin de l'insurrection; mais quand, loin de s'éteindre, l'incendie s'élargit, ils durent confesser à Louis XIV le soulèvement des Cévenols et la véritable situation du Languedoc. Pour étouffer une révolte aussi dangereuse, qui, à la guerre générale contre l'Europe, ajoutait une guerre intestine, le gouvernement envoya dans le Midi une armée et un maréchal de France, M. de Montrevel[1]. On lui donna vingt pièces de canon, dix mille vieux

[1] Nicolas La Beaume de Montrevel, né en 1646, mort en 1616.

soldats, des dragons, des miquelets du Roussillon, excellentes troupes de montagnes, en tout, en y comprenant les régiments levés par la province et les milices, environ soixante mille hommes [1].

M. de Montrevel, qui arriva dans le Cévennes le 15 février 1703, n'était pas propre à cette lutte difficile. Présomptueux et incapable, il manquait de ces qualités nécessaires aux généraux qui commandent dans les guerres civiles : la force et la clémence. Le maréchal n'avait que la roideur de l'homme de guerre, sans en connaître ni la générosité ni la grandeur. Il ne savait que combattre et punir; il eût pu gagner des batailles, mais jamais des cœurs. Pour soumettre les insurgés, il employa le fer, le feu, la prison, la torture, l'échafaud, sans comprendre le véritable caractère de la lutte. Montrevel regardait les Camisards comme des ennemis peu dangereux, et les méprisait plus qu'il ne les craignait. Dans toutes ses dépêches, il n'avait pas de mots assez bas pour les qualifier : *Ces gueux, ces brigands, ces canailles, ces misérables!* écrit-il au roi. Il les croyait tout au plus digne de son dédain, et gémissait de combattre de telles gens, tandis qu'on faisait la guerre à la frontière. Le maréchal de Montrevel continua le système de Bàville : la répression par le sang.

Mettant à profit ses nombreuses troupes et les lançant sur les Camisards, le nouveau général s'annonça par quelques succès. Les troupes royales, exterminant

---

[1] M. Dourille de Crest, *Histoire des guerres civiles du Vivarais*, p. 416.

les bandes qui se trouvaient sur leur passage, se
répandirent dans les villages, visitèrent les maisons,
ramassèrent les suspects et emmenèrent de nombreux
prisonniers. La plupart de ces malheureux furent
fusillés sur la place même. Un officier catholique,
nommé Jullien, ancien protestant, ancien page de
Guillaume III, raconte avec une cynique raillerie
les excellentes raisons qui, suivant lui, légitimaient
ces exécutions[1]. Peu de jours après son arrivée,
M. de Montrevel lui-même défit aux portes de Nîmes
la troupe de Cavalier, que commandait son lieutenant
Ravanel, et lui tua cent hommes (février 1703).
A Pompignan, M. de Parate en tua deux cents
(mars 1703). A la tour de Belot, le brigadier de
Planque surprit la nuit les Camisards, et, après une
mêlée furieuse, coucha cinq cents insurgés sur le
carreau (29 avril 1703).

Mais une effroyable cruauté vint salir ces succès.
Dans un faubourg de Nîmes, le maréchal cerna cent
cinquante protestants, femmes, enfants, vieillards,
qui s'étaient réunis dans un moulin pour prier
Dieu, le jour des Rameaux. Il fit brûler le moulin;
ses soldats repoussèrent à coups de baïonnette les
réformés qui voulaient fuir, et tous moururent,

[1] « Comme dans nos marches, écrit Jullien au ministre de la guerre, à la moindre alarme, nous aurions été embarrassés de les garder (les prisonniers), *je pris la peine de leur faire casser la tête* à mesure qu'on me les conduisait. Le roi épargne les frais de justice et ceux de l'exécution, et même la corruption des juges subalternes, qui souvent par intérêt justifient les coupables. Ce sont des serpents dangereux, auxquels il est bon d'écraser la tête le plus tôt qu'il est possible. » (Lettre à Chamillart, février 1703. *Archives de la guerre*, vol. 1707, n° 69.)

sauf une jeune fille de dix-sept ans. Montrevel voulait la faire pendre ; déjà la potence était dressée ; mais des dames catholiques se jetèrent à ses genoux et arrachèrent sa grâce. Cette sanglante exécution troubla toute la ville. Les nombreux calvinistes qui habitaient Nîmes s'attroupèrent dans les rues et dans les faubourgs. Le maréchal défendit les rassemblements de plus de trois personnes, démolit les maisons protestantes, commanda le feu sur les groupes qui résistaient, et dans cette émeute, cinquante huguenots périrent (avril 1703)[1].

Les avantages des catholiques ne furent pas du reste sans revers. Près de Calvisson (Gard), Cavalier rencontra une troupe de soldats royaux et la dispersa (mars 1703) ; sa bande et celle de Roland surprirent plusieurs détachements et les taillèrent en pièces. Les protestants brûlèrent Pompignan et saccagèrent Montlezan, La Salle, Vebron, Gorniez, Fraissinet-de-Fourques, avec d'horribles représailles (mars et avril 1703).

Voyant l'impuissance de la guerre, le maréchal publia de nombreuses ordonnances. Il porta la peine de mort contre tous les insurgés pris les armes à la main ; contre tous ceux, pères, mères, parents, amis qui leur fourniraient assistance ; contre tous ceux trouvés hors de leur domicile sans un certificat de l'intendant. Une ordonnance rendit les communes responsables des désordres commis sur leur territoire,

---

[1] Lettre de Montrevel à Chamillart, *Archives de la guerre*, vol. 1707, n° 171.

et déclara que si un prêtre, un soldat y était tué, si une église y était brûlée, le lendemain même les troupes royales mettraient le feu au village et le détruiraient entièrement[1]. M. de Montrevel divisa les paroisses en trois classes, suivant leur richesse, et les rendit pécuniairement responsables : celles de la première classe durent payer vingt mille livres pour chaque désordre, meurtre ou incendie ; celles de la seconde, douze mille ; celles de la troisième, les plus pauvres, huit cents livres seulement. Le maréchal alla plus loin encore : il voua au pillage les communes qui ne préviendraient pas immédiatement les officiers de l'approche des Camisards[2].

A ces peines terribles, le pillage, l'incendie, la mort, M. de Montrevel ajouta une nouvelle mesure, destinée, suivant lui, à accélérer la pacification, et qui produisit précisément l'effet contraire. Il fit enlever par ses soldats tous les nouveaux catholiques des paroisses insurgées et les enferma dans les prisons. Ce fut une véritable incarcération de suspects. Pendant tout le printemps de 1703, les troupes furent occupées à exécuter ces enlèvements. Les soldats brûlaient ou prenaient les effets que les habitants ne pouvaient emporter. Plus de deux mille personnes disparurent ainsi. Parmi les protestants incarcérés, se trouvèrent le père et le frère de Cavalier. Le chef camisard, à cette nouvelle, écrivit à M. de Montrevel une lettre menaçante, où il lui annonçait

[1] Ordonnances des 23 et 24 février 1703.
[2] Ordonnance du 1er mai 1703.

que s'il ne mettait pas son père en liberté, il irait
le délivrer à la tête de dix mille hommes. Irrité
de cette menace, le maréchal envoya aussitôt à
Ribaute une troupe de dragons, avec ordre de détruire la maison de Cavalier, restée debout. Les soldats la rasèrent jusqu'aux fondements[1].

Loin d'aider les troupes de Louis XIV, les arrestations servirent les Camisards. Exaspérés par des
rigueurs qui frappaient à la fois les innocents et les
coupables, un grand nombre de huguenots convertis
renièrent leur nouvelle religion et allèrent rejoindre
les protestants. Furieux de tous ces édits, les insurgés
se vengèrent par de sanglantes expéditions. Eux
aussi frappèrent. Tandis que les troupes royales
vidaient les communes révoltées, pillaient, brûlaient,
les maisons, fusillaient les prisonniers, ils tombaient
sur les villages catholiques, massacraient indistinctement les prêtres, les laboureurs, les propriétaires,
les fermiers, les paysans, les ouvriers, tous ceux qui
avaient combattu ou dénoncé leurs coreligionnaires,
ceux même qui avaient seulement favorisé les soldats en les prévenant de la marche des Camisards,
en leur fournissant des vivres ou des renseignements
(juin et juillet 1703). Pendant ces cruautés réciproques, les exécutions continuaient dans les villes,
à Mende, à Montpellier, à Nîmes. Le présidial de
Nîmes surtout mérita, par sa sanguinaire activité,
les éloges de Montrevel. A plusieurs reprises il vanta

---

[1] Brueys, t. III. — Louvreleuil, t. II. — Court, t. Ier, p. 483.

à Chamillart toute l'ardeur déployée par les juges qui le composaient, et le ministre de la guerre, à son tour, le pria de leur témoigner toute la satisfaction du roi[1]. Ces éloges du gouvernement redoublèrent sans doute le zèle, des magistrats, car, quelques mois après, le maréchal sollicita pour eux l'honneur de porter la robe rouge, ainsi que les officiers des présidiaux de Riom et de Lyon, ajoutant comme raison décisive que cette distinction était de nulle importance[2].

En dépit de ces ordonnances, de ces supplices, la guerre continuait. Après avoir envoyé contre les protestants soixante mille hommes et un maréchal de France, pensant étouffer la rébellion sous cette armée, le gouvernement demeurait consterné des lenteurs et des insuccès de son général. Les ministres étaient indécis et troublés par une multitude de projets qui, depuis le commencement de l'insurrection, arrivaient chaque jour à Versailles. Toutes les têtes travaillaient, dans le Midi, pour trouver le moyen de détruire un ennemi si terrible, si nouveau, dont la stratégie contrastait tellement avec la science militaire. Les officiers du Languedoc, les fonctionnaires civils eux-mêmes adressaient chacun leur plan, de l'observation duquel, suivant

---

[1] Le roi a paru fort content de la *diligence* avec laquelle le présidial de Nismes juge les rebelles, et trouvera bon que vous témoigniez aux officiers qui le composent que Sa Majesté leur sait gré de leur attention pour ce qui regarde son service. » (Lettre de Chamillart à Montrevel, *Archives de la guerre*, vol. 1708, n° 55.)

[2] Lettre de Montrevel à Chamillart, *Archives de la guerre*, vol. 1708, n° 218.

l'auteur, devait nécessairement résulter la pacification du pays.

De sinistres desseins furent mis au jour. Les plus modérés conseillèrent de mettre à prix la tête des chefs, et de frapper ainsi la rébellion en tuant ceux qui l'organisaient et la prolongeaient, en la décapitant. D'autres exhortèrent le gouvernement à généraliser les arrestations, à incarcérer tous les suspects et à les retenir en prison. Ce fut d'après les avis de ces derniers que le maréchal de Montrevel ordonna les enlèvements que nous avons racontés. Quelques-uns proposèrent la déportation en masse, et l'envoi aux îles de tous les protestants et des nouveaux convertis.

Plusieurs officiers généraux se distinguèrent par de sanglants projets. Ce M. de Jullien, dont nous avons déjà cité le nom tout à l'heure, exposa d'abord à la cour la nécessité des enlèvements dans les villages [1]. La loi jusque-là avait frappé les femmes, mais de châtiments moins sévères que les hommes; l'ancien page du roi d'Angleterre conseilla de punir des mêmes peines tous les réformés, sans distinction de sexe. Il écrivit que le seul moyen de pacifier le pays était de dépeupler plusieurs cantons, les plus soupçonnés [1]. Dans une autre lettre, il se montra plus explicite encore. Il voulait que, dans chaque commune, le gouvernement fît arrêter

---

[1] *Archives de la guerre*, vol. 1707, n° 43.
[2] Lettre de Jullien à Chamillart, *Archives de la guerre*, vol. 1707, n° 352.

certains habitants parmi les plus riches, et les fit répondre par leurs biens des incendies, et par leur vie des assassinats. Jullien réclamait une implacable loi du talion : pour chaque catholique tué, suivant lui, il fallait pendre deux huguenots[1]. Un autre officier, le brigadier de Planque, imagina de dompter les insurgés par la faim, en renfermant dans les villes les récoltes, les subsistances, en nourrissant les nouveaux catholiques au jour le jour, et en envoyant tous les Camisards, hommes ou femmes, *périr sur mer.* Ce sont ses propres expressions. D'après ce système, le roi économisait les frais de la prison [2].

Le maréchal de Montrevel parut digne de ses lieutenants. Il conseilla d'abord de frapper d'une contribution les pays où se commettrait un meurtre ou un incendie, d'y envoyer des troupes, et de les y laisser jusqu'au payement total de la somme. Exagérant le projet de M. de Jullien, il proposa ensuite de saisir dans chaque commune les nouveaux convertis les plus compromis, de les

---

[1] Lettre de Jullien à Chamillart, *Archives de la guerre*, vol. 1708, n° 9.

[2] « La guerre ne finira jamais, explique de Planque à Chamillart, si on ne prend le parti que j'ai proposé il y a deux mois, qui est d'enlever toutes les subsistances de la campagne et de les enfermer dans les villes..... Qu'on ne leur donne (aux nouveaux catholiques) de subsistances que tous les vingt-quatre heures seulement : ainsi on affamera les rebelles ; et si on avoit pris ce parti-là, je ne crois pas que les choses seroient si gâtées..... *De plus, il faut enlever tous les plus suspects, tant hommes que femmes, et les envoyer périr sur mer.....* Il ne sert à rien qu'on les mette en prison, les nourrissant aux dépens du roi ; ils se moquent de tous ces traitemens, disant qu'on n'oserait les faire périr. » (Lettre de M. de Planque à Chamillart, 27 mai 1703, *Archives de la guerre*, vol. 1707, n° 294.)

enfermer dans des forteresses, et là, pour chaque catholique tué, d'en pendre trois ou quatre ; et pour chaque maison, chaque ferme, chaque château brûlés par les Camisards, de brûler deux maisons, deux fermes, deux châteaux aux protestants. A plusieurs reprises, le maréchal revint sur la nécessité de ces mesures [1].

Le gouvernement se montra cette fois plus humain que ses agents, et rejeta successivement toutes ces propositions ; M. de Bâville lui-même désapprouva les cruels desseins de Montrevel. L'intendant du Languedoc exhorta la cour à les mettre de côté, et il adressa à Versailles un projet moins violent, moins sanguinaire, mais bien plus habile et bien autrement funeste aux Camisards. M. de Bâville, qui connaissait admirablement la contrée, déclara que, d'après son opinion, le seul moyen de finir la guerre était d'enlever aux protestants les secours qui leur permettaient de tenir la campagne et de prolonger l'insurrection. Il expliqua que toute la haute terre était en feu ; que les huguenots y avaient leurs vivres, leurs armes, leurs fabriques de poudre, de plomb ; qu'ils se recrutaient dans ces montagnes ;

---

[1] Dans un long mémoire adressé au roi, entre autres propositions, le maréchal demande la permission, pour une propriété brûlée par les protestants, de brûler deux propriétés *des gens du parti que l'on connaissoit mal intentionnés et gâtés*. Il prie en outre « qu'elle (Sa Majesté) permette, comme je lui ai demandé deux fois, *qu'on en fasse autant pour la vie* (c'est-à-dire que l'on tue deux protestants pour un catholique tué), mais seulement sur ceux qui auront été mis dans nos prisons, » ajoute M. de Montrevel avec soin. (*Archives de la guerre*, vol. 1708, n° 163.)

qu'elles étaient toujours prêtes à les nourrir ou à les cacher comme une citadelle qui s'ouvrait pour les recevoir ; qu'il était indispensable de leur enlever complétement ces ressources et de mettre un désert entre eux et l'armée catholique. M. de Bâville proposa, en un mot, de renouveler en France, dans son pays, dans la province qu'il était chargé d'administrer, l'horrible dévastation du Palatinat, accomplie dans la guerre d'Allemagne par les ordres de Louvois, son protecteur et son maître. Il déclara qu'il fallait des mesures énergiques pour dompter de si farouches ennemis, démontra la nécessité de détruire les communes rebelles, en dressa la liste et demanda au roi la permission de rayer de la carte trente et une paroisses des Cévennes.

La cour fut effrayée d'un projet qui dévastait un diocèse tout entier, et elle refusa d'abord son consentement. La proposition de M. de Bâville fut écartée comme les autres. Pendant plusieurs mois, malgré l'insistance de la demande, malgré l'approbation de Montrevel, qui appuyait le dessein de l'intendant, et déclarait qu'il voulait lui en laisser l'honneur [1], le gouvernement résista : « Sa Majesté, écrivit Chamillart [2], est convaincue des rigueurs qu'il faut avoir contre ces scélérats, mais elle a de la peine à donner les mains

---

[1] « La destruction des paroisses est un châtiment qui étoit si mérité que je n'ai pas contrarié sa proposition, afin de laisser à M. de Bâville *l'honneur de l'utilité* qui en reviendroit. » (Lettre de Montrevel à Chamillart, *Archives de la guerre*, vol. 1708, n° 263.)

[2] *Archives de la guerre*, vol. 1708, n° 130.

que l'on en vienne aux dernières extrémités contre ses sujets. » Après plusieurs mois seulement, comme les incendies, les meurtres, les courses des Camisards continuaient et augmentaient tous les jours, la cour céda peu à peu; puis le ministre des cultes [1], le marquis de La Vrillière [2], envoya l'ordre formel, si impatiemment attendu. Il accorda la permission de dépeupler et de détruire les trente et une paroisses marquées par M. de Bâville (septembre 1703) [3]. Immédiatement, la dépopulation commença (29 septembre 1703).

M. de Montrevel renvoya d'abord les habitants des villages *condamnés*, ce fut l'expression de la loi. Le maréchal leur enjoignit de se rendre sous trois jours, avec leurs meubles et leurs bestiaux, dans les lieux qui étaient d'avance désignés. Il menaça du pillage ceux qui n'obéiraient pas ou n'obéiraient pas assez vite. Après le départ des habitants, les régiments qui devaient exécuter le projet de Bâville montèrent dans les hautes Cévennes. M. de Jullien, dont le

---

[1] Nous avons employé cette expression moderne, qui n'existait pas encore, parce que La Vrillière avait dans son département les affaires de la religion protestante.

[2] Louis Phelipeaux, marquis de La Vrillière, né en 1672, mort en 1725. Il était secrétaire d'État depuis le 10 mai 1700. Le ministère était alors (1703) ainsi composé :

Le chancelier de Pontchartrain, depuis 1699;

Le marquis de Torcy, ministre des affaires étrangères depuis 1696;

Michel de Chamillart, ministre des finances depuis 1699, en outre ministre de la guerre depuis la mort de Barbezieux (1701);

Et enfin M. de La Vrillière. En comptant le chancelier, il n'y avait donc à cette époque que quatre secrétaires d'État.

[3] *Archives de la guerre*, vol. 1708, n° 115.

ministère connaissait l'impitoyable rigueur, fut chargé de présider à la destruction. Cet officier partagea ses soldats dans les villages abandonnés. Il employa les milices à démolir et les troupes régulières à protéger la démolition si les Camisards venaient se jeter sur les travailleurs et arrêter la ruine.

Le pays condamné, entièrement situé dans la haute terre, formait un rectangle dont Genoilhac, Ispagnac, Meyrueix et Alais formaient les angles[1], et comprenait 466 villages. Ces villages voués à la destruction étaient rangés au pied de la Lozère, ou disséminés au milieu des plus hautes montagnes des Cévennes. Là les Camisards avaient livré aux troupes royales de nombreux combats; là se trouvait le fameux pont de Monvert, ce bourg ensanglanté par la mort de l'abbé du Chayla. M. de Montrevel prescrivit aux soldats d'épargner les maisons des catholiques et d'abattre celles des protestants, en sapant la base et en faisant tomber ainsi les murs. Les troupes arrivèrent, suivies de longues files de mulets chargés de haches, de pelles, de leviers et de tous les instruments nécessaires. Les haches devaient briser les charpentes, les leviers secouer et renverser les murailles. Mais alors les obstacles survinrent.

Malgré le grand nombre de miliciens occupés à cette œuvre sinistre, la destruction s'opéra lentement. Les démolisseurs rencontraient des maisons solidement

---

[1] Voyez la carte du Dépôt de la guerre. Presque tous sont situés dans le département de la Lozère; à peine quelques-uns sur le département du Gard.

construites, la plupart voûtées, et le renversement des murs exigeait de longs et fatigants efforts. L'hiver, qui arrivait vite dans les hautes Cévennes, contrariait les soldats. L'éparpillement des maisons dans les paroisses[1], le temps nécessaire pour les trouver, pour s'y transporter chaque jour, ralentissait singulièrement les travaux. En même temps, dans ces villages abandonnés, les troupes manquaient de tout; elles n'avaient ni vin, ni soupe, ni abri, à peine quelques bottes de paille pour dormir; il fallait faire plusieurs lieues pour trouver des subsistances. Au bout de quelques jours, M. de Jullien ne tarda pas à se plaindre des lenteurs de l'entreprise, et s'effraya des souffrances qui menaçaient l'armée si les neiges les surprenaient dans la montagne. Le général catholique raconta tous les obstacles du travail, et déclara que pour hâter *l'affaire* il fallait renoncer à la démolition et employer l'incendie. Il représenta au maréchal les immenses avantages de ce nouveau système, la facilité du travail et l'accélération de la ruine[2]. M. de Montrevel

---

[1] Certaines paroisses avaient sept, huit et jusqu'à neuf lieues de tour.
[2] « J'ai l'honneur de vous représenter, écrit M. de Jullien, toutes ces difficultés (celles de la démolition), afin que vous ayez la bonté de le représenter au roi, pour que Sa Majesté permette qu'on mette le feu aux maisons condamnées..... L'intérêt de son service s'y trouve visiblement, attendu que son principal objet est d'empêcher les rebelles d'avoir le couvert dans le pays condamné, de sorte qu'en mettant le feu, c'est leur ôter le moyen de faire la moindre cabane, et d'y pouvoir coucher autrement qu'à la belle étoile, parce que, ce feu consumant tous les bois, et les murailles devenant calcinées sur-le-champ, il est très-aisé aux soldats, avec une barre de fer, de renverser lesdites murailles; et, par l'usage du même feu, *l'affaire* finiroit dans quinze jours

goûta fort ce projet, et s'empressa d'en faire part à la cour en lui donnant toute son approbation ; quelque temps après, le gouvernement envoya l'autorisation de mettre le feu (14 octobre 1703)[1]. M. de Jullien se hâta de profiter de la permission : il brûla. Les soldats incendièrent sans distinction les habitations des protestants, des nouveaux, des anciens catholiques. La flamme ravagea les maisons, les granges, les moulins, les fours ; les fermes isolées, les huttes de berger échelonnées sur le flanc des montagnes ou cachées dans les forêts : pas une cabane ne resta debout. Les arbres furent coupés, les récoltes incendiées. On défendit aux habitants de retourner bâtir leurs demeures et d'ensemencer leurs champs. Pour hâter encore l'action du feu, Jullien employa la poudre. Il fit sauter plusieurs villages, comme des places assiégées, et en deux mois termina son entreprise[2]. Il avait brûlé quarante lieues de pays ; environ vingt mille habitants fuyaient (décembre 1703).

ou trois semaines, ce qui gagneroit un temps considérable, et empêcheroit les troupes de souffrir extrêmement : car vous jugez bien, Monseigneur, que dans un pays abandonné, où l'on ne trouve que les quatre murs, la subsistance est excessivement difficile. » (*Archives de la guerre*, vol. 1708, n° 143.)

[1] *Archives de la guerre*, vol. 1708.

[2] « J'ai eu l'honneur de vous mander, Monsieur, que M. Jullien a enfin achevé son ouvrage, c'est-à-dire qu'il a brûlé les maisons des paroisses condamnées, dont il n'auroit pu détruire en un an les murailles. On ne peut pas s'être *acquitté de cette commission avec plus d'application qu'il a fait.* » (Lettre de Montrevel à Chamillart, 23 décembre 1703, *Archives de la guerre*, vol. 1708, n° 326.)

Chose digne de remarque, la plupart de ces villages ont été rebâtis dans le courant du XVIIIe siècle ; nous les avons retrouvés sur la carte du Dépôt de la guerre.

Cette impitoyable exécution n'eut pas cependant l'effet immédiat que les ministres [1] en attendaient. La population qu'ils avaient le plus d'intérêt à saisir et à interner, la population virile s'échappa. Les femmes, les enfants, les vieillards, les malades se rendirent seuls dans les lieux désignés par les ordon-

[1] Nous avons employé fréquemment, dans le courant de ce récit, cette locution : « Le gouvernement, les ministres, » au lieu de dire : « Le roi, Louis XIV, » comme dans les chapitres précédents. Nous l'avons fait à dessein, car il ne faut peut-être pas imputer à ce prince l'entière responsabilité des faits. Nous sommes porté à croire que Louis XIV n'a pas su toute la vérité sur les événements des Cévennes. Nous pensons que, embarrassés de lui avouer toute l'étendue d'un mal qu'ils avaient eux-mêmes provoqué par de mauvais conseils, ses ministres lui ont caché bien des choses, et que peut-être même ils lui ont dissimulé certaines mesures rigoureuses ordonnées en son nom, par exemple, les enlèvements, les exécutions, les incendies. Nous fondons d'abord cette opinion sur l'incertitude qui se manifeste plusieurs fois dans la correspondance ministérielle, lorsqu'il s'agit d'exécuter ces mesures terribles que nous venons de raconter. Il semble que Chamillart, que La Vrillière, n'osent en prendre la responsabilité sur eux seuls. On croit sentir que le roi ne sait rien, qu'il n'a pas commandé ; s'il avait dit : « Faites cela, » leur langage serait bien plus hardi et bien plus décidé. Une seconde présomption, c'est le long silence gardé par les conseillers de Louis XIV à la nouvelle de l'insurrection des Cévennes, et cette révélation tardive de la révolte, prolongée jusqu'au dernier moment, jusqu'à l'époque où il faut envoyer une armée contre les Camisards. Si les ministres ont dissimulé la vérité en 1702, pourquoi ne l'auraient-ils pas cachée de même en 1703, alors qu'ils avaient plus de motifs encore de le faire? Une dernière présomption enfin, et la plus grave, ce sont les lettres mêmes du roi aux Archives de la guerre. Dans les campagnes de Flandre, d'Italie, d'Allemagne, Louis XIV écrit fréquemment aux généraux, il donne son avis sur la guerre, la raisonne, la dirige dans de longues dépêches, souvent écrites tout entières de sa main. Dans les affaires des Cévennes, au contraire, les volumes que nous avons parcourus contiennent à peine quelques lettres du roi, et, chose bien remarquable, elles ne parlent pas des graves événements qui s'accomplissent alors dans le Languedoc. Une surtout, écrite au moment où commence la destruction des paroisses, ne contient pas un mot, pas une allusion à ce triste épisode de la guerre des Camisards.

nances; mais à la nouvelle de la marche de tous ces régiments de milices, de soldats, se dirigeant vers les hautes Cévennes, chargés d'instruments de destruction, les habitants redoutèrent une seconde Saint-Barthélemy, et quittèrent les paroisses en criant que les troupes du roi venaient tout passer au fil de l'épée[1]!

Ils prirent leurs fusils et coururent vers Cavalier. Leur nature libre répugna à cette sorte de haute surveillance politique et religieuse. La foi, l'amour du pays, l'existence errante et aventureuse qui séduit l'habitant des montagnes, leur firent préférer les rudes chances de la fatigue, de la faim et de la guerre. La défiance des catholiques, si profondément enracinée dans leur cœur, contribua à les éloigner. Le gouvernement, depuis vingt ans, ne violait-il pas à leur égard les lois et les traités? Quelle sûreté avaient-ils de sa parole? Une fois arrivés dans cette résidence, qui garantissait qu'ils ne seraient pas de nouveau emmenés plus loin ou déportés au delà des mers, ou enlevés et incarcérés comme leurs coreligionnaires des diocèses de Nîmes et d'Alais? Une injustice en fait soupçonner une autre.

Ceux-ci se défiaient et préféraient la guerre. Ceux-là étaient ruinés : ils avaient perdu leur seule fortune, leur maison, leur récolte; l'incendie avait tout dévoré, et à la misère s'ajoutait le découragement. Pourquoi iraient-ils, sur une terre voisine, tracer

[1] *Archives de la guerre.*

un sillon et creuser le sol? Jouiraient-ils plus longtemps du fruit de leur travail? Un soldat catholique ne viendrait-il pas aussi détruire la récolte et brûler la maison? Le temps était bien éloigné où l'on disait : *Riche comme un protestant.*

La dépopulation produisit un résultat plus funeste encore : elle enlevait sans doute aux bandes errantes leurs asiles, leurs recrues, leur pain ; mais avec les villages disparaissait toute espérance de pacification. Quand le Cévenol avait dans sa paroisse une retraite, une famille, une terre, il tenait quelques mois la campagne, puis revenait de temps en temps dans son pays, revoyait sa femme, ses enfants, ensemençait son champ, et s'enfuyait de nouveau à l'approche des catholiques. Il quittait et reprenait les armes : il était à la fois soldat et agricole, nomade et incolat. Maintenant, il ne pouvait plus être que soldat. Pourquoi quitterait-il la troupe? Où irait-il reposer sa tête? Il n'avait plus de patrie, plus de famille, plus de refuge : son petit champ était ravagé, sa maison détruite ; la mine avait fait sauter son foyer, et le feu achevé l'œuvre de la poudre. Sa mère, sa femme, ses enfants, chassés du pays natal, parqués dans le lieu assigné par les ordonnances, étaient surveillés comme suspects, gardés à vue, peut-être dénoncés en ce moment, renfermés dans une citadelle, peut-être même livrés au bourreau. Aussi, dans les paroisses détruites, les hommes de quinze à cinquante ans allèrent chercher un asile dans les bandes camisardes[1]. Quelques-uns les quittèrent plus tard, mais la plus grande partie demeura. Quand les insurgés virent arriver ces malheureux, leurs colères s'accrurent encore.

Bientôt leurs souffrances s'augmentèrent de la plus terrible de toutes, de celle qui ne raisonne pas, qui ne pardonne pas, qui donne la rage : la faim. Expulsés de la montagne, privés des villages qui leur fournissaient des vivres, environnés de pays abandonnés, de contrées ravagées, ils manquèrent de pain. En cela, du moins, M. de Bâville avait calculé juste; mais la faim les déchaîna et les lança au loin. La cavalerie [2] protestante courut chercher des vivres. Les Camisards apparurent dans les campagnes de Nîmes, de Beaucaire, de Vauvert et de Lunel. Roland et Cavalier surprirent ensemble quatre-vingts soldats du régiment de La Fare, et des quatre-vingts un seul échappa (1er septembre 1703)[3]. Cavalier battit à Fau un détachement catholique (octobre 1703); à Nages, il échappa victorieusement à une surprise (novembre 1703). Quelques bandes se répandirent le long du Rhône; d'autres se montrèrent près de Saint-Gilles, jusque dans les marais d'Aigues-

---

[1] *Archives de la guerre.*

[2] Avec les chevaux volés chez les fermiers, les Camisards avaient formé une petite cavalerie. Pour se distinguer, les chefs portaient des plumes blanches à leur chapeau, les soldats des cocardes blanches. (*Archives de la guerre.*)

[3] Et encore (dit Louvreleuil t. II), celui-là s'échappa « parce qu'il ne s'était pas trouvé dans la mêlée, s'étant amusé à manger des raisins dans une vigne. »

Mortes, jusqu'à la mer. Tandis que les régiments étaient occupés à protéger la démolition, les Camisards couraient impunément dans la plaine. Une troupe entra dans la Camargue, y prit des chevaux et ravagea l'île.

Les enlèvements, la destruction des villages, la faim les avaient rendus sans pitié. Ils se jetaient sur les maisons isolées, sur les fermes, sur les châteaux, apparaissaient comme la foudre, prenaient les vivres, les fourrages, l'argent, les armes, lisaient les dépêches de la cour, enlevaient les chevaux, incendiaient les métairies, les églises, massacraient les catholiques et les prêtres. A la nouvelle d'un désastre, les détachements royaux, de leur côté, battaient le pays, couraient sur le point menacé, poursuivaient les Camisards, fusillaient les traînards et les prisonniers : les mêmes excès marquaient leur passage, comme les protestants, ils pillaient, brûlaient, tuaient. La lutte prenait un caractère atroce. Pendant que la guerre désolait les campagnes, les exécutions ensanglantaient les cités ; dans les bourgs, dans les villes se dressaient des gibets. A Montpellier l'échafaud était en permanence sur la place du marché. Le sang ruisselait sur les pavés et sur les roues. Les juges avaient peine à suffire aux condamnations ; la rigueur même des supplices était doublée. Le bourreau brisait d'abord les membres du Camisard à coups de barre de fer ; puis, ainsi mutilé, mais vivant encore, il le jetait dans le feu. Des deux côtés, pas de quartier ; des deux côtés, le pillage, l'incendie, la mort.

Au milieu des cruautés des réformés, des dévastations des troupes régulières, surgirent tout à coup des bandes catholiques et protestantes qui enchérirent encore sur ces horreurs. Avec elles, toutes les effroyables turpitudes des *Routiers*, des *Malandrins*, des *grandes Compagnies* du moyen âge reparurent. Un vieil ermite, dont les Camisards avaient brûlé la retraite, rassembla des jeunes gens du Languedoc, et, avec l'autorisation du gouvernement, se mit à leur tête. Ses soldats tuèrent avec tous les raffinements de la barbarie antique. La mort seule des huguenots paraissait trop douce à ces nouveaux croisés. Les histoires contemporaines sont remplies d'horribles drames où éclatent tout leur amour du sang, toute leur joie du meurtre. Ils arrêtaient les voyageurs sur les chemins[1] et les forçaient à réciter plusieurs prières du culte catholique; si ces malheureux balbutiaient, s'ils se troublaient devant ces fusils, devant ces épées nues, les gens de l'ermite les égorgeaient sans pitié. Leur troupe exerça bientôt d'effrayants ravages, et Cavalier écrivit au gouverneur de Nîmes que s'il ne faisait pas cesser de semblables cruautés, il n'accorderait plus aucun quartier aux catholiques qui tomberaient dans ses mains[2]. Plusieurs bandes de paysans languedociens se formèrent, à l'imitation de celle de l'ermite. Connaissant le pays comme les calvinistes, bien assurés de l'impunité, ils commettaient d'horribles désordres. On les appelait les *Camisards blancs*

---

[1] Louvreleuil, *le Fanatisme renouvelé*, t. III, p. 3 et suiv.
[2] Brueys, *Histoire du fanatisme de notre temps*, t. III, p. 261.

ou les *Cadets de la Croix*, d'une croix blanche qu'ils portaient au chapeau, comme les assassins de la Saint-Barthélemi[1]. Bientôt M. de Montrevel fut dégoûté de ces farouches auxiliaires. Il publia une ordonnance pour les empêcher de ravager, de brûler, de tuer; il défendit aux catholiques de s'armer sans ses ordres, et rendit les chefs responsables (mars 1704); mais les soldats de l'ermite n'en continuèrent pas moins leurs excès et surtout leurs brigandages. Ils se répandaient dans les paroisses voisines, enlevaient les meubles, l'argent, les récoltes, les bestiaux, pillaient amis et ennemis[2].

Les protestants, eux aussi, avaient leurs corps francs, leurs *Cadets de la Croix*. Ils portaient le nom lugubre de *Camisards noirs*. A leur tête marchait un boucher d'Uzès, qui égorgeait les hommes sans un scrupule, comme par métier. Les soldats se montraient dignes d'un tel chef : c'était un mélange de déserteurs, de voleurs de grands chemins, de forçats échappés. Ils détroussaient les voyageurs, dévalisaient les voitures

---

[1] Voici comment M. de Montrevel raconte leur formation : « ..... *Il a passé par la tête* aux anciens catholiques de faire main basse sur tout ce qu'ils ont trouvé dans les villages de nouveaux convertis; ce qui produit deux espèces de Camisards quasi également fâcheux..... Ils (les Cadets de la Croix) ne cherchent qu'à voler et à faire impunément un pillage universel, sans chercher les rebelles en armes : ils se contentent de faire comme eux.....; ils tuent tout sans règle et sans mesure.....

« Ce sont *la plupart de francs brigands*. » (*Archives de la guerre*, vol. 1708, n° 232, du 9 novembre 1703.)

[2] « Vous devez contenir les catholiques armés, écrit Fléchier, alors évêque de Nîmes, à un de ses curés, ils doivent combattre et faire la guerre du Seigneur, mais non pas piller les amis et les ennemis. » (Fléchier, *Lettres choisies*, du 10 avril 1704.)

publiques, déshonorant par d'immondes excès une cause illustrée par le martyre. Leur seule émulation était celle du crime ; chacun d'eux avait du sang sur les mains. Pour n'être pas reconnus, ils se barbouillaient le visage avec de la suie, comme des soldats de l'enfer. Rebut infâme du Midi, écume impure de tous les états, cette lie fermentait encore par le contact. Ils étaient déjà maudits, quand un lâche assassinat vint consacrer leur sinistre renommée.

Entre Lussan et Vendras[1], dans le diocèse d'Uzès, les Camisards noirs arrêtèrent la chaise d'une dame catholique, jeune et belle, nommée madame de Miraman, qui allait rejoindre son mari à Saint-Ambroix. Elle avait avec elle une nourrice, une femme de chambre, un laquais et un cocher. Quatre hommes armés entourent la voiture, font descendre les voyageurs et forcent la jeune femme à les suivre dans un bois voisin. Là, malgré ses larmes, ses supplications, sa beauté, son titre de mère, ils la tuent froidement. L'un lui tire un coup de pistolet dans la poitrine, l'autre lui coupe la figure d'un coup de sabre, tandis qu'un troisième, à l'aide d'une pierre, lui écrasait la tête. Ils assassinèrent ensuite le cocher, la nourrice, et laissèrent pour morte la femme de chambre, percée de plusieurs coups de baïonnette. A la nouvelle de ce hideux crime, tout le Languedoc frissonna. Les Camisards eux-mêmes furent indignés.

---

[1] Département du Gard.

Cavalier ordonna l'arrestation des meurtriers et les fit fusiller sur-le-champ[1].

La guerre cependant continuait toujours; elle durait depuis deux ans déjà, et elle ravageait la province comme un fléau, lorsqu'une défaite éclatante des catholiques amena le rappel du maréchal. Montrevel, qui était à Uzès, à la poursuite de Cavalier, ayant appris que la troupe du chef camisard était près de là, négligea d'y aller lui-même, et y envoya un de ses officiers, M. de la Jonquière, avec six cents hommes d'élite du régiment de la marine et plusieurs compagnies de dragons. La Jonquière suivit les insurgés à la piste et les rencontra à Saint-Chatte[2], sur les bords du Gard.

Ne pouvant éviter la bataille, Cavalier dispose sa troupe en trois corps, place le plus considérable au centre, derrière un ravin, et cache les deux autres en deçà du ravin, à droite et à gauche, derrière des arbrisseaux. L'armée royale, qui ne voit que la troupe du centre, se précipite sur elle en faisant feu. Les Camisards se jettent à plat ventre et laissent passer les balles. Déjà les catholiques les croient morts ou blessés et courent sur eux en désordre, la baïonnette au bout du fusil; mais les protestants se relèvent, entonnent un psaume, et, loin d'attendre l'ennemi, s'élancent à sa rencontre et le repoussent par une charge furieuse et imprévue. Tandis que le corps du

---

[1] *Mémoires de Cavalier.*
[2] La carte du Dépôt porte Saint-Chaptes, département du Gard, arrondissement d'Alais.

centre enfonce les troupes royales, les corps de droite, de gauche, sortent tout à coup de leur position, et tombent sur les ailes. Attaqués de front par Cavalier, pris en flanc par les Camisards embusqués, les catholiques sont enveloppés en même temps ; ils voient la mort qui partout les menace, perdent la tête, jettent leurs armes et ne songent même plus à se défendre. Quelques-uns s'échappent, d'autres se noient dans le Gard ; le plus grand nombre est pris, assommé ou égorgé[1]. Un régiment presque tout entier, le régiment de la Marine, vingt-cinq officiers, six cents soldats restent sur le carreau. Leur commandant, La Jonquière, blessé à la joue, traversa le Gard à la nage et se sauva. Les vainqueurs se partagèrent un butin considérable : des uniformes, des chapeaux, des ceintures, des pistolets, des épées, des pierreries, des bourses pleines d'or. Cavalier prit pour lui le magnifique cheval que montait le général catholique (15 mars 1704).

Ce désastre acheva de perdre Montrevel. Depuis son arrivée en Languedoc, le gouvernement n'avait que des reproches à lui faire. Il ne parvenait pas à dompter la révolte ; les habitants de la province se plaignaient secrètement à la cour de ses dépenses, de sa négligence, de son inaction[2] ; et

[1] *Archives de la guerre*, vol. 1796, n° 55.
[2] Nous avons trouvé aux Archives de la guerre plusieurs lettres anonymes adressées du Languedoc au ministre de la guerre, dans lesquelles on se plaint que le maréchal de Montrevel ne cherche pas à combattre les Camisards, qu'il perd un temps précieux dans l'inaction, et qu'il ruine la province en concussions.

comme pour justifier ces sourdes dénonciations, arrivait la sanglante déroute de Saint-Chatte. Le maréchal tâcha vainement de dissimuler ce malheur en gardant le silence; La Jonquière écrivit au ministre de la guerre, raconta sa triste défaite, et Chamillart adressa à Montrevel de sévères paroles [1]. Le ministre lui reprocha, ce qui était vrai, d'être resté à Uzès au lieu de poursuivre Cavalier, et d'avoir envoyé un lieutenant pour le combattre au lieu de s'y rendre en personne. Le gouvernement résolut dès lors de lui donner un successeur. Le roi nomma pour le remplacer le vainqueur de Friedlingen, Villars lui-même.

Il faut le dire toutefois, avant de quitter son commandement, le maréchal s'efforça de réparer sa faute. Il tendit un piége aux Camisards et remporta une éclatante victoire. Il répandit la nouvelle de son retour, et au moment où les réformés le croyaient parti, Montrevel parut avec six mille hommes dans la plaine de Nîmes et enveloppa, à Nages, la troupe de Cavalier, qui ne comptait que huit cents fantassins et cent chevaux. Dans cette lutte désespérée, ce dernier déploya le plus rare sang-froid [2] et la plus

---

[1] « Quoique vous n'ayez rien mandé au roi de ce qui s'est passé à Saint-Chatte, vous ne doutez point que M. de la Jonquière n'en ait informé son supérieur, et que Sa Majesté n'ait été bien fâchée d'un si triste événement. Elle m'a même recommandé de vous dire, sur ce qui lui en est revenu, qu'il n'aurait tenu qu'à vous de l'éviter si vous vous étiez mis en mouvement avec toutes les troupes dont vous pouviez disposer. » (Lettre de Chamillart à Montrevel, du 24 mars 1704. *Archives de la guerre*, vol. 1796, n° 58.)

[2] Un homme qui se connaissait en tactique militaire, Villars, lui rend

grande bravoure. Il tua de sa main trois dragons, perça les troupes royales, se fit jour l'épée à la main, et se retira fièrement en essuyant les décharges, mais laissant les deux tiers de ses compagnons sur le champ de bataille (16 avril 1704)[1]. Montrevel, lui aussi, combattit en soldat, comme s'il eût voulu montrer que s'il n'avait pas assisté au combat de Saint-Chatte, ce n'était pas du moins par peur. C'est ainsi, dit-il en s'en allant, que je prends congé de mes amis.

Quelque temps après, un autre officier catholique, M. de La Lande, surprit dans le bois d'Hieuset les Camisards échappés de Nages, et en tua environ deux cents (fin avril 1704). Ce général remporta sur les protestants un avantage plus considérable encore. Il découvrit, dans le même bois d'Hieuset, une longue et vaste grotte qui contenait d'immenses approvision-

---

ce magnifique témoignage : « Ce chef agit dans cette journée, dit-il, d'une manière qui surprit tout le monde. Il se comporta, dans les circonstances les plus épineuses et les plus délicates, comme l'aurait pu faire un grand général. » (*Mémoires de Villars.*)

[1] Voici le fragment d'une lettre que Cavalier écrivait à son père, toujours emprisonné, quelques jours après le combat de Nages : «... Je vous prie, lui dit-il, ne vous inquiétez en rien, priez toujours plus instamment, car cela (le combat) ne m'a en rien étonné. Quoiqu'on vous *eût* dit que j'étois blessé, ne le croyez pas. Il est vrai que je fus pris à la mêlée par trois dragons, mais Dieu me fit la grâce de m'en défaire, et je les tuai tous trois. Enfin, c'est pourquoi nous sommes tous ensemble, et nous avons encore beaucoup de grâces à rendre à Dieu, c'est qu'il nous a tiré de cette terrible affaire. Quelque monde qui se lève, je ne crains rien, car je sais que Dieu sera ma garde. Je vous prie de prier pour moi, comme je fais pour vous. » (Du Désert, ce 19 avril 1704. *Archives de la guerre*, vol. 1796, n° 92.) Dans ce même volume se trouve la copie d'une lettre de Roland, adressée à Cavalier; elle porte cette singulière suscription : *A Monsieur Cavalier, commandant les troupes religionnaires, où il se trouvera, en Languedoc.*

nements. Là se trouvaient des tas de blé, des sacs de farine, des tonneaux de vin, d'eau-de-vie, des viandes sèches, des caisses de charpie, et, à côté, toutes les choses nécessaires à la guerre: des barils de poudre, du soufre, du salpêtre, du charbon, des moulins, des mortiers, des fusils, des épées, des pistolets, un arsenal tout entier. Près de cette grotte, dans le village voisin, à Brenoux, les soldats saisirent un bœuf tué et écorché pour les huguenots[1]. Les catholiques firent main basse sur ces richesses.

M. de La Lande ayant abandonné au pillage Brenoux et les pays environnants, Saint-Paul, la Coste, Soustelle, Vic, Hieuset, comme complices des insurgés, les milices, les cadets de la Croix principalement, entrèrent dans les maisons, massacrèrent les hommes, épargnèrent seulement les femmes et les enfants à la mamelle, brûlèrent les habitations et chassèrent devant eux les troupeaux. Pour nous servir d'une expression moderne empruntée à une lutte plus terrible encore, à une lutte religieuse aussi, à la guerre de l'Algérie, ce fut une véritable *razzia*. Suivant le récit d'un historien de l'époque[2], les soldats brisèrent et versèrent sur les chemins plus de sept cents tonneaux de vin (avril 1704).

Malgré ces avantages considérables, lorsque le

---

[1] Lettre de M. de Lalande à Bâville, avril 1704. *Archives de la guerre*, vol. 1796, n° 90.
[2] Louvreleuil, *Histoire du fanatisme renouvelé*, t. III, p. 65.

maréchal de Villars arriva, la situation du Midi était désastreuse.

La guerre ravageait quatre diocèses : ceux de Mende, d'Uzès, d'Alais et de Nîmes. La moitié du diocèse de Mende était déserte. C'était là que Bàville avait rasé les quatre cent soixante-six villages. Dans les trois autres, les courses incessantes des Camisards, les expéditions des catholiques, les pillages, les meurtres, les incendies des deux armées, avaient dévasté ces heureuses contrées, dont nous avons raconté en commençant la fécondité et la richesse. Les propriétaires des châteaux, des fermes, des maisons isolées, les gentilshommes, les laboureurs, les paysans, vivaient dans de perpétuelles angoisses. La plus difficile neutralité leur était imposée. S'ils avertissaient les soldats, s'ils leur fournissaient des vivres, des renseignements, les Camisards arrivaient et se vengeaient le fer ou la flamme à la main ; s'ils ouvraient, au contraire, leurs portes aux protestants, s'ils laissaient prendre aux réformés du pain, du vin, des fourrages, et ils ne pouvaient refuser à des hommes armés, les troupes royales, en vertu des terribles ordonnances de M. de Montrevel, pillaient leurs maisons, confisquaient leurs biens, les arrêtaient comme suspects et les jetaient en prison. Ils avaient sans cesse devant les yeux les exemples de leurs voisins tués ou brûlés par les Camisards, pillés ou incarcérés par les catholiques. Dans les villes, quarante mille bourgeois sous les armes montaient la garde, veillaient sur leurs demeures et se tenaient prêts à repousser les surprises. Le commerce était arrêté, les champs en friche; le pays offrait l'aspect de la plus complète dévastation. Une fois sorti des bourgs, on ne rencontrait plus dans la campagne ni croix, ni églises, ni prêtres; les curés s'étaient réfugiés dans les endroits fortifiés. Les habitants ne se hasardaient qu'en tremblant hors des murs, pour aller cultiver; ils rencontraient partout l'ennemi. Aux portes de Nîmes, les Camisards, cachés dans les jardins, ajustaient en plein jour les catholiques et les tuaient à coups de fusil; les protestants, au contraire, passaient impunément. Dans les villes même, les nombreuses populations réformées s'agitaient, et le Midi entier semblait prêt à prendre les armes et à se joindre aux insurgés. La position militaire des huguenots était toujours formidable: continuellement excités par les prophètes, par les dévastations, par les victoires, par la faim, environ dix mille hommes étaient sur pied. Les diverses défaites des catholiques avait redoublé leur espoir et détruit le prestige des soldats du grand roi. Depuis le commencement de la guerre, les protestants s'étaient mis en communication avec la Savoie, et recevaient des recrues et de l'argent par le Vivarais[1] et le Dauphiné. Du comtat d'Avignon, terre papale, ils tiraient de la poudre. La Hollande leur avait envoyé vingt mille livres[2], et ils attendaient le

---

[1] Aujourd'hui le département de l'Ardèche.
[2] Lettre de Bâville, 11 juin 1704. *Archives de la guerre*, vol. 1799, n° 201.

débarquement d'un corps de troupes anglaises qui devait s'effectuer par la Méditerranée. Enfin, à ces craintes de l'avenir se joignaient les difficultés du présent : entre les deux armées, les hordes sauvages des Camisards noirs et des cadets de la Croix, l'anarchie partout, même dans la guerre. Tel était l'état du pays quand Louis XIV envoya Villars. On voit combien sa tâche était effrayante.

Le maréchal de Villars, déjà connu par ses glorieuses victoires de Friedlingen et d'Hœchstedt, arriva dans le Languedoc au mois d'avril 1704, et dès les premiers jours il annonça qu'il allait suivre une ligne de conduite entièrement différente de celle de son prédécesseur. D'un coup d'œil il comprit la lutte et la jugea : « J'aurai, dit-il, deux oreilles pour écouter les deux partis. » Jusqu'ici, les généraux de Louis XIV, M. de Broglie, M. de Montrevel, avaient fait aux protestants une guerre sans quartier, les massacrant dans les combats ou les tuant légalement après la bataille; Villars répudia de pareilles traditions. Il songea à conserver ces montagnards, qu'il regardait comme les meilleurs soldats du royaume, et à ces hommes errants, proscrits, échappés à la fusillade, aux galères, aux gibets, le maréchal fit entendre pour la première fois des paroles de clémence : Ce sont, se disait-il, des Français, très-braves et très-forts, trois qualités à considérer [1].

A peine arrivé, le vainqueur de Friedlingen leur

---

[1] *Mémoires de Villars*, p. 136.

laissa entrevoir d'autre perspective que la mort du champ de bataille ou de l'échafaud. Jetant un voile sur le passé, il offrit une amnistie à tous les insurgés qui, dans huit jours, se retireraient avec leur mousquet dans leur maison. Le maréchal annonça qu'il poursuivrait sans relâche ceux qui resteraient les armes à la main, qu'il les fusillerait sans pitié; qu'au contraire, il accordait à ceux qui viendraient se rendre tout ce que les circonstances permettaient, c'est-à-dire, aux uns, de se retirer à l'étranger, en emportant le prix de leur bien, qu'on leur laisserait vendre; aux autres, de rester dans le pays sous le cautionnement de quelques catholiques connus qui répondraient de leur conduite[1]. Pour enlever des espérances inutiles et dangereuses, il déclara que le gouvernement ne ferait pas d'autre concession, et que la révocation de l'édit de Nantes serait perpétuellement maintenue. Villars commençait ainsi une double entreprise, la guerre et la pacification : d'une main il écrasait les Camisards, de l'autre il les ramenait.

Il donna ses premiers soins à la guerre.

Le maréchal divisa toutes les troupes en petits corps, se mit à la tête d'un détachement de quatre cents hommes, et disposa ses compagnies en divers endroits, de façon à les réunir aux garnisons des villes, des bourgs, des villages, et à envelopper les huguenots comme dans un filet. Ces dispositions prises, Villars donna le signal du départ, et

Mémoires de Villars.

entra dans la haute terre. Ce fut une véritable chasse à l'homme. Ses soldats fouillèrent les habitations, les fermes, les cabanes, et parcoururent les lieux les plus sauvages, les plus dangereux, où jamais jusque-là les catholiques n'avaient osé pénétrer. Villars mena partout ses quatre cents hommes, pour étudier la nature du pays. Ainsi pourchassés de village en village, de hameau en hameau, environnés de toutes parts, les Camisards durent se fractionner pour fuir et pour subsister. Ils se réfugièrent au milieu des forêts, dans les grottes des montagnes, connues d'eux seuls, et là défièrent Villars. Mais la faim les y poursuivit; elle les forçait à quitter de temps en temps leur retraite, à rôder autour des maisons, et à choisir l'instant où les soldats n'y étaient pas pour y prendre des vivres. Quelquefois ils se risquaient au milieu même des régiments. Pressé par le besoin, Cavalier envoya à minuit demander du pain dans un hameau à côté duquel se trouvait Villars. « Vous allez vous perdre, dirent les habitants aux Camisards : M. le maréchal est ici près avec toute sa troupe. — N'importe où il soit, répondirent-ils, il vaut autant être tué que de mourir de faim. Il y a deux jours que nous n'avons mangé [1]. » Le terrible général les tenait perpétuellement en haleine: ses colonnes mobiles parcouraient les cantons insurgés en se resserrant de plus en plus, et lui-même, au milieu d'elles, les dirigeait dans leurs recherches, et visitait tous les lieux suspects. Il

---

[1] *Mémoires de Villars*, p. 139.

lassait ainsi les huguenots, les dispersait, les affamait et rétablissait l'honneur oublié des armées royales.

La pacification marchait de front avec la guerre.

Au milieu des expéditions de chaque jour, ce même Villars, si fougueux, si ardent, se transformait tout à coup. Encore haletant d'une course lointaine, le brillant capitaine prêchait la concorde et la paix. Lorsqu'il arrivait dans une commune, il rassemblait le maire, les principaux habitants, et les engageait à seconder ses efforts pour rétablir la tranquillité de la province. Mêlé à ces montagnards, il les haranguait avec cette noble simplicité des hommes vraiment grands. Lui qui se battait comme Turenne, qui écrivait[1], qui parlait comme César, il ne dédaignait pas de s'entretenir avec les pauvres paysans des hautes Cévennes, ainsi qu'il le faisait sur le Rhin avec ses soldats. Le maréchal les exhortait chaleureusement à la soumission. Dans de fréquents discours, il exposait leurs souffrances depuis le commencement de la révolte, les ravages de la guerre, de l'incendie, de la faim; la destruction des villages; la perte de leurs parents enlevés, tués ou proscrits, prisonniers, galériens ou soldats de Cavalier.

Villars racontait avec désespoir que, depuis deux années, cette lutte funeste avait tué huit mille

---

[1] Les dépêches de Villars sont écrites avec une facilité, une netteté, un esprit, une verve qui en rendent la lecture très-attrayante. Il raconte comme il combat. Toutes celles que nous avons lues au Dépôt de la guerre sont entièrement de sa main. Ses *Mémoires*, d'ailleurs, en contiennent un très-grand nombre.

Français, tandis que sa plus belle bataille d'Allemagne n'en avait pas coûté cent cinquante. Il répétait qu'il apportait non pas la guerre, mais la paix ; qu'il était tout prêt à oublier le passé, et qu'il promettait le pardon à ceux qui voudraient profiter de l'amnistie, quitter les Camisards et rendre leurs fusils. Afin de laisser aux protestants le temps de venir à lui, il prolongea la durée de l'amnistie, et déclara que, jusqu'au 5 juin 1704, les insurgés qui mettraient bas les armes recevraient leur grâce. Pour marquer davantage sa clémence, dans les villes où se dressaient des gibets, des échafauds, le maréchal les fit abattre, voulant montrer par là aux populations que la tâche du bourreau était finie, et que celle du pacificateur commençait. En même temps, il relâchait plusieurs captifs. Ces malheureux, échappés à une mort certaine, publièrent ses louanges, et les Camisards prêtèrent l'oreille. Le retour des prisonniers, ce spectacle si nouveau, inconnu sous le commandement de M. de Montrevel, frappait vivement les esprits et les disposait en faveur de ce glorieux général, qui savait si bien vaincre et si généreusement pardonner.

Cette conduite de Villars, si sage, si adroite, si opposée à celle de son prédécesseur, porta ses fruits. La clémence, même politique, touche les hommes, car elle arrête toujours les larmes et le sang. Les protestants reprirent confiance. Trompés jusque-là dans les capitulations, dans les traités, ils crurent à la parole du maréchal et se soumirent à lui. Bientôt plusieurs chefs de bande, des troupes entières, profitèrent de l'amnistie et déposèrent leurs fusils aux pieds de Villars. Les uns reçurent des passe-ports, d'autres restèrent dans le Languedoc en fournissant des cautions, et reprirent leurs travaux (avril-mai 1704). Ruinés par la guerre, fatigués de leur vie errante, traqués par les catholiques, poursuivis sans relâche, abandonnés de l'étranger, voyant d'un côté le pardon et la liberté, de l'autre la servitude et la mort, les Camisards acceptèrent les propositions de Villars. Le maréchal apprenait chaque jour quelque reddition nouvelle. Partout les populations épuisées demandaient la paix. La mère de Roland alla le trouver et lui dit : « Tu ne me tueras pas, car je suis ta mère, et je ne te quitterai pas que tu n'aies donné le repos à ton pays[1]. » Le farouche Roland la repoussa ; mais son frère d'armes, le général lui-même, entra bientôt en accommodement.

Depuis son arrivée, Villars avait reçu plusieurs lettres de Cavalier[2], dans lesquelles ce dernier déclarait qu'il était prêt à mettre bas les armes si Louis XIV voulait accorder aux protestants la liberté

---

[1] *Mémoires de Villars.*

[2] Dès le mois de février 1704, Cavalier avait écrit au maréchal de Montrevel une lettre dans laquelle il se justifiait des excès imputés aux insurgés : « Nous ne faisons pas la dîme de ce que nous devrions ou pourrions faire, » lui dit-il. Il déclarait ensuite que si le roi voulait leur accorder la liberté de conscience, les Camisards mettraient bas les armes : « Et jusqu'à ce que nous ayons cette liberté, écrit Cavalier, nous ne cesserons jamais l'œuvre que nous avons commencée par la permission de Dieu ; et si on n'y remédie pas, on verra bientôt de plus grandes affaires, à cause que nous souffrirons plutôt la mort que d'abandonner

de conscience et la délivrance des galériens huguenots. Villars le fit secrètement sonder. Il envoya

notre religion. » (*Archives de la guerre*, vol. 1796, n° 44, 27 février 1704.)

Cette lettre de Cavalier est autographe et entièrement inédite, comme celle dont nous allons citer les passages les plus saillants.

Les lettres de Cavalier que nous avons lues aux Archives ont toutes le même caractère; elles sont hérissées de fautes de français et d'orthographe, mais elles ont quelque chose de la simplicité mâle des livres saints. Ajoutons que ce sont les seuls monuments authentiques que l'histoire possède sur le chef camisard, car ses *Mémoires* ont été retouchés. Celle-ci est adressée à Villars.

Du Désert, ce dernier avril 1704.

« Monseigneur,

« Ayant appris que vous n'étiez pas informé de notre demande, quoique plusieurs fois nous en avons donné avis à la cour; mais nous craignons que ces avis ont été cachés à Sa Majesté et à Votre Grandeur, j'ai voulu mettre derechef la main à la plume pour vous supplier d'accepter cette demande pour le bien et la prospérité du royaume, qui est la liberté de notre conscience et la délivrance des prisonniers et de tant de galériens qui souffrent injustement pour avoir voulu soutenir la vérité. Nous sommes massacrés pour prier Dieu, comme si c'étoit une chose mauvaise de servir Dieu suivant la pureté de son Evangile..... On a pillé nos biens, démoli nos maisons, on nous a exposés à des souffrances les plus cruelles du monde, et voyant cela, nous nous sommes assemblés, non point pour résister à Sa Majesté, mais pour nous défendre contre ceux qui ont voulu nous empêcher de prier Dieu. Sa Majesté nous permettra de dire que, si on ne nous accorde cette demande, nous souffrirons plutôt toutes les souffrances qu'il plaira à Sa Majesté de verser sur nous, que d'abandonner notre loi..... Il est vrai qu'on a fait entendre à notre roi que nous étions des rebelles et des meurtriers, mais plusieurs mauvaises choses ont été faites, disant que c'étoit les rebelles qui faisoient ces désordres, qu'ils étoient commandés par Cavalié (*sic*). Il est vrai que dans toutes les attaques qu'on nous a faites, j'ai toujours donné mon avis; mais pour le désordre, je l'ai toujours défendu, particulièrement de tuer, ni piller aucun endroit du monde. Quelque méchanceté qu'on nous ait fait, j'ai toujours laissé à Dieu la vengeance, qui la rendra à chacun selon ses œuvres; mais pour vrai, je n'abandonnerai jamais mes armes qu'on ne m'ait accordé cette demande, qui est la liberté de tout le royaume. Si cela est (la liberté de conscience), je me viendrai remettre très-volontiers à la soumission de Sa Majesté avec tous ceux qui veulent continuer la vérité, et y finir nos jours pour son auprès de lui un laboureur nommé Lacombe, chez lequel Cavalier, dans son enfance, avait gardé les troupeaux, et le chargea de l'exhorter en son nom à entrer en pourparlers avec le gouvernement. « C'est un bonheur, écrivait le maréchal à Chamillart, si je leur enlève un pareil homme[1]. »

Cavalier était bien supérieur à tous les calvinistes qui combattaient avec lui. Frappé dans sa religion, dans sa famille, dans ses affections, la vengeance et la foi avaient exalté et soutenu jusque-là son énergie de soldat ; mais depuis quelques mois le découragement s'était glissé dans son âme. La défaite de sa troupe à Nages, la perte de ses meilleures compagnies, la dispersion des autres[2], l'épuisement de ses partisans, les poursuites incessantes du maréchal, apparaissaient à ses yeux comme les symptômes certains d'une extermination prochaine. Il avait trop de pénétration dans l'esprit pour ne pas comprendre qu'une telle lutte ne pouvait durer, que les Cénevols seraient écrasés avec le temps, et qu'ils devaient dès maintenant signer la paix, quand ils conservaient des armes, et quand ils pouvaient disputer encore les conditions d'un traité, d'autant qu'ayant devant eux Villars et une armée régulière, les insurgés devaient

---

service..... Je prie la grandeur de votre personne de vouloir jeter les yeux sur la désolation du pays, et donner vos ordres pour le repos du monde et la prospérité du royaume. Car tout royaume divisé ne peut pas subsister ; ainsi ce royaume ne peut pas subsister si la paix n'y est. » (*Archives de la guerre*, vol. 1796, n° 104.)

[1] *Mémoires de Villars.*
[2] *Mémoires de Cavalier.*

se hâter. Cette guerre sauvage, ensuite, lui levait le cœur. Cavalier avait l'âme haute, fière; il connaissait sa valeur personnelle, et ce commandement incertain, partagé, contesté même par des officiers grossiers et incapables, l'irritait secrètement. Ces soldats, désobéissants, indisciplinés, pillards, égaux au général, aujourd'hui au camp, demain au village, ne pouvaient servir dignement sa pensée. Ce jeune homme de vingt-quatre ans, d'une imagination ardente, dont toute l'Europe protestante vantait le talent et le courage[1], voulait monter plus haut encore. Il avait rêvé d'implorer la clémence de Louis XIV, d'obtenir pour sa troupe la liberté de conscience, comme les Suisses huguenots au service du roi, de rester le commandant de ces réformés français, de combattre, comme Villars, à la frontière; et, qui sait? d'écrire peut-être comme lui son nom dans l'histoire. Ce fut au milieu de ces pensées d'ambition et de découragement que le trouva Lacombe.

Dès les premières ouvertures, la négociation s'ouvrit. Lacombe mit Cavalier en rapport avec un officier général, M. de Lalande, puis le chef protestant entra directement en pourparlers avec Villars. Il lui demanda une entrevue, que le maréchal accorda. L'entretien eut lieu aux portes de Nîmes,

---

[1] En Hollande et en Angleterre, Cavalier avait une grande réputation militaire. On l'appelait le Ragoczi du Languedoc. (Voyez t. II, chap. 1er.) Tout le Languedoc tremblait au nom de Cavalier, écrit Fléchier. (*Lettres choisies.*)

dans un jardin planté de grands arbres, environné de hautes murailles et situé à quelque distance de la ville. Cavalier s'y rendit avec sa troupe. Il laissa l'infanterie à Ravanel, plaça la cavalerie à une portée de mousquet du faubourg et entra dans le jardin, au milieu d'une foule immense. Villars et Bâville s'y promenaient déjà en l'attendant. La reception de ce dernier fut froide et dure. Il dit d'un ton de reproche à ce paysan, auquel Louis XIV envoyait un maréchal de France pour traiter d'égal à égal, que le roi était trop bon de vouloir négocier ainsi avec un rebelle. L'adroit Villars, au contraire, lui fit le plus gracieux accueil, et aussitôt les pourparlers commencèrent.

Cavalier reprit avec Bâville et Villars les points déjà discutés de vive voix avec Lacombe et M. de Lalande. Il demanda d'abord la liberté de conscience qu'il avait toujours réclamée dans ses lettres au maréchal de Montrevel et à son successeur. C'était la difficulté principale : les huguenots combattaient pour l'exercice public de leur religion, et ils déclaraient sans cesse qu'ils ne déposeraient les armes qu'après avoir obtenu cette concession. D'un autre côté, Louis XIV avait solennellement proclamé qu'il maintiendrait la révocation de l'Édit de Nantes, que jamais il ne consentirait dans le royaume à la libre pratique du culte de Calvin, et Villars avait toujours eu soin de parler dans ce sens et de repousser publiquement une telle prétention en la déclarant inadmissible. Aussi Cavalier reproduisit vainement cette demande.

Dès les premiers mots, le maréchal et l'intendant l'arrêtèrent, et lui dirent que s'il voulait négocier sérieusement, il fallait renoncer à la liberté de conscience ; que sur ce point le ministère était bien décidé à ne jamais rien accorder aux huguenots : « Il ne faut pas ici parler de religion, » lui dit M. de Bâville ; et la liberté de conscience fut ainsi écartée.

Le jeune capitaine exposa alors les autres réclamations des calvinistes : il demanda notamment la délivrance de tous les prisonniers et de tous les galériens condamnés seulement pour opinion religieuse. Villars l'accorda au nom du roi. L'entretien roula ensuite sur les Camisards. Cavalier déclara qu'il en ramènerait environ trois mille, et demanda quel serait leur sort. Déjà, dans ses entretiens avec Lacombe, avec M. de Lalande, dans ses lettres à Villars, il avait traité cette délicate question. Le maréchal lui répéta ce qu'il lui avait écrit, que le roi consentait à la formation d'un régiment[1] composé de tous les insurgés, qu'il le prendrait à son service ; que lui-même en serait le colonel, et que ce régiment irait faire la guerre sur les frontières, sur le Rhin ou en Espagne, suivant les circonstances. Cavalier accepta cette condition. Il se borna à demander, pour ceux des Camisards que leurs familles, leurs intérêts retenaient en Languedoc, et qui ne voudraient pas prendre du service militaire, la faculté d'exercer au moins leur culte dans certains pays dénommés. C'était la liberté

---

[1] C'était une idée de Villars : il l'avait émise plusieurs fois dans se lettres à Chamillart. (*Archives de la guerre.*)

de conscience restreinte. Mais Villars refusa encore. Le maréchal déclara que sur ce point le gouvernement serait inexorable. Il répéta que le roi avait déjà répondu à cette demande, et qu'il avait publié sa volonté royale dans ses proclamations et ses discours, en déclarant aux populations que Louis XIV pardonnait à tous ceux qui mettraient bas les armes, qu'il leur laissait la double faculté ou de sortir de France en vendant leurs biens, ou d'y rester en donnant des cautions catholiques, mais que dans aucun cas il n'avait parlé du rétablissement de l'Édit de Nantes. Villars ajouta que les insurgés auraient toujours le choix de partir ou de rester à ces deux conditions, mais que pour la liberté de conscience, même bornée à certains individus, même restreinte à quelques pays, il n'en fallait jamais parler; que Louis XIV ne céderait rien. Le débat porta enfin sur la position personnelle de Cavalier. Le maréchal lui promit le commandement du régiment camisard, le titre de colonel, et une pension dont le roi fixerait le chiffre, qui devait être proportionné au nombre d'insurgés qu'il ramènerait. Les conditions ainsi réglées, il fut convenu que les hostilités cesseraient, et que l'on écrirait à Louis XIV pour lui soumettre la convention. Les Camisards qui voudraient profiter de l'accommodement devaient se rendre à Calvisson, petite ville située aux environs de Nîmes, et là attendre la réponse de la cour.

La conférence avait duré deux heures. Cavalier quitta Bâville et Villars, et rejoignit sa troupe :

« Adieu, seigneur Cavalier » , dit le maréchal en lui frappant doucement sur l'épaule. Le général huguenot sortit du jardin et traversa l'immense foule qui avait encore grossi pendant l'entrevue; toute la population se pressait sur ses pas[1]. Les catholiques contemplaient avec une curiosité mêlée d'effroi ce jeune ennemi si redoutable; les protestants le regardaient avec vénération, comme un héros, comme un saint. Des dames se précipitaient pour toucher ses vêtements. La belle maréchale de Villars elle-même voulut le voir et lui parler. Monté sur un magnifique cheval, vêtu d'un justaucorps blanc, d'une veste blanche, précédé de deux Camisards à cheval et le sabre nu, Cavalier, le chapeau à la main, saluait tous les assistants. A son arrivée près de la troupe, ses soldats entonnèrent ensemble des psaumes, puis disparurent du côté de Saint-Césaire. Ils se dirigèrent de là sur Calvisson, pour y attendre la décision du roi de France (16 mai 1704).

Après quelques jours, la réponse arriva. La cour ratifiait complétement les promesses de Villars : elle refusait la liberté de conscience, mais promettait la délivrance des prisonniers et des galériens, et consentait à la formation d'un régiment huguenot que Cavalier devait commander. Louis XIV lui accordait le droit d'en nommer les officiers[2]. Il lui envoyait le brevet de colonel, et lui assurait enfin une pension

---

[1] *Archives de la guerre.* — Court. — *Mémoires de Cavalier.*

[2] Cavalier en avait lui-même dressé l'état : son régiment devait se composer de sept cent douze hommes, partagés en quinze compagnies.

de 1,200 livres. Déjà les uniformes des Camisards étaient préparés : le nouveau régiment devait partir le 1ᵉʳ juin 1704 pour l'Espagne[1].

Jusqu'ici, les négociations s'étaient traitées entre les représentants de l'autorité royale, Lalande, Villars, Bâville et Cavalier seul. Les Camisards ignoraient totalement les bases de la pacification, et les chefs, Roland, Ravanel, n'en connaissaient pas même les dispositions principales. Le général protestant avait toujours gardé sur les pourparlers le plus profond silence. Ses lieutenants l'avaient laissé maître d'agir seul ; mais tous, les capitaines, les soldats, pensaient que la première condition qu'il obtiendrait serait le rétablissement de l'Édit de Nantes. Dans l'esprit des Camisards, la liberté du culte réformé était la base absolue, indispensable de tout accommodement avec le gouvernement catholique. Mais sur ce point si important, comme sur les autres, Cavalier se tut ; et, loin de communiquer aux protestants les refus du roi, de rien accorder, il les laissa croire par son silence qu'il réclamait et obtenait cette liberté de conscience si désirée, si poursuivie, pour laquelle depuis vingt ans le sang coulait.

A la fin, la réserve si prolongée de leur commandant mécontenta les Camisards. Cette correspondance fréquente avec la cour, ces entretiens avec Lalande, Villars, ces ovations de Cavalier, dans la personne duquel paraissait se résumer la

---

[1] *Archives de la guerre.*

guerre, avaient déjà excité la jalousie secrète des autres chefs. Le mystère dont il s'enveloppait éveilla leurs soupçons. Quinze jours s'étaient passés depuis l'arrivée des huguenots à Calvisson ; pendant cet intervalle, Cavalier avait plusieurs fois correspondu avec Villars ; il était retourné à Nîmes, il y avait eu une seconde entrevue avec le maréchal, et rien cependant n'avait encore transpiré. Une telle conduite blessa les Camisards. Ils se demandèrent de quel droit le fils du laboureur de Ribaute disposait ainsi de leur sort ; pourquoi il ne daignait seulement pas les tenir au courant des principales conditions du traité ; pourquoi, depuis un mois, il ne consultait personne, comme si ses frères d'armes étaient ses sujets, comme s'il se défiait de leur présence, ou comme si lui-même voulait trahir ! Déjà la fermentation commençait parmi eux, quand tout à coup son lieutenant Ravanel tombe et prophétise en tremblant la trahison du général. Il n'en fallut pas davantage.

Cavalier arrivait de Nîmes, où il venait d'avoir une entrevue avec Villars. Ravanel, ses officiers, ses soldats l'entourent et lui demandent hautement de leur révéler les conditions de l'accommodement conclu avec la cour, de ne rien cacher et de parler sur l'heure. A cette violente interpellation, Cavalier refuse : « Nous voulons savoir le traité, » répètent avec fureur les Camisards. Cavalier refuse encore. Les questions redoublent, les injures pleuvent, les menaces s'y mêlent, les cris de mort retentissent, les épées brillent, et la vie du chef calviniste est menacée. Il parle alors ; il raconte la négociation : il dit que le roi les prend à son service, qu'ils doivent former un régiment séparé; que déjà l'on prépare les uniformes, et que dans trois jours ils partiront pour l'Espagne. Cavalier se flattait sans doute que cette révélation calmerait les colères; mais, loin de s'apaiser, leur fureur redouble : tous les Camisards lui reprochent à la fois d'avoir signé un semblable traité; ils lui prodiguent les plus sanglants outrages, les noms de traître et de lâche. La voix de Ravanel domine le tumulte; cette bête féroce, aussi incapable de diriger la guerre que de conclure la paix, s'écrie qu'il ne faut déposer les armes qu'après avoir obtenu l'entière liberté de conscience, la délivrance des prisonniers, le retour des exilés et la reconstruction des temples. *Point de paix! point d'accommodement!* répètent les réformés après lui, *que nous n'ayons nos temples!* Au milieu de ces cris longtemps prolongés : *Nos temples! nos temples!* Ravanel ordonne aux tambours de battre la générale pour rassembler la troupe, quitter Calvisson, rompre les pourparlers et recommencer la guerre. Aussitôt les tambours parcourent les rues; les Camisards prennent les armes, forment les rangs et sortent de la ville. Cavalier les suit.

Désespéré de cet abandon, qui anéantit sa fortune, qui compromet sa parole, accompagné de quelques soldats fidèles, il court pour leur parler encore et pour les arrêter s'il est possible. Mais sa présence est inutile : sans l'écouter, les protestants continuent la retraite et s'éloignent de Calvisson. Cavalier marche à côté d'eux ; il leur représente les dangers d'une nouvelle campagne, les pertes, les désastres qui ont suivi l'arrivée de Villars. Il déplore l'horreur des guerres civiles, vante la gloire qui les attend en Espagne, où ils vont servir la France et combattre l'étranger ; il leur rappelle les fatigues, les périls, les combats de ces campagnes qu'ils ont faites ensemble : c'est en vain. Les Camisards restent froids, gardent le silence et marchent toujours. Ravanel, qui a pris le commandement de la troupe, les excite encore ; il presse la retraite ; et tandis que Cavalier parle, tandis qu'il s'efforce de les convaincre, de les toucher, son ancien lieutenant, au contraire, les pousse à la résistance, injurie en même temps le général et lui reproche sa lâche conduite. Cavalier dédaigne d'abord les outrages, puis, irrité de ces insultes, qui troublent ses paroles et encouragent les refus des soldats, il prend un pistolet, l'arme et le dirige sur son rival. Ravanel l'imite, et le sang allait couler, quand un prophète se jette entre eux et les sépare.

Cavalier ne se décourage pas encore. Il recommence ses exhortations, ses menaces, ses prières : « Qui m'aime me suive ! » s'écrie-t-il tout à coup d'une voix vibrante, comme pour les entraîner à la fois. Quelques-uns sortent des rangs pour revenir à lui, mais Ravanel les retient. Pendant une lieue entière, le malheureux jeune homme se consume en efforts impuissants. Arrivé à Saint-Estève, petit bourg situé aux environs de Calvisson, il veut leur adresser une dernière prière; vingt fusils, cette fois, s'abaissent et menacent sa poitrine. Alors, le désespoir dans le cœur, Cavalier revient à la ville, suivi seulement de quelques soldats (28 mai 1704). Là, il écrit à Villars pour raconter cette triste journée, lui déclarant qu'il avait, quant à lui, déposé les armes et qu'il ne les reprendrait jamais[1]. Mais sa troupe ne partit pas pour l'Espagne; Ravanel en garda le commandement. Roland, l'autre chef camisard, refusa aussi de se soumettre, et tous deux continuèrent la guerre.

Ce second sacrifice fut inutile. La chasse à l'homme recommença. Villars se remit à la tête de ses régiments et rentra dans la montagne. Il battit de nouveau les Cévennes et la plaine, et de nouveau serra les insurgés; ses troupes enlevèrent les magasins, les amas de vin, de blé, de viande, cachés dans les villages; elles reprirent les *razzias*. Dans une de ses courses, le maréchal surprit, près de Marvejols, la bande de Cavalier, alors commandée par Ravanel. Il l'enveloppa complétement avec ses bataillons et lui tua deux cents hommes (13 septembre 1704)[2]; ce fut le dernier combat. Après cette défaite, les grandes bandes ne reparurent plus; enlacés par les détachements catholiques, les Camisards se fractionnèrent en petits pelotons de quelques hommes, afin de pouvoir lutter encore.

[1] Lettre de Cavalier à Villars, du 29 mai 1704. *Archives de la guerre*, vol. 1796, n° 141. — Court, t. II, p. 424 et suiv.
[2] *Archives de la guerre*, vol. 1797, n° 101.

Les chefs de cette nouvelle guerre, Roland et Ravanel, moururent tous deux. Roland fut surpris au château de Castelnau, près d'Usez, à un rendez-vous d'amour que lui donnait une jeune fille belle et noble, éprise de l'intrépide Cévenol[1]. Une troupe d'officiers et trente dragons choisis et envoyés par Villars cernèrent l'habitation. Roland s'échappe à la hâte par une porte qui donnait sur la campagne, et il était sauvé, quand les cavaliers, qui avaient fait le tour des murs, l'atteignent dans un chemin creux et lui barrent le passage. Le Camisard, sans perdre courage, s'adosse à un arbre, et, l'épée à la main, défie les plus hardis d'approcher. Les soldats hésitaient : le maréchal leur avait surtout recommandé de le prendre vivant, quand tout à coup un dragon le met en joue et l'étend roide mort d'un coup de feu (14 août 1704).

Moins heureux que Roland, Ravanel périt sur l'échafaud. Surpris à Nîmes, où il était venu tramer un vaste complot qui devait soulever tout le Midi, il fut jeté en prison et appliqué à la torture. La question ordinaire et extraordinaire ne lui arracha pas un cri, pas un mot. Les juges le condamnèrent alors à être brûlé vif. Il mourut comme mouraient les Camisards, pria en marchant au bûcher et chanta au milieu des flammes (avril 1705).

Les autres capitaines huguenots se rendirent. Tous les jours ils venaient trouver Villars, remettaient leurs fusils et recevaient leur pardon. Le pays se soumet-

---

[1] *Mémoires de Villars.*

tait peu à peu ; pour accélérer encore la pacification, et atteindre ces milliers de petits pelotons qui avaient remplacé les grandes bandes de Cavalier, de Roland et de Ravanel, le maréchal lança plusieurs ordonnances.

Il enjoignit aux habitants des campagnes de renfermer dans les villes les bestiaux et les vivres. Pour affamer davantage les calvinistes, il défendit le transport des blés dans les cantons révoltés. Villars fit arrêter et garder comme otages les pères, les mères des Camisards, et les rendit responsables de leurs enfants. Il fit raser impitoyablement les maisons de ceux qui leur donneraient asile, de ceux qui correspondraient avec eux, démolir les habitations dans lesquelles un jeune homme, un homme disparaissait : le maréchal supposait, non sans motif, que le fuyard était devenu soldat. Par ses ordres, dans les villages, dans les hameaux, dans les fermes, ses troupes fouillaient toutes les demeures pour rechercher et ramasser les fusils ; sur les points les plus menacés, des détachements veillaient sans cesse, prêts à éteindre l'incendie à la première étincelle ; partagés en petits pelotons comme les insurgés, les soldats parcouraient continuellement la contrée. Pour rattacher enfin au gouvernement ces peuples si ruinés par la guerre, Villars accorda aux paysans dont on avait brûlé les maisons l'exemption des tailles et des autres impôts [1].

Par ces mesures habiles et prudentes, le maréchal

---

[1] *Mémoires de Villars.*

prévenait l'insurrection, réparait les désastres des armées, se conciliait les Cévenols; les Camisards, au contraire, s'aliénaient peu à peu les campagnes. Privés de vivres, repoussés par les paysans, qui craignaient en les recevant de voir raser leurs demeures, ils étaient obligés de prendre de force tous les secours que fournissaient autrefois avec empressement les populations réformées. Exaspérés d'une telle résistance, pressés par la faim, les huguenots arrivaient comme des furieux, pillaient amis ou ennemis, protestants et catholiques, brûlaient, tuaient sans distinction. Ces ravages les rendirent odieux et les privèrent d'une dernière ressource, la sympathie des habitants. L'indifférence de leurs coreligionnaires, les rigueurs et les concessions de Villars, la grâce religieusement accordée aux rebelles qui mettaient bas les armes, augmentèrent les soumissions. Les chefs profitaient de l'amnistie pour quitter la France; mais les soldats restaient.

Peu à peu les insurgés reprirent leur ancienne vie, et, à la fin de 1704, les petites bandes qui avaient survécu aux grandes disparaissaient comme elles. Le Languedoc entrait dans la dernière phase des luttes intestines : le brigandage remplaçait la guerre. Dans certaines régions des hautes Cévennes, les voleurs de grands chemins se substituaient aux soldats et ravageaient seuls ces pays inaccessibles[1].

La province était enfin reconquise et pacifiée :

---

[1] « Pays, dit Villars, qu'il est peut-être impossible de purger de cette engeance. » (*Mémoires de Villars*.)

Villars avait été le Hoche de cette autre Vendée. En reconnaissance d'un si grand service, les états du Languedoc, alors assemblés, lui votèrent des remercîments, et offrirent à titre de récompense nationale, à lui 12,000 livres, à la maréchale 8,000 livres. Louis XIV ne l'oublia pas de son côté : il changea sa couronne de marquis en une couronne de duc, et le fit en même temps commandeur de ses ordres.

Au milieu de ses travaux et de ses fatigues, Villars fut tout à coup rappelé à Paris (janvier 1705). La défense de la frontière le réclamait. Tandis qu'il combattait dans le Languedoc, des généraux incapables dissipaient les résultats des brillantes campagnes de 1702 et de 1703 ; et, dans ces mêmes plaines d'Hœchstedt où le maréchal avait défait les Impériaux, ses successeurs, Marsin et Tallard, perdaient irrévocablement, en Allemagne, la cause de l'électeur et de Louis XIV (13 août 1704). Le roi le chargea de réparer leurs fautes, et l'envoya défendre l'Alsace envahie, comme il l'avait envoyé reconquérir les Cévennes. Malheureusement ce brusque rappel ne permit pas à Villars de compléter sa tâche. Il avait coupé la guerre jusqu'en ses racines, mais les racines subsistaient. Tout à l'heure elles allaient renaître.

L'autre héros de cette lutte sanglante, Cavalier, avait quitté la province quelques mois auparavant. Il n'obtint pas cette faveur, si désirée, d'entrer au service du roi, et d'effacer le sinistre éclat de son nom en combattant l'étranger à la tête de ses braves montagnards. Après l'abandon de sa troupe, le capitaine huguenot avait prolongé son séjour dans les Cévennes, espérant encore ramener les Camisards [1] ; mais, malgré ses efforts, il ne put en détacher plus de cent des bandes insurgées. Avec cette poignée d'hommes, Cavalier devait former, non plus un régiment, le nombre des calvinistes n'était pas assez considérable, mais une simple compagnie, une compagnie franche, comme Louis XIV en comptait plusieurs. Dans chaque armée, outre les troupes régulières, le général en chef avait alors à sa disposition quelques corps de partisans qui rendaient de grands service : c'étaient comme des corsaires de terre. Bâville et Villars engagèrent de toutes leurs forces le gouvernement à employer ainsi Cavalier et ses compagnons [2]. Le maréchal écrivait déjà à la cour qu'il fallait songer à payer la petite troupe protestante, en attendant qu'elle fût habillée [3].

Chamillart adopta cette proposition, et il ordonna à Cavalier de quitter le Languedoc, de se diriger sur Neubrisach, en Alsace, et d'y attendre les ordres du gouvernement. Les Camisards partirent au nombre de cent cinquante, et arrivèrent à Lyon, escortés par des dragons. Leur commandant se rendit de là à Versailles, où il eut un long entretien avec le

---

[1] *Archives de la guerre*, vol. 1797, n° 24.

[2] Lettre de Bâville, 11 juin 1704. *Archives de la guerre*, vol. 1799, n° 201.

[3] Villars écrivait à Chamillart qu'il fallait payer la troupe de Cavalier six sous par soldat, sur lesquels on retiendrait un sou pour fournir à leurs besoins, jusqu'à ce que dans les quartiers d'hiver on pût faire faire les uniformes. (Lettre à Chamillart, du 29 août 1704. *Archives de la guerre*, vol. 1797, n° 99.)

ministre de la guerre. Si l'on en croit même certains récits, Louis XIV désira le connaître, et se plaça de façon à le regarder à la dérobée, tandis qu'il entrait chez Chamillart. La vue de ce jeune homme imberbe, qui avait lassé et battu les troupes royales, lui inspira sans doute de tristes réflexions : il haussa les épaules en signe de mépris et tourna le dos.

A son retour de Versailles, Cavalier alla à Béfort, où il tint garnison; mais il n'y resta pas longtemps. Les protestants étrangers, qui admiraient son courage et connaissaient la puissance de son nom, entrèrent secrètement en pourparlers avec lui, et le gagnèrent[1]. Cavalier se laissa séduire par leurs propositions, déserta avec toute sa compagnie, franchit la frontière et arriva à Lausanne (septembre 1704). Il écrivit de cette ville au maréchal de Villars, pour lequel il paraissait garder la plus profonde estime, et il lui exposa les raisons de sa fuite[2]. Il allégua que le gouvernement, oublieux de ses engagements, n'avait mis en liberté ni les prisonniers ni les galériens; il se plaignit qu'il ne touchait pas d'argent pour l'entretien de ses hommes, déclara qu'il serait obligé peut-être d'attendre encore plusieurs mois le payement, et expliqua qu'il ne pouvait y suffire avec ses propres ressources[3].

Cavalier quitta bientôt la Suisse et partit pour la

[1] Lettre de Villars, *Archives de la guerre*, vol. 1797, n° 96.
[2] Lettre autographe de Cavalier. *Archives de la guerre*, vol. 1797, n° 97.
[3] *Archives de la guerre*.

Hollande, où les États Généraux l'accueillirent avec empressement. Les Provinces-Unies levaient en ce moment trois régiments destinés à faire la guerre à Louis XIV. Elles lui offrirent un brevet de colonel, et le chargèrent de la formation de ces troupes. Cavalier les composa de réfugiés français, et partit avec eux pour l'Espagne, où il alla combattre Philippe V. Nous l'y retrouverons à la bataille d'Almanza (1707), gagnée par le maréchal de Berwick. Dans cette journée, ce terrible régiment camisard se jeta à la baïonnette sur l'armée franco-espagnole, et balança la victoire. L'ancien général des huguenots combattait à la tête de ses compagnons, et les menait à la charge avec furie. Les Français le distinguèrent au milieu de la mêlée, monté sur le magnifique cheval de M. de La Jonquière, trophée de sa victoire de Saint-Chatte. Cavalier passa plus tard de l'armée des États-Généraux dans celle de la Grande-Bretagne. Après avoir servi avec honneur, il mourut major-général anglais et gouverneur de Jersey (1740). Il y avait peut-être dans ce paysan du Languedoc l'avenir d'un grand capitaine ; mais, à lui comme à tant d'hommes, le théâtre devait manquer [1].

---

[1] *Archives de la guerre*, vol. 1614, 1707, 1708, 1709, 1796, 1797, 1798, 1799, 1800, 1801, 1802. — *Le Fanatisme renouvelé*, ou l'Histoire des sacriléges, incendies, meurtres et autres attentats que les Calvinistes révoltés ont commis dans les Cévennes, par Louvreleuil, prêtre. Avignon, 1701-1706, 4 vol. in-12.) — L'abbé Breuys, *Histoire du fanatisme de notre temps*. (Utrecht, 1737, 3 vol. in-12.) — *Lettres choisies* de Fléchier, évêque de Nîmes. (Paris, 1711, 2 vol. in-12.) — *Recueil des*

édits et déclarations contre ceux de la religion prétendue réformée. (Paris, 1713 et 1714.) — Lamberty, *Mémoire pour servir à l'histoire du xviiie siècle*, t. II, p. 522. — *Mémoires du marquis de Guiscard*. — *Mémoires de Jean Cavalier*, 1726, 1 vol. in-12 (en anglais). —Voltaire, *Siècle de Louis XIV*, t. II, p. 300 et suiv. — *Mémoires de Villars*, collection Michaud, t. XXXI. — Limiers, *Histoire du règne de Louis XIV*, t. III. — Larrey, *Histoire de France sous le règne de Louis XIV* (Rotterdam, 1718, 9 vol. in-12), t. VIII, p. 203. — De Quincy, *Histoire militaire du règne de Louis le Grand*, t. III, p. 725, t. IV, passim. — *Histoire des troubles des Cévennes*, tirée des manuscrits secrets et authentiques, avec une carte des Cévennes, par l'auteur du *Patriote français et impartial* (Court). Villefranche, 1760, 3 vol. in-12. — Ménard, *Histoire civile, ecclésiastique et littéraire de Nîmes* (Paris, 1765, in-4), t. VI, p. 359. — Thomassin, *Traité dogmatique des édits et moyens dont on s'est servi pour maintenir l'unité de l'Eglise catholique*, 3 vol. in-4, t. III, p. 776. — Rulhière, *Éclaircissements historiques sur les causes de la révocation de l'Édit de Nantes, et sur l'état des protestants en France depuis le commencement du règne de Louis XIV jusqu'à nos jours*, 1788, 2 vol. in-8. — Schœll, *Histoire des États européens*, t. XXVIII, p. 189, 210 et suiv. — M. E. Sue, *Jean Cavalier*, Introduction et Pièces justificatives (Paris, 1840, 4 vol. in-8.) — M. Capefigue, *Louis XIV et son gouvernement*, t. V, p. 150 et suiv. — Sismondi, *Histoire des Français*, t. XXVI, p. 390. — M. Charles Coquerel, *Histoire des églises du Désert* (Paris, 1841, 2 vol. in-8), t. Ier.—M. Nap. Peyrat, *Histoire des pasteurs du Désert*, depuis la révocation de l'édit de Nantes jusqu'à la Révolution française (Paris, 1842, 2 vol. in-8). — M. Mary-Lafon, *Histoire du midi de la France* (1843, 4 vol. in-8), t. IV, p. 249. — M. Adrien Guilbert, *Histoire des villes de France*, Nîmes, Languedoc (6 vol. grand in-8), t. VI, p. 627 et suiv. — M. Dourille de Crest, *Histoire des guerres civiles du Vivarais* (Valence, Marc-Aurel, 1846, 1 vol. in-8), p. 395 et suiv. — M. de Noailles, *Histoire de madame de Maintenon* (Paris, 1849, 2 vol. grand in-8), t. II, p. 488 et suiv. — M. Henri Martin, *Histoire de France* (Paris, 1848), t. XVI. p. 62, 457, 524 et 549. — M. de Felice, *Histoire des protestants de France*, depuis l'origine de la réformation jusqu'au temps présent (Paris, 1850, 1 vol. in-8).

FIN DU TOME PREMIER.

TABLE

CHAPITRE PREMIER.

	Pages
Inquiétudes de l'Europe en 1700	19
Ce qu'était la succession d'Espagne	20
Charles II	21
Ses mariages, son défaut de postérité	22
Premier traité de partage de la succession d'Espagne (11 octobre 1698)	23
Second traité de partage (25 mars 1700)	ib.
Irritation des Espagnols	24
Testament et mort de Charles II (1er novembre 1700)	25
Ce sont les grands d'Espagne qui ont dicté le testament	26
Conséquence de l'avénement d'un prince français à toutes les couronnes espagnoles	27
Conséquences de l'avénement d'un prince autrichien	29
Délibération de Louis XIV en recevant le testament de Charles II	30
Le roi l'accepte	31
Jugement sur cette acceptation	32
Etat de l'Europe en 1700	34
Prépondérance de la Suède dans le Nord	36
Avénement de Charles XII (avril 1697)	37
Charles XII résiste victorieusement à la ligue du Danemark, de la Pologne, de la Russie contre lui (1700)	38
Situation mixte de la Prusse	39

	Pages
Etat de l'empire d'Allemagne............................	40
L'Empire a besoin de la paix.............................	41
Il n'a aucun intérêt à faire la guerre à la France...	42
Etat de la Hollande...	43
Irritation des Hollandais de la révocation de l'édit de Nantes...	44
Leur mécontentement de plusieurs décrets de Louis XIV, nuisibles à leur commerce........................	ib.
Ils accueillent tous ses ennemis...........................	45
Ils redoutent le voisinage militaire de la France...	46
Leur *Barrière*. — Ce que c'était.........................	47
Prospérité et richesse de la Hollande...................	48
Son étroite liaison avec l'Angleterre....................	49
L'Angleterre sort de sa dernière révolution (1689).	ib.
Violence des passions politiques et religieuses......	50
Les tories, les whigs...	51
Animosité des Anglais contre Louis XIV, à cause de sa longue intervention dans leurs affaires intérieures...	52
Le gouvernement anglais redoute sa puissance militaire et maritime...	53
L'opinion publique, cependant, n'est pas encore hostile à la France..	ib.
Guillaume III seul désire lui faire la guerre.........	54
Il la désire pour se venger de Louis XIV et de son Parlement..	ib.
Etat de l'Autriche...	55
Léopold Ier...	56
Méfiances de l'Europe.......................................	57
Grands ménagements imposés à Louis XIV à l'égard des grandes et des petites puissances. Concessions admissibles..	58
Fausse ligne de conduite suivie par le roi.............	59

CHAPITRE II.

	Pages
Fautes de Louis XIV à l'égard de l'Europe	61
Fautes à l'égard de l'Espagne : Lettres patentes conservant à Philippe V ses droits à la couronne de France (décembre 1700)	62
Ordre de Madrid prescrivant aux gouverneurs espagnols d'obéir au roi de France	63
Plaintes des Hollandais de l'acceptation du testament de Charles II	64
Protestation de l'ambassadeur hollandais à Versailles contre cette acceptation (25 novembre 1700)	ib.
Envoi du comte d'Avaux à La Haye comme ambassadeur extraordinaire	65
Faute de Louis XIV à l'égard de la Hollande : Occupation de la *Barrière* (6 février 1701)	66
Représentations du gouvernement hollandais sur la prise de la *Barrière*	ib.
Il reconnaît Philippe V pour roi d'Espagne (22 février 1701)	67
Ouverture des conférences de La Haye entre M. d'Avaux, le ministre d'Angleterre et les députés hollandais	68
Demandes des Anglais et des Hollandais (22 mars 1701)	69
Concessions possibles de la France et de l'Espagne.	70
Mais à la condition d'admettre comme base de toute la négociation la légitimité de Philippe V	76
Refus de Louis XIV de rien céder	78
Cessation des conférences	79
Leur reprise (mai 1701)	ib.
Les Hollandais demandent l'admission de M. Stanhope.	ib.

	Pages
Mémoire de M. d'Avaux à ce sujet (mai 1701)	80
Les Hollandais le trouvent ambigu	ib.
Lettre des Etats-Généraux à Guillaume III, réclamant le contingent dû par l'Angleterre en vertu du traité de 1678 (13 mai 1701)	81
Le roi d'Angleterre répond qu'il enverra le contingent (27 mai 1701)	ib.
Le Parlement se range de son côté	ib.
La Grande-Bretagne reconnaît Philippe V (19 avril 1701)	83
Pétitions des comtés de Kent et de Warwick (mai 1701)	84
Mouvement en Angleterre contre Louis XIV	ib.
Adresse présentée à Guillaume III (24 juin 1701)	ib.
Son voyage à La Haye (14 juillet 1701)	85
Négociations secrètes à La Haye entre les Hollandais, le ministre d'Angleterre et le ministre de l'Empereur	ib.
La Hollande, l'Angleterre, l'Autriche, préparent une alliance contre la France	ib.
Séjour de Guillaume III à Loo (août 1701)	86
Les alliés demandent l'admission du comte de Goez (fin juin 1701)	87
Louis XIV s'aperçoit enfin qu'ils ne veulent pas négocier sérieusement (juillet 1701)	88
Il rappelle M. d'Avaux. Son départ (13 août 1701)	ib.
Tristes résultats de ce tardif rappel	89
Espérances conçues par les ennemis de ces lenteurs du gouvernement français	90
Grande alliance de La Haye entre la Hollande, l'Angleterre, l'Autriche (7 septembre 1701)	91
Ce traité est la plus énergique contre-partie du testament de Charles II	ib.
Il divise la monarchie espagnole	92

	Pages
Importance vitale des intérêts commerciaux pour la Hollande et l'Angleterre....................	93
Les deux nations maritimes stipulent l'exclusion de tout vaisseau français des Indes espagnoles......	94
Mort de Jacques II à Saint-Germain (16 septembre 1701)...................................	96
Louis XIV reconnaît son fils pour roi d'Angleterre.	ib.
Mécontentement de la Grande-Bretagne..........	97
La guerre y devient nationale.................	ib.
Bill d'attainder contre le prétendant (janvier 1702).	98
Acte d'abjuration (20 février 1702).............	ib.
Irritation des whigs et des protestants contre Louis XIV...................................	ib.
Longues conséquence de cette faute............	ib.

CHAPITRE III.

Griefs de l'Autriche contre la France (1700).......	101
Position difficile de Villars à Vienne (1701).......	102
Léopold Ier proteste contre le testament de Charles II....................................	103
Il envoie une armée en Italie pour prendre le Milanais....................................	ib.
Portrait du prince Eugène de Savoie............	104
Victor-Amédée............................	111
Catinat...................................	113
Le prince de Vaudemont.....................	ib.
Avantages apparents des Français en Italie.......	114
Désavantages réels.........................	115
Eugène franchit les Alpes....................	116
Gagne le combat de Carpi (11 juillet 1701).......	117
Inaction de Catinat.........................	ib.
Mécontentement de Louis XIV (août 1701).......	118

	Pages
Arrivée de Villeroy en Italie (22 août 1701).......	118
Echec des Français à Chiari (2 septembre 1701)....	119
Victor-Amédée emmène ses troupes en Savoie.....	121
Eugène marche sur Mantoue................	122
Perte de terrain par Villeroy	ib.
La guerre n'est pas encore engagée dans le Nord...	123
Traité des alliés contre la France (1700-1702).....	ib.
Traité de la Couronne (novembre 1700).........	ib.
Traité d'Odensée (janvier 1701)................	ib.
Grande-Alliance de La Haye (7 septembre 1701)...	124
Accession des princes allemands à la Grande-Alliance (1701-1702).......................	ib.
Traité de la France contre les alliés (1701)........	ib.
Traité avec le roi de Portugal (18 juin 1701).......	125
Avec le duc de Savoie (6 avril 1701).............	ib.
Avec le duc de Mantoue (mars 1701)............	ib.
Avec l'électeur de Bavière (9 mars 1701).........	127
Avec l'électeur de Cologne (13 février 1701)......	128
Préparatifs militaires des alliés (1701)............	ib.
Camps de Breda, Nimègue, Mulheim............	129
Armée autrichienne sur le Rhin (juillet 1701).....	ib.
Forces totales de la Grande-Alliance............	130
Préparatifs militaires de la France (1701).........	ib.
Envoi d'une armée commandée par le maréchal de Boufflers dans les Pays-Bas	131
Travaux de Boufflers dans la Belgique...........	ib.
Ligne d'Anvers à Huy........................	ib.
Occupation de la Gueldre par les Français (mai 1701).	ib.
Occupation de l'évêché de Liége (novembre 1701)..	132
Occupation de l'électorat de Cologne (novembre 1701).................................	ib.
Envoi du maréchal de Villeroy en Alsace (mars 1701).................................	133
Travaux sur la frontière de l'est................	ib.

	Pages
La paix subsiste encore	134
Canonnade de Selzatte (décembre 1701)	ib.
Imminence de la guerre	135
Maladie de Guillaume III	ib.
Sa chute	136
Sa mort (19 mars 1702)	ib.
Impression qu'elle cause en Angleterre et en France.	ib.
Regrets des Hollandais	137
Ils déclarent qu'ils continueront les traités faits avec les puissances étrangères (25 mars 1702)	ib.
Avénement de la reine Anne	138
Elle publie une semblable déclaration	ib.
Dernier effort de Louis XIV pour conserver la paix.	139
Mémoire de M. Barré aux Etats-Généraux (27 mars 1702)	ib.
Réponse évasive et humiliante des Hollandais (8 avril 1702)	140
L'Angleterre déclare la guerre à la France (4 mai 1702)	ib.
La Hollande et l'Empereur l'imitent (15 mai 1702)..	141
Portrait de Guillaume III	142

CHAPITRE IV.

Guerre générale de la succession d'Espagne en Flandre, en Allemagne, en Italie (1702)	147
Armée du Nord	ib.
Les alliés assiégent Kayserwert (16 avril 1702)	148
Mauvaise position des Français dans la Flandre	ib.
Immense étendue de terrain à garder, défaut de places fortes	149
Les généraux français ne secourent pas Kayserwert.	150
Tallard reste peu de jours devant la place	ib.

	Pages
Le duc de Bourgogne s'avance dans le Nord.	151
Sa victoire sous les murs de Nimègue (11 juin 1702).	152
Capitulation de Kayserwert (15 juin 1702).	ib.
Marlborough prend le commandement de l'armée alliée (juillet 1702).	153
Le duc de Bourgogne recule devant lui.	ib.
Succès de Marlborough : prise de Venloo, Stewenswert, Ruremonde (septembre et octobre 1702)...	154
Il assiége Liége et la prend (31 octobre 1702).	155
Expédition inutile de Tallard pendant ce temps (octobre 1702).	ib.
Résultats désavantageux de la campagne du Nord..	156
Armée d'Italie. Le prince Eugène essaye de surprendre les Français à Crémone (1er février 1702).	ib.
Il échoue.	157
Villeroy fait prisonnier.	161
Le duc de Vendôme créé général en chef de l'armée d'Italie.	162
Situation avantageuse des Autrichiens à son arrivée.	ib.
Vendôme délivre Mantoue (24 mai 1702).	ib.
Gagne les batailles de Santa-Vittoria (26 juillet 1702).	163
De Luzzara (15 et 16 août 1702).	164
Prend Guastalla (9 septembre 1702).	ib.
Chasse le prince Eugène de Seraglio.	165
Calomnies des courtisans à Versailles.	166
Lettre de Vendôme au roi.	ib.
Belle réponse de Louis XIV.	ib.
Armée du Rhin. Son triste état quand Catinat vient en prendre le commandement (26 avril 1702)...	167
Les Impériaux envahissent la basse Alsace.	ib.
Grande supériorité numérique des alliés sur les Français.	168
Ils assiégent Landau (19 juin 1702).	169

	Pages
L'armée des cercles s'unit à eux (juin 1702).......	169
Catinat obligé de se replier sous Strasbourg........	170
Reproches de Louis XIV et de Chamillart à Catinat (22 juillet 1702)........................	ib.
Il se justifie.............................	171
La guerre reportée dans l'Empire : l'électeur de Bavière se déclare pour la France et prend Ulm (8 septembre 1702).......................	172
Son dernier traité avec Louis XIV (août 1702).....	173
Situation critique de l'Alsace..................	ib.
Prise de Landau par les Impériaux (9 septembre 1702).................................	ib.
Malgré les embarras de l'Alsace, Louis XIV envoie une armée à l'électeur (30 août 1702)..........	174
Villars chargé de la commander................	175
Sa vie.....................................	ib.
Il remonte le Rhin et se place à Huningue (octobre 1702).................................	177
Le prince de Bade imite sa manœuvre...........	ib.
Il quitte la basse Alsace, remonte le Rhin et s'établit à Friedlingen............................	ib.
Villars construit un pont sur le Rhin............	178
Il prend Neubourg sur la rive allemande.........	ib.
Le prince de Bade court la reprendre; Villars lui livre la bataille de Friedlingen (14 octobre 1702).................................	ib.
Double lutte de l'infanterie et de la cavalerie......	179
Terreur panique de l'infanterie française.........	180
Villars gagne la bataille........................	181
Ses soldats le proclament maréchal de France.....	183
La bataille de Friedlingen n'assure pas la jonction avec l'électeur de Bavière..................	184
Indécision du gouvernement et de Maximilien.....	185
Retour de Villars à Paris (décembre 1702)........	ib.

	Pages
Physionomie commune des campagnes à cette époque...	186
Paroles de Louis XIV à Villars..	ib.

CHAPITRE V.

Grandes forces militaires dans le Nord...	187
Prise de Rhinberg par les alliés (9 février 1703)...	188
Leur armée se partage en deux : l'une investit Bonn (25 mars 1703)...	ib.
L'autre reste à Maëstricht...	ib.
Les maréchaux veulent combattre celle de Maëstricht...	189
Ils envahissent l'évêché de Liége (mai 1703)...	ib.
Ils n'osent livrer bataille...	ib.
Prise de Bonn par les alliés (15 mai 1703)...	190
Les grandes armées en présence...	ib.
Les Français refusent de combattre...	ib.
M. de Bedmar chargé de défendre la Flandre espagnole...	ib.
Projets des Anglo-Hollandais sur les lignes du pays de Waës et sur Anvers...	191
Débarquement des troupes de la coalition destinées à cette double attaque (fin mai 1703)...	192
Sage manœuvre des maréchaux...	ib.
Les alliés forcent les lignes du pays de Waes...	193
M. de Bedmar ne va pas les reprendre et reste sous Anvers...	ib.
Il demande du secours aux maréchaux...	194
Marche rapide de Boufflers (29 juin 1703)...	ib.
Il défait le général d'Obdam à Eeckeren (30 juin 1703)...	195
Marlborough va rejoindre les Anglo-Hollandais battus à Eeckeren...	196

	Pages
Les grandes armées encore en présence (juillet 1703)	196
Nouveau refus des maréchaux de combattre	ib.
Mésintelligence entre les Anglais et les Hollandais	ib.
Les Anglais veulent livrer bataille	197
Les Hollandais, prendre des villes	ib.
La volonté des Hollandais l'emporte	ib.
Retour de Marlborough sur la Meuse (1er août 1703)	ib.
Prise de Huy (23 août 1703)	198
Prise de Limbourg (septembre 1703)	ib.
Prise de Gueldre par les alliés (15 décembre 1703)	ib.
Les maréchaux ne peuvent secourir ces villes	ib.
Nouvelle mésintelligence des Anglais et des Hollandais	199
Leurs avantages dans cette campagne du Nord	ib.
Armée du Rhin. — Villars se rend en Alsace dès le mois de janvier 1703	200
Délabrement des troupes	201
Villars passe cependant le Rhin et va assiéger Kehl	ib.
Il prend Kehl (10 mars 1703)	202
Il rentre en France	203
Calomnies des courtisans	ib.
Le roi veut qu'il mène son armée à l'électeur	203
Succès de Maximilien dans l'Empire (février et mars 1703)	204
Louis XIV ordonne à Villars de rentrer en Allemagne	205
Objections de Villars (23 mars 1703)	ib.
Le roi persiste	ib.
Villars se réunit au corps d'armée de Tallard et marche au prince de Bade (avril 1703)	206
Il veut enlever ses lignes de Stolhoffen. Refus des officiers généraux (fin avril 1703)	ib.
Il songe à opérer sa jonction avec l'électeur	207

	Pages
Difficulté de l'entreprise....................................	208
Difficultés des communications entre Maximilien et la France..	ib.
Ruse de l'électeur..	ib.
Inquiétudes de Villars pour la subsistance des troupes..	209
Lettre de l'électeur qui le rassure.........................	ib.
Passage des montagnes Noires................................	210
Souffrances de l'armée..	211
Elle arrive à Villingen (8 mai 1703).....................	212
Entrevue de Villars et de l'électeur (9 mai 1703)...	213
Deux plans d'attaque contre l'Empereur................	ib.
Par le Tyrol...	214
Par l'Autriche..	ib.
Avantages de ce dernier plan................................	215
Coopération des Hongrois.....................................	217
Paroles du prince Eugène relatives à cette marche sur Vienne..	218
L'électeur adopte le second plan............................	219
L'échec de Rathenberg le décourage (27 mai 1703)..	ib.
Représentations de Villars (30 mai 1703).............	ib.
L'électeur veut attaquer l'Empire..........................	ib.
Il abandonne cet autre dessein..............................	220
Il envahit le Tyrol...	221
Villars reste dans l'Empire (juin 1703).................	ib.
Succès de l'électeur dans le Tyrol.........................	222
Révolte des Tyroliens..	223
Brusque retraite de Maximilien.............................	ib.
Combats sanglants sur les bords de l'Inn...............	224
Le comte d'Arco tué pour l'électeur (juillet 1703)..	ib.
Invasion de la Bavière par les Autrichiens (fin août 1703)..	225
Retour de Maximilien dans ses Etats.....................	ib.

	Pages
Situation difficile de Villars en Souabe..........	225
Il a devant lui deux armées, le comte de Stirum et le prince de Bade.............................	226
Tallard assiége Vieux-Brisach (juillet 1703).......	227
Retard des dépêches............................	ib.
L'armée sur le point de manquer de vivres.......	228
Villars défait le comte de Stirum à Hœchstedt (21 septembre 1703)...................................	ib.
Longue résistance de l'infanterie allemande.......	229
Massacre dans la forêt..........................	230
Mécontentement du parti autrichien à Munich.....	231
Faiblesse de Maximilien.........................	ib.
Sa mésintelligence avec Villars..................	232
Il veut faire hiverner les Français en Bavière......	ib.
Villars refuse...................................	ib.
Tallard prend Vieux-Brisach (17 septembre 1703)..	233
Mais va assiéger Landau au lieu de secourir Villars (octobre 1703)...................................	ib.
Nécessité pour Villars de se rapprocher du Rhin...	ib.
Malgré l'électeur, il marche à Memmingen........	234
Projet de Maximilien sur Augsbourg..............	ib.
Villars refuse d'assiéger Augsbourg	235
Il veut combattre le prince de Bade à Reicholtzried.	ib.
Maximilien refuse à son tour....................	236
Villars reçoit son rappel (octobre 1703)..........	ib.
Sa fausse position à l'armée d'Allemagne dans les derniers mois..	237
Départ de Villars (novembre 1703)...............	238
Tristesse de l'armée	ib.
Envoi du maréchal de Marsin en Allemagne......	239
L'électeur s'obstine à assiéger Augsbourg........	ib.
Marsin obligé de céder (7 décembre 1703).......	ib.
Prise d'Augsbourg (13 décembre 1703)..........	ib.
Fin de la campagne.............................	240

	Pages
Victoire de Tallard à Spire. Il prend Landau (novembre 1703...	240
Les Français hivernent dans l'Empire.............	ib.

CHAPITRE VI.

Portrait de Vendôme.............................	241
Sa jeunesse.....................................	242
Son château d'Anet..............................	243
Chaulieu.......................................	ib.
La Fare..	ib.
Campistron.....................................	244
Le grand prieur.................................	245
La vie d'Anet...................................	246
Licence des soupers.............................	247
Incroyables habitudes de Vendôme...............	ib.
Désordre de sa maison..........................	248
Son sans-gêne à l'armée d'Italie.................	249
Ses imprudences devant l'ennemi................	250
Il délaisse complétement l'administration de ses troupes.......................................	ib.
Rapidité de son coup d'œil militaire..............	251
Ses soldats le chérissent........................	ib.
Cotteron se fait tuer pour lui....................	252
Négligences de Vendôme dans cette campagne de 1703...	253
Avantages des Français sur les Autrichiens.......	ib.
Vendôme n'en profite pas. Ses longues indécisions (avril et mai 1703).............................	254
Il forme le projet de tourner les ennemis.........	ib.
Il y renonce....................................	255
Il songe à les inonder...........................	ib.
Louis XIV le lui permet (juin 1703)...............	ib.

	Pages
L'occasion est manquée	256
Vendôme songe à forcer les retranchements des Autrichiens	ib.
Ses préparatifs	257
Louis XIV désire qu'il mène un renfort à l'électeur (juin 1703)	ib.
Il lui ordonne de s'avancer dans le Tyrol (6 juillet 1703)	258
Marche dans le Tyrol. — Entrée des Français dans le pays de Trente (fin juillet 1703)	ib.
Difficulté des chemins	259
Nombreux combats (août 1703)	ib.
Vendôme arrive sous les murs de Trente (28 août)	ib.
Lettre de Louis XIV qui le rappelle en arrière pour surveiller le duc de Savoie (29 août 1703)	260
Son traité secret avec l'Empereur (5 janvier 1703)	ib.
Louis XIV a reçu un avertissement de la trahison de Victor-Amédée (juillet 1703)	261
Instructions du roi à ce sujet	ib.
Dangers d'une défection du duc de Savoie	262
Louis XIV ordonne à Vendôme de rentrer en Italie	ib.
Embarras de Vendôme	263
Il se décide à rester encore dans le Tyrol	ib.
Il bombarde Trente (6 septembre 1703)	264
Nouvelle du retour de l'électeur sur Inspruck	ib.
Lettre du prince de Vaudemont qui rappelle Vendôme sur la Secchia	ib.
Sa retraite	265
Son arrivée au camp San Benedetto	ib.
Louis XIV lui ordonne de désarmer les Savoyards	ib.
Puis d'entrer en Piémont	266
Retour de l'armée du Tyrol à San Benedetto (28 septembre 1703)	267

	Pages
Désarmement des Savoyards (29 septembre 1703)..	268
Vendôme marche en Piémont et arrive sur la Sesia (16 octobre 1703)............................	269
Il essaye de négocier avec la cour de Turin.......	ib.
Lettre évasive du marquis de Saint-Thomas (octobre 1703)..	270
La cour de Turin cherche à amuser Louis XIV....	ib.
Vendôme veut attaquer de suite Victor-Amédée...	ib.
Demandes de la France au Piémont..............	271
Victor-Amédée évite d'y répondre................	272
Il manque de troupes et attend les Autrichiens....	ib.
Marche de Visconti à son secours (fin octobre 1703)...	273
Vendôme défait Visconti à San-Sebastiano (25 octobre 1703).....................................	ib.
Entrée de Tessé à Chambéry (novembre 1703)....	ib.
Vendôme fait les préparatifs du siége de Turin....	274
Situation critique de Victor-Amédée..............	ib.
Nécessité de maintenir les Autrichiens sur la Secchia..	ib.
Affaiblissement de l'armée française de Vaudemont sur cette rivière..................................	275
Supériorité de l'armée autrichienne de Stahremberg...	ib.
Vaudemont informe Louis XIV qu'il ne peut arrêter l'ennemi..	ib.
Le roi ordonne à Vendôme de se rendre sur la Secchia (20 novembre 1703).......................	276
Vendôme rassure la cour sans avoir vu l'armée de Vaudemont.......................................	ib.
Stahremberg passe la Secchia (24 décembre 1703)..	277
Vendôme croit qu'il n'ira pas jusqu'en Piémont...	ib.
Il songe à lui couper la retraite..................	278
Il s'aperçoit trop tard de son erreur..............	ib.

	Pages
Stahremberg mène quinze mille hommes à Victor-Amédée (janvier 1704)....................	279
Fâcheuses conséquences de la défection du duc de Savoie pour l'Italie..........................	ib.
Défection du roi de Portugal (16 mai 1703)........	280
Fâcheuses conséquence de cette défection pour l'Espagne................................	ib.
Les alliés de Louis XIV l'abandonnent...........	ib.
Toute l'Europe, moins les puissances du Nord et l'Espagne, contre la France..................	181

CHAPITRE VII.

Cavalier et Ragoczi	283
L'édit de Nantes (février 1599).................	284
Richesses des réformés.......................	ib.
Leur conduite pendant la Fronde...............	ib.
Louis XIV entreprend la suppression du protestantisme..................................	285
Révocation de l'édit de Nantes (octobre 1685)......	ib.
Interdiction de la religion calviniste.............	286
Persécution des huguenots....................	ib.
La loi leur ferme la plupart des professions (1681-1686)...................................	287
Défense des assemblées sous peine de mort (juillet 1686)...................................	ib.
Ouverture de la succession des protestants en fuite (décembre 1689)........................	288
Défense aux réformés convertis de vendre leurs biens (5 mai 1699)............................	ib.
Enlèvement des enfants (janvier 1686)..........	289
Persécutions dans le Midi.....................	290

	Pages
Ordonnance du 29 avril 1686 contre les nouveaux catholiques.	291
Fuite des calvinistes.	ib.
Ordonnance qui défend l'émigration sous peine des galères perpétuelles (7 mai 1686).	ib.
Ordonnance qui punit de mort les complices des fugitifs (12 octobre 1687).	292
Malgré ces lois, les protestants s'échappent par la frontière.	ib.
Par la mer surtout.	293
Dangers de ces embarquements.	294
Les populations des villes s'expatrient.	295
Celles des campagnes restent.	ib.
Espérances des protestants pendant la guerre de 1689.	296
Elles sont trompées à Ryswick (1697).	ib.
Apparition des petits prophètes.	ib.
Duserre.	297
Son travail.	298
Le nombre des prophètes augmente rapidement.	299
Caractère de ces prédictions.	ib.
Les prophètes laissent de côté les apologues.	300
Ils prêchent la guerre sainte.	ib.
Les Cévenols prennent les armes.	301
Assassinat de l'abbé du Chayla (24 juillet 1702).	ib.
Cette mort est le signal de la guerre.	305
Courses des Camisards.	ib.
Le comte de Broglie se transporte dans les hautes Cévennes.	ib.
M. de Bâville l'y accompagne.	ib.
Son portrait.	306
Il établit une chambre de justice à Florac.	307
Exécutions.	ib.
Les courses nocturnes des protestants s'étendent (septembre 1702).	ib.

	Pages
Ils battent les milices envoyées contre eux	308
Ils se montrent au grand jour	ib.
Ils se multiplient par la rapidité de leur marche (novembre 1702)	ib.
Jean Cavalier	309
Son enfance	ib.
Education calviniste que lui donne sa mère	310
Il refuse d'aller à l'église	ib.
Reproches de son père	ib.
Sa mère l'envoie dans une paroisse voisine	311
Mort de Brousson (1698)	ib.
Cavalier part à pied pour la Suisse (1701)	ib.
Son séjour à Genève (1701-1702)	312
Il apprend l'emprisonnement de sa famille	313
Il revient en France (juin 1702)	ib.
Son arrivée à Ribaute	ib.
Ses premières courses	314
Il est nommé commandant général des Camisards	ib.
Sa victoire dans les prairies d'Alais (24 décembre 1702)	315
Il prend Sauve (27 décembre 1702)	316
Défaite du comte de Broglie par Ravanel, au Val-de-Blanc (janvier 1703)	ib.
La guerre s'étend dans quatre diocèses	ib.
Coup d'œil sur les *Cévennes militaires*	317
Les hautes Cévennes, les basses Cévennes, la plaine	ib.
Aspect des hautes Cévennes	ib.
Maigreur du sol	318
Rigueur du climat	ib.
Le bétail forme la principale richesse des paysans	319
Ils sont à la fois agriculteurs et industriels	ib.
Ils tissent l'hiver	320
Commerce des serges et des cadis	ib.
Aspect des basses Cévennes	ib.

	Pages
Grandes forêts...	320
Caractère des habitants...	ib.
Aspect des diocèses d'Alais et d'Uzès...	ib.
Richesse du diocèse d'Alais...	321
La plaine...	ib.
Culture du mûrier...	322
Heureux climat de la côte...	323
Rôle différent de la montagne et de la plaine dans la guerre...	324
Avantages des Camisards sur les catholiques. Nature du pays. Sympathies de la population tout entière...	325
Souffrances des catholiques...	326
Difficulté de rencontrer l'ennemi...	327
Découragement des troupes...	ib.
Causes de l'enthousiasme des protestants...	328
Caractère religieux de la guerre...	329
Prophéties...	ib.
Miracles...	330
Courage des Camisards dans les combats...	331
Dans les supplices...	332

CHAPITRE VIII.

Les ministres apprennent à Louis XIV la révolte des Cévennes...	335
Arrivée du maréchal de Montrevel dans le Languedoc (15 février 1703)...	336
Troupes qu'il commande. — Son caractère...	ib.
Succès des catholiques (février et mars 1703)...	337
Incendie du moulin de Nîmes (avril 1703)...	ib.
Succès des Camisards (mars et avril 1703)...	338
Ordonnances de Montrevel contre les insurgés (février et mars 1703)...	339

	Pages
Enlèvements dans les paroisses (printemps de 1703).	339
Arrestation du père de Cavalier....................	ib.
Ravages des Camisards (juin et juillet 1703).......	340
Exécutions dans les villes.........................	341
Continuation de la guerre..........................	ib.
Nombreux projets adressés à la cour pour la terminer..	342
Propositions de Jullien............................	ib.
Du brigadier Planque...............................	343
De Montrevel.......................................	ib.
Le gouvernement les rejette........................	344
Projet de Bâville..................................	345
La cour le rejette d'abord.........................	ib.
Elle l'adopte (septembre 1703).....................	346
Commencement de la destruction des villages dans les hautes Cévennes (29 septembre 1703)........	347
Obstacles qui surviennent..........................	ib.
Jullien demande la permission de mettre le feu....	348
Le gouvernement l'accorde (octobre 1703)..........	349
Incendie...	ib.
Fin de la dévastation (décembre 1703)..............	ib.
Ses mauvais résultats..............................	350
Les hommes des villages détruits vont rejoindre Cavalier...	351
Leur désespoir, leur ruine, leur fureur............	ib.
L'espérance d'une pacification disparaît...........	352
Les Camisards affamés..............................	353
Leurs courses dans la plaine (octobre 1703)........	ib.
Défaite d'un détachement du régiment de La Fare 1er septembre 1703)...............................	ib.
Effroyables ravages des protestants................	354
L'échafaud en permanence à Montpellier.............	ib.
Bande de l'Ermite..................................	355
Ses ravages..	ib.

	Pages
Cadets de la Croix.	356
Ordonnances de Montrevel pour les contenir (mars 1704).	ib.
Camisards noirs.	357
Leurs massacres.	ib.
Assassinat de madame de Miraman.	ib.
Extermination du régiment de la marine, à Saint-Chatle, par Cavalier (15 mars 1704).	359
Reproches de Chamillart à Montrevel.	360
Son rappel (avril 1704).	ib.
Défaite des Camisards à Nages (16 avril 1704).	361
Au bois d'Hieuset (fin avril 1704).	ib.
Découverte de leur arsenal.	362
Pillage des villages environnants (avril 1704).	ib.
Envoi du maréchal de Villars.	363
Triste état du Midi.	ib.
Terreur des campagnes.	ib.
Des villes.	364
Situation militaire des Camisards.	ib.
Anarchie dans la guerre.	365
Arrivée de Villars (avril 1704).	ib.
Son système de pacification.	ib.
Il publie une amnistie.	366
Il fait en même temps la guerre.	ib.
Ses courses dans la montagne.	367
Il affame les insurgés.	ib.
Il exhorte les communes à se soumettre.	368
Il leur représente les souffrances et les désastres de la province.	ib.
Il relâche les prisonniers.	369
Il fait abattre les échafauds.	ib.
Soumission de plusieurs chefs (avril et mai 1704).	370
Lettre de Cavalier à Villars.	371
Sa négociation avec Villars.	372

	Pages
Son découragement	373
Ses projets	ib.
Son entrevue avec Villars et Bâville, à Nîmes (16 mai 1704)	374
La liberté de conscience écartée	375
Conditions acceptées par Villars	376
Les Camisards à Calvisson	377
Réponse de la cour	378
Les réformés ignorent la convention	ib.
Jalousie des chefs	379
Cavalier sommé de s'expliquer	ib.
Les Camisards rejettent le traité	380
Ils quittent Calvisson	381
Cavalier essaye en vain de les retenir (28 mai 1704)	382
Roland et Ravanel continuent la guerre	383
Mort de Roland (14 août 1704)	ib.
Supplice de Ravanel (avril 1705)	ib
Les soumissions continuent	384
Ordonnances contre les insurgés	385
Le brigandage substitué à la guerre civile	ib.
Villars rappelé à Paris (janvier 1705)	386
Cavalier quitte le Languedoc	387
Il va à Versailles	388
Il sort de France (septembre 1704)	ib.
Il assiste à la bataille d'Almanza (1707)	389
Sa mort (1740)	ib.

FIN DE LA TABLE DU TOME PREMIER.